경상국립대학교 SSK 연구단 연구총서 제5권

한국자본주의의 위기: 마르크스주의적 국제 비교 분석

김덕민, 박노자 엮음

김덕민, 박노자, 정구현,
김현강, 한상원, 김미경,
정성진, 안잔 차크라바티 지음

진인진

한국자본주의의 위기: 마르크스주의적 국제 비교 분석

초판 1쇄 발행 | 2025년 6월 20일

엮은이 | 김덕민, 박노자
지은이 | 김덕민, 박노자, 정구현, 김현강, 한상원, 김미경, 정성진, 안잔 차크라바티
발행인 | 김태진
발행처 | 진인진
등 록 | 제25100-2005-000003호
주 소 | 경기도 과천시 관문로 92 101동 1818호(힐스테이트 과천중앙)
전 화 | 02-507-3077-8
팩 스 | 02-507-3079
홈페이지 | http://www.zininzin.co.kr
이메일 | pub@zininzin.co.kr

ⓒ 경상국립대학교 SSK 연구단 2025
ISBN 978-89-6347-629-2 93300

* 책값은 표지 뒤에 있습니다.

* 이 논문 또는 저서는 2021년 대한민국 교육부와 한국연구재단의 지원을 받아 수행된 연구임 (NRF-2021S1A3A2A02096299)

머리말

12.3 내란사태(2024년)는 한국 사회의 위기를 전면적으로 드러내는 주요한 계기가 되었다. 그리고 이와 동시에 12.3 사태는 한국 사회의 위기를 심화시키는 계기로서 작동하고 있다. 많은 사람들이 이 위기들을 더 이상 좌시할 수 없으며, 그것에 대응해야할 필요성을 제기하고 있다. 한국 사회의 위기들이 촉발할 수 있는 폭력적 측면들 또한 이 사태를 통해 드러났고, 한국에서 품고 있는 위기들의 귀결이 극단적 폭력으로 나타날 수 있음을 모두가 목격했다. 이에 대응하는 여러 행동이 일어났지만, 이 계기가 어떤 미래로 이끌어질지는 아직 불투명하다.

경상국립대 SSK 연구단은 마르크스주의의 시각을 기초로 한국사회의 위기를 다각도에서 진단하고 대응책을 제시하기 위한 연구를 진행해왔다. 우리는 마르크스주의 관점이 세계와 한국사회의 위기들을 연구할 수 있는 주요 관점으로 자리 잡을 수 있도록 여러 해 걸친 연구를 진행해 왔으며, 이 성과를 정책에 반영될 수 있도록 지속적인 정책세미나를 진행하고 있고, 시민사회 및 사회운동단체, 그리고 광범위한 학술 네트워크를 구성하기 위해 애써왔다. 마르크스주의는 우리 사회를 자본주의 생산양식에 기반한 사회로 묘사하고 있으며, 이 사회가 본질적으로 이윤율의 저하와 불평등의 심화 등 위기로의 경향이 존재한다고 주장한다. 따라서 우리가 살고 있는 위기의 시대를 연구하고 분석하는 데 마르크스주의를 우회할 수 있는 길은 그리 많지 않다. 12.3 내란사태 이후 우리 사회의 위기에 대한 본격적 논의가 더 활발해질 것이고, 마르크스주의는 이에 기여할 것이다.

이러한 상황에서 한국을 대표하는 대학, 서울대학교의 경제학부는 시간강사 채용공고에서 마르크스경제학 영역을 아예 제외함으로써 마르크스경제학을 더 이상 개설하지 않을 것임을 선언했다. 앞서 언급했듯, 위기의 시대, 마르크스의 논의를 배제하고 자연과 사회, 인간을 얽혀 만들어 낸 위기를 읽어낼 수 있을까? 마르크스경제학과 마르크스의 논의만으로 자연, 사회, 그리고 인간을 설명하기는 불가능하겠지만, 마르크스가 주요한 자원이 될 수 있음을 최근의 여러 연구들이 보여주고 있다. 마르크스와 엥겔스가 보여주었던 통찰력과 예측은 기후 또는 환경 위기, 그리고 자본주의 또는 현대 경제, 정치, 세계체제 지정학의 관계를 분석하는 주요 자원이 되고 있다. 경제불평등을 분석하는 데, 점점 마르크스경제학에서 논의한 계급사회에 대한 논의가 점점 활발해지고 있다. 마르크스경제학과 마르크스의 사회분석은 현대 사회를 분석하는 주요 자원으로서 갱신과 수정을 거치며 점점 더 생태학과 사회분석, 지역 및 경제불평등, 대안 사회에 대한 논의로 발전해나가고 있다. 마르크스만으로 설명할 수 는 없지만, 마르크스를 거치지 않고서는 현대 사회의 중첩된 위기를 분석하기 힘들고, 대안을 제시하기도 어렵다고 단언할 수 있다.

위기의 시대에 마르크스경제학에 대한 관심이 복귀할 수 있다는 점은 분명하다. 마르크스경제학은 경제위기와 사회위기, 생태위기를 설명하는 하나의 틀로서 주목받고 있다. 환경공학자들의 여러 연구들에서 마르크스와 그의 자본주의 경제에 대한 분석을 주목하고 있으며, 마르크스경제학자들은 마르크스가 자본주의 경제와 그것이 불러올 생태위기에 대해서 이미 논해왔음을 발견하고, 그것을 발전시키고 있다. 게다가 우리는 그동안의 주류경제학이 마르크스경제학과 그 사회분석을 일관되게 배제하려고 해왔던 것과는 반대로, 주류경제학의 방법들을 일관되게 배제하려고 한 적이 없다. 오히려 그 방법들을 사용하고 비판하면서 발전해왔다. 주류경제학조차도 2008년 금융위기 이후 예측과 대안 제시에 지속적으로 실패하면서, 그동안 가지고 있던 관점들을 극복하기 위해 그동안 비주류로 여겨졌던 시각들과 분석방법들을 흡수하면서 새로운 길을 모색하고 있는 중이다. 게다가 경제학에 국한하지 않고, 그 범위를 사회과학 전반으로 확대한다면, 마르크스 논의의 영향력과 현실성을 부정하는 이는 드물다.

따라서 서울대 경제학부의 결정은 사회과학 전반을 고려하지 않은 경제학이라는 좁은 관점에서 비롯된 편협한 인식에 불과하며, 오히려 마르크스주의를 포함한 다양한 경제학의 관점을 학생들에게 교육함으로써 자신들이 알고 있는 "경제학"만을 답습하는 것이 아니라 경제학이 경제와 사회의 전반적인 문제들에 대한 새로운 연구와 대안을 제시할 수 없는 무능력을 보여준 것일뿐이다. 경제학은 "경제"를 연구하는 것이 아니라 "경제학"을 연구하는 학문이다. 그동안의 경제성장 과정, 경제불평등의 구조적 원인에 대한 추적, 30-40년 동안의 경제학자들이 만들어 놓은 모형을 통해 생산된 정책들에 의해 고통받고 파괴된 가족들과 개인들의 삶에 대한 더 근본적으로 성찰할 수 있는 문을 마르크스경제학이 열어놓을 수 있다. 마르크스주의의 논의를 부정하고 싶은 사람이 있다면, 그것은 마르크스주의가 그 원인을 우리가 살고 있는 경제와 사회 자체에서 찾고 있으며, 그에 대한 근본적인 대안을 추구하기 때문이다. 이를 연구하고 설명할 수 있는 도구들을 마르크스경제학이 제공할 수 있다. 이미 진지한 경제학자와 사회연구자들은 그 범위를 넓혀나가고 있다. 우리는 마르크스의 논의를 파괴되고 부수어질 수 없는 인류의 유산 중에 하나로 본다. 따라서 마르크스의 논의를 통해 우리는 가장 "현실(재)적인 것"을 논의할 수 있다고 본다.

경상국립대 SSK 연구단은 "마르크스주의"를 기초로 한국과 세계경제 및 사회의 위기를 탐구한다. "마르크스주의"를 기초로 하고 있다고 해서 마르크스주의 이외의 다른 논의를 배제하지 않는다. 마르크스주의를 폄훼하는 관점에서 보는 이들은 마르크스주의가 낡고 형해화된 것으로 이야기한다. 하지만, 마르크스주의는 마르크스주의 바깥에 논의들을 배제하면서 현재에 이른 것이 아니라 마르크스주의 바깥의 논의을 흡수하고, 동시에 영향을 미치면서 성장해왔다. 현대 마르크스주의를 "수 천개의 마르크스주의"라 불러도 틀리지 않는다. 현대사회과학 전반을 마르크스와의 대화와 비판, 영향과 교류로 설명할 수 있다. 이 책 또한 한국 사회의 위기를 마르크스주의와 다른 사회과학 논의들의 조우로 설명할 수 있다. 이 책은 한국·미국·일본 등에 대한 마르크스주의적 관점의 데이터에 입각한 연구들, 그리고 철학과 사회학 관점의 극우포퓰리즘과 디지털 자본주의에 대한 연구, 광주와 윤한봉, 재미한인사회에 대한 연구들을 소개한다. 그리고 그동안 축적된 데이터들을 활용하여 한국자본주의 초기 성장 과정을 마르크스의 원시축적 개념을 기초로 논의한다.

"장기 침체: 미국경제와 한국경제 비교"라는 김덕민의 장은, 미국과 한국의 경제에서 현재 논의되고 있는 장기 침체(secular stagnation) 또는 뉴 노말(new normal)이라는 개념을 중심으로 두 경제의 상황을 비교하면서 명확하게 분석한다. 코로나19 이후의 맥락을 살펴보며, 장기 침체의 원인으로 공급 측과 수요 측 요인 모두를 이야기하는 고든(Gordon, 2015)과 서머스(Summers, 2015)의 이론을 검토한다. 고든은 공급 측 문제로 인해 잠재 성장률이 낮아졌다고 주장하는 반면 서머스는 수요 측에서 균형

이자율의 하락을 설명한다. 이 장은, 보다 다각적인 분석의 차원에서 특히 미국 경제의 이중화 현상을 설명하며, 중산층의 몰락과 임금 불평등, 경제 구조의 이질화를 지적한다. 이러한 현상은 노동 생상성과 실질 임금 성장의 둔화와 관련이 있으며, 한국 경제에서도 유사한 구조적 문제들이 발견된다. 결론적으로, 두 경제 모두 생산성 증가의 둔화가 잠재 성장을 저해하고 있으며, 실질 임금 성장의 저조가 경제 이중화와 불평등을 심화시키는 원인으로 작용하고 있다. 이 장은 장기적인 경제 정책의 접근이 단순히 공급 측 요소만으로는 충분하지 않으며, 보다 균형 잡힌, 저임금 노동 부문에서의 임금 성장 정체를 해소하는 접근이 이루어져야 한다고 강조한다.

장기적인 임금 정체, 그리고 국가적 재분배의 매우 약한 역할을, 정구현의 장, "마르크스 경제지표로 살펴본 1990년대 이후 한미일 경제"는 집중적으로 다룬다. 이 장은, 마르크스 경제지표(이윤율, 잉여가치율, 순소득이전비율)를 다루었던 정구현의 기존 작업(정구현, 2021; 2023; 2025)의 연장선 상에 있다. 이 장은 임금의 정체 등 한국 노동자들이 겪는 문제들을 이윤율 등 핵심적으로 중요한 마르크스 경제지표의 추세와 연결시킨다. 이윤율은 자본주의 경제의 중심 지표로, 투자 대비 이윤 비율을 나타낸다. 한국의 이윤율은 한·미·일 세 국가 중 뚜렷한 저하 추세를 보이며, 이는 두 차례의 경제 위기와 관련이 있다. 특히 1994년 이후 IMF 위기, 2007년 글로벌 금융위기 등이 주요 원인으로 지목된다. 미국의 이윤율은 상대적으로 낮은 위치에 있으며, 일본은 비교적 안정적인 상태를 유지하였다. 제조업 중심인 한국은 미·일보다 더 높은 자본 가치구성을 보여주고, 그 잉여가치율 역시 가장 높다. 이는 장시간 노동에 기인하고 있다. 한국의 노동시간은 평균적으로 가장 길지만, 노동력 가치는 지속적으로 감소하고 있다. 국가의 재분배 정책의 차원에서는, 조세와 정부지출이 노동과 자본 간의 소득 재분배에 영향을 미칠 수 있다. 하지만, 한국은 자본에서 노동으로의 소득 이전이 미미하며, 오히려 특히 2000년대 이전에는 반대 현상이 드러났다. 결국 한국은 압축적 산업화와 저비용 노동에 기반한 이윤율 저하의 문제를 안고 있으며, 여전히 제대로 된 재분배 국가를 건설하지 못하고 있다. 이로 인해서 경제적 격차의 심화 등《양극화》로 잘 알려져 있는 현상들은 한국에서 지난 30년 동안 두드러지게 나타나는 것이다.

"두-계급 구조: 미국과 한국"라는 제목 하의 김덕민의 장은, 한국과 미국의 소득 분포 구조를 분석하여 이 두 신자유주의 국가에서의 두-계급 구조를 확인하고, 경제 불평등과 관련된 주요 이론적 접근들을 비판적으로 분석한다. 김덕민은, 야코벤코와 그의 동료들의 연구(Silva and Yakovenko, 2005)를 인용하여, 미국 경제의 소득 분포가 파레토 분포와 볼츠만-깁스 분포로 설명될 수 있다는 점을 강조한다. 한국에서도 이와 유사한 두-계급 구조가 존재한다는 것을 국세청의 통합소득 자료를 통해 확인됐고, 하위 97%의 소득 분위는 볼츠만-깁스 분포의 형태를 유지하며 상위 3%는 파레토 분포의 특징을 나타내는 경향을 보였다.

이 장은, 두 국가의 소득 분포 구조를 비교하며, 한국 상위 계급의 다층적 구조를 설명한다. 이 상위 계급은 단순히 고소득층이 아니라, 그 내부에도 상위 0.1%, 1%, 3% 등으로 나뉘어 있으며, 각 그룹은 자산의 성격과 사회적 역할이 다르다. 그리고 그 확대재생산에 있어서는 학력(학벌)과 같은 사회 문화 자본의 축적과 대물림은, 물리적인 부(재산)의 축적 상속만큼이나 중요한 역할을 한다는 점과, 이 세대간 재생산이 '능력주의' 신화로 포장돼 사회적인 명분을 획득하는 점 등을 밝혀둔다. 결론적으로, 이 장은, 한국과 미국 모두 소득의 불균형이 단순한 연속선상의 문제되는 것이 아니라, 서로 다른 경제 구조와 기회 구조를 가진 두 개의 상이한 계급이 존재함을 밝혀, 현대 사회에서의 계급 구조의 중요성을 재조명하고 이를 통한 사회적 불평등 문제의 심각성을 시사하고 있다. 비록 금전적 자본뿐만 아니라 사회 문화, 그리고 네트워크(사회적 관계망) 자본도 동시에 고려에 넣어야 하지만, 여전히 마르크스주의적 계급 분석의 유효성을, 이 장은 훌륭하게 보여준다.

신자유주의 말기 사회가 겪고 있는 경제와 사회의 위기와 긴밀히 연결되는 것은 디지털 자본주의의 초고속 발전이다. 이 경향은 김현경의 장, "디지털 자본주의와 디지털 노동"에서 자세히 다루어진다. 이 장은, 댄 쉴러(Dan Schiller), 크리스티안 푹스(Christian Fuchs), 필립 슈탑(Philip Staab) 등 기존의 연구(Schiller, 2000; Fuchs, 2023; Staab, 2021)를 출발점으로 삼아 디지털 자본주의와 디지털 노동의 관계를 분석하고, 이러한 변화가 자본주의의 새로운 형태로 어떻게 나타나는지를 논의한다. 김현경의 분석대로, 디지털 기술의 발전이 자본주의 사회를 재편성하며, 디지털 자본과 디지털 노동의 관계가 심화하면서 빈부 격차와 사회적 불평등이 증가하고 있다. 정보 사회의 긍정적 비전이 자본주의의 구조적 모순을 감추고 있다. 디지털 노동이란 결국 소외된 노동이며, 특히 플랫폼을 통해 이루어지는 노동은 고용 형태가 불안정하고, 알고리즘에 의해 철저히 통제된다. 플랫폼 자본주의는 불안정 노동자 집단인 '프레카리아트'(precariat)를 양산한다. 마르크스주의적 시각대로, 기술의 발전은 자본주의, 특히 그 신자유주의적 변종의 지배하에서는 노동을 더 불안화시키면서 더 철저히 통제하고, 사회적 격차 심화에 기여하는 것이다. 기술의 발전이 사회에 보다 긍정적인 방식으로 이바지하자면, 기술 발전 자체 이외에 더 필요한 요소는 바로 마르크스의 말대로 '계급 투쟁'이다. 계급 투쟁만이—자본주의 사회에 근본적 변혁을 가져오지 못하는 한이 있더라도—적어도 지배자로 하여금 잉여의 재분배를 늘리고 격차와 통제를 줄이는 정책을 취하도록 할 수 있다.

한데 자본주의의 위기가 심화되어간다고 해서, 계급이 절로 사회적 투쟁의 중심에 오는 것은 결코 아니다. 물론, 계급 사이의 이동이 정체되고, 하위 계급의 소득 성장이 둔화되고, 상·하위 계급 사이의 격차는 갈수록 더 커지는, 사회적 신분 세습이 사실상 거의 완벽하게 이루어지는 사회는, 하위 계급 불만 누적으로 정치적 급진화를 경험하지 않을 수 없다. 단, 원자화가 강한 신자유주의 사회에서는 이 급진화는 계급 투쟁이 아닌 극우 정치의 성장도 얼마든지 의미할 수 있다. 한상원의 장 "한국 사회의 극우주의: 연결된 쟁점들"은, 아도르노의 극우 정치 이데올로기에 대한 분석 작업(Adorno, 2019)을 이어가면서 한국을 예로 들어 기층 대중 사이의 극우주의 성장을 고찰한다. 이 장은, 한국 사회에서의 극우세력의 부상과 그들의 행동 양식, 담론적 근거를 분석하며, 한국 민주주의의 위기를 논의한다. 극우세력은 탄핵 국면을 계기로 세력을 확장하며, 유튜브 등 소셜 미디어를 통해 과격한 파괴적 행동을 조장하고 있다. 중국인 등에 대한 극우들의 거리 폭력도 최근에 수차례에 보도돼 충격파를 던지고 있다. 이와 같은 가두 폭력은 앞으로 한국과 중국 사이의 관계에 있어서도 상당한 문제로 등장될 수 있을 것이다.

극우세력의 기반은 음모론과 혐오의 담론에 있으며, 선거 조작 음모를 주장하면서 그 내부 결속이 강화되고 있다. 특히, 음모론은 근거가 사실상 없지만 SNS에서의 확산으로 불신을 조장하고, 정치인들까지 음모론을 지지하게 만드는 경향이 있다. 또한, 최근의 반중국 정서와 여성 혐오는 극우세력의 또 다른 주요 기조로, 이들은 차별과 배제를 기반으로 자신들의 세력을 결집시키고 있다. 이러한 혐오 감정은 구체적인 근거 없이 퍼져 나가며, 사회적 갈등을 일으킨다. 정확히 이야기하면 계급 갈등은 '토박이 한국인 대 이민자', '남성 대 여성'과 같은 젠더, 종족 갈등으로 치환되는 것이다. 한상원은, 극우세력에 맞서는 대안으로 '평등과 연대의 정치'를 주장하며, 사회의 다양한 이슈에 대한 목소리를 확대하고 민주적 공간을 확장, 강화해야 한다고 강조한다. 음모론과 혐오가 정치적으로 정당화되지 않도록 시민들의 연대와 저항이 필요하다는 점을 분명히 한다. 극우세력에 대한 대항 정치는 사실상 우파 언론이 부추기는 허위적인 적대감을 극복하고 진정한 민주주의를 지키는 길이라고 결론짓고 있다.

그런 대항 정치의 사례들을, 과거에 적지 않게 발견할 수 있다. 사실, 민주화 운동 시대의 한국 정치·운동사야말로 오늘날의 상황에서《희망의 원천》으로 충분히 인식될 수 있다. 김미경의 장, "초국적 연대로서의 5.18민주화운동: 윤한봉과 재미한인사회"는, 바로 오늘날에 희망적으로 들릴 수 있는 과거의 한 운동사 에피소드를 중점으로 다룬다. 이 연구는 초국적 연대의 관점에서 5.18 광주 민주화 운동을 분석하면서, 특히 재미 한인 사회가 이 운동을 어떻게 인식하고 참여했는지를 집중적으로 고찰한다. 사실, 1980년 당시 미국 내 한인 이민자들이 정치적으로 다소 비(非)활동적인 소수 민족으로 간주됐다. 재미 한인 사회에 가장 큰 영향을 미치는 것은 보수적인 교회들이었다. 하지만, 5.18 광주 항쟁 이후 그들 중의 일부는 집단 행동을 통해 민주화 운동에 지지를 표명하고 조직적으로 참여하게 됐다.

이 장의 중심적 주인공은 윤한봉(尹漢琫, 1948-2007)이라는 전남 강진 출신의 활동가다(그의 생애와 관련해서 그 저서전을 참조: 윤한봉, 1996). 그는 5.18 이후 미국에 밀항하여 민족학교와 재미한국청년연합 등을 결성하는 등 한인 사회 내에서의 운동 조직화에 기여했다. 그 과정에서는 그의 개인적인 인격과 카리스마, 일종의 좌파적 민족주의를 그 기조로 했던 그의《의식화》교육이 중요한 역할을 했다. 단, 특정 개인의 카리스마에 대한 지나친 의존과 좌파 민족주의 내지 통일주의의 내재적 한계 등이 이 운동의 궁극적 쇠퇴를 초래하기도 했다. 1987년 한국 내 민주화 진전과 윤한봉의 1993년 귀국으로 인해 운동은 쇠락을 겪었는가 하면, 남북 관계의 냉각화, 통일 희망의 상실 등도 이 운동의 동력 상실의 한 원인이 된 셈이다.

하지만, 특정 개인이 지도하는 민족주의적 기조의 조직이라는 한계에도 불구하고, 김미경의 장이 보여주는 것처럼 이 운동은 커다란 기여를 하게 됐다. 과거의 고통을 공유하며 글로벌 연대의 일환으로서 5.18 운동의 의미를 되새기는 것이 운동 참가자들의 정체성과 공동체 의식을 형성하는 중요한 요소가 됐다. 조국 민주화와 민족 통일은, 디아스포라의 조국 지향적인 민족 운동의 골격이 되고, 이 운동은 디아스포라의 조직화와 정치적 자각에 결정적으로 기여했다. 국내에서 대개 '민주화 운동'이나 '통일 운동'을 일차적으로 국내적인, 일국적인 운동으로 보편적으로 인식하지만, 김미경의 이 장은 민주화 및 통일 운동의 중요한 초국가적, 탈국경적 측면을 부각시킨다. 결국 한국을 포함한 전세계를 지금 덮치고 있는 극우주의 노도(怒濤)와의 투쟁 역시 이처럼 국내 운동과 탈국경적 연대를 겸비하게 될 것이라고 충분히 내다볼 수 있다. 과거 투쟁의 경험은, 한국 자본주의 복합 다중적 위기 시대의 운동에도 매우 중요한 참고 틀을 제공해 준다.

마지막으로 정성진과 안잔 차크라바티는 한국 자본의의 과거에 대한 분석을 기반으로 하여 그 현재 위기에 대해 성찰한다. 한국 자본주의 역사를 재해석한 정성진·안잔 차크라바티의 "한국에서 자본의 원시 축적, 1876-1960"라는 장(章)은, 한국 자본주의 역사의 연구에 있어서 새로운 페이지를 열어주는 명문(名文)이라 할 수 있다. 이 장은, 1876년부터 1960년까지 한국에서의 자본의 원시축적(Primitive Accumulation of

Capital) 과정을 마르크스의 이론에 기반하여 분석하고 있다. 여태까지 상당수의 연구자들이 '원시축적'을 전(前)자본주의적 형태에서 자본주의로의 역사적 전환에 국한시켜 분석했거나, 일국사적 입장에 서서 예컨대—일차적으로 일본 대자본의 축적에 보탬이 된—일제 강점기의 한반도에서의 일본 자본의 유입, 투자를 한국사에 있어서의 원시 축적으로 인정해주지 않았다. 본 연구는 이와 같은 한계를 뛰어넘으면서 영구적·지속적 원시 축적이라는 본래의 마르크스주의적 관점에 서서 한반도에서의 축적 과정을 그 국제적 맥락 속에서 정밀하게 분석한다. 그 분석의 결과, 1876-1960년 한국에서 원시 축적의 과정을 다음 일곱 가지 주요 계기로 구분한다:

19세기 자본주의 맹아: 주로 농업 경제 속의, 국가의 지원을 받지 못한 자생적 축적.

일제강점기의 토지조사사업: 독점적인 근대적 사유권의 확립으로 빈농 소작인들의 프롤레타리아화 및 일본 자본의 한국 토지 매입, 일본으로의 조선미(米) 이출과 그 과정에서의 지주들의 부 축적, 그 부를 기반으로 한 산업 투자의 장을 열어준 식민지적 원시축적의 출발점.

일본의 자본수출: 일본 대자본에 의한, 그리고 일본 대자본을 위한 식민지 시기, 특히 그 말기의 한반도 공업화.

귀속재산 접수 및 불하(拂下): 국가가 적산(敵産)을 접수하고 불하하면서 새로운 자본계급을 육성한 과정.

농지개혁: 유상분배 과정에서 과거 지주들의 자본가로의 전환의 가능성이 마련되는 과정.

한국전쟁: 전자본주의적 신분제 등이 완전히 해체되면서 인구 이동 등으로 프롤레타리아화 과정이 촉진된 계기.

미국 원조: 전후 미국의 지원이 국외 순 자본 유입으로 이어지며 농산물 가격이 저하되고, 농민들의 이농, 도시화, 프롤레타리아화 과정이 더욱더 촉진된 계기.

이 분석은, 오늘날 한국의 자본계급과 노동계급의 역사적 형성과정을 일목요연하게 설명해준다. '계급'이라는 분석의 주된 단위는, 한국 자본주의 현 상황과 그 위기를 고찰하는 다음의 장에서도 계속 활용된다.

거시적으로 볼 때, 전후 황금기가 끝난 1970년대 중반 이후의 세계 자본주의 역사는 각종의 위기들의 연속이다. 지금까지도 그 규정력을 여전히 상당 부분 유지하는 신자유주의 도입 역시 이윤의 위기를 극복하려는 시도에서 비롯되었다. 단, 이 책의 내용이 웅변적으로 보여주는 것처럼 이 시도도 결국 이윤율의 지속적인 경향적 저하의 벽에 부딪치고 말았다. 미국의 패권 위기, 그리고 지구 전체를 덮은, 인류라는 종 자체의 장기적인 생존을 위협하는 기후, 환경 위기 등과 연결된 이 자본의 위기는, 최근에 사회적으로는 사회의 분절화와 파편화를 초래하면서 정치적으로 미국의 트럼프 현상으로 대표되는 극우 세력들의 부상 등을 불러왔다. 하지만, 혐오정치와 보호주의 등을 미봉책으로 동원해서 이 위기를 호도해보려는 극우 세력들의 시도들도 장기적으로 성공할 확률은 없다. 이 책은, 《계급》이라는 코드를 중심으로 한 밑으로부터의 조직화, 그리고 《계급》을 출발점으로 삼는 사회, 정치적인 대중적 투쟁만이 장기적으로 인류의 포스트자본주의적 미래를 열어가면서 이 위기 극복의 계기를 마련할 수 있다는 사실을 분명히 한다. 마르크스주의적 분석의 틀은, 이와 같은 포스트자본주의적 미래를 지향하는 사회적 세력으로서는 필수불가결의 도구다.

경상국립대 SSK 연구단은 교육부와 한국연구재단의 지원을 받아

"한국 사회의 위기와 마르크스주의의 기여" 연구과제를 수행하고 있다. 1단계 "포스트자본주의와 마르크스주의 혁신"의 결과는 2023년 연구총서 제1권 『동아시아 자본주의: 마르크스주의적 접근』, 제2권 『동아시아 마르크스주의: 과거, 현재, 미래』를 연속 발행했다. 2024년에는 제3권 『동아시아 포스트자본주의 전망: 평가와 전망』, 『포스트자본주의와 마르크스주의의 혁신: 이론과 실천』을 발간했으며, 이 책 『한국자본주의의 위기: 마르크스주의적 국제비교분석』은 그 다섯 번째 책이다. 앞으로도 3권의 책이 추가발행될 것으로 예정되어 있다. 그동안 경상국립대 SSK 연구단은 경성국립대 정성진 교수가 단장으로 이끌고 계셨으나 3단계에 진입하면서, 정성진 교수의 퇴임으로 경상국립대 김덕민 교수가 단장을 맡게 되었다. 그동안 이 연구단에서 공동연구를 발표해주시고, 공유해주신 한상원, 김현강, 장대업, 사이토 고헤이, 안잔 차크라바티 교수에게 감사하며, 안타깝게도 장대업, 사이토 고헤이는 이번 연구 총서에 함께 하지 못했지만, 여전히 공동연구원으로서 지지와 지원을 아끼지 않고 있다. SSK 연구단의 선임연구원인 김미경 박사와 정구현 박사는 SSK 연구원의 학술 네트워크를 확장하고 지속시키는 작업을 도맡아 해주시고 있는 과정에서도 이 책의 원고를 기고해주셨다. 그 외에 SSK연구단의 김원직과 김영철은 연구단의 운영을 지원하면서, 이 책이 나올 수 있게 도움을 주었다. 있음직한 오류는 모두 이 책의 공동저자들과 엮은 이의 몫이며, 앞으로 바로잡아 나갈 것이다.

진주와 오슬로에서
2025년 5월 30일
경상국립대 한국사회과학연구(SSK) 연구단장 김덕민, 공동연구원
오슬로대 박노자

참고문헌

윤한봉. 1996. 『운동화와 똥가방』. 서울: 한마당.

정구현. 2021. "1980-2018년 한국의 자본순환과 이윤율." 경상국립대학교 대학원 박사학위논문.

정구현. 2023. "자본순환, 이윤율, 금융화: 1980-2018년 한국의 사례." 『동아시아 자본주의: 마르크스주의적 접근』. 정성진 엮음. 진인진.

정구현. 2025. "자본순환의 관점에서 본 미국의 이윤율: 1997-2023." 『마르크스주의 연구』 22(1): 50-75.

Adorno, Theodor W. 2019. *Aspekte des neuen Rechtsradikalismus*. Berlin: Suhrkamp.

Fuchs, Christian. 2023b. *Der digitale Kapitalismus. Arbeit, Entfremdung und Ideologie im Informationszeitalter*. Beltz Juventa.

Gordon, R. 2015. "Secular Stagnation: A Supply Side View". *American Economic Review: Papers and Proceedings* 105(5): 54-59.

Schiller, Dan. 2000. *Digital Capitalism. Networking the Global Market System*. MIT Press.

Silva, A. Christian and Yakovenko, Victor M.. 2005. "Temporal Evolution of the 'Thermal' and 'Superthermal' Income Classes in the USA during 1983-2001." *Europhysics Letters* 69(2), 304-310.

Staab, Philipp. 2021. *Digitaler Kapitalismus. Markt und Herrschaft in der Ökonomie der Unknappheit*. Berlin: Suhrkamp.

Summers, L. 2015. "Demand side Secular Stagnation". *American Economic Review: Papers and Proceedings* 105(5): 60-65.

목차

머리말 ·· 3

1부   자본주의의 역사적 경향들: 국제비교분석 ································ 19

제1장 장기 침체: 미국경제와 한국경제 비교 / **김덕민** ·················· 21
제2장 마르크스 경제지표로 살펴본 1990년대 이후 한미일 경제 / **정구현** ······ 61
제3장 두-계급 구조: 미국과 한국 / **김덕민** ································ 81

2부   사회, 노동, 투쟁 ·· 99

제4장 디지털 자본주의와 디지털 노동 / **김현강** ························· 101
제5장 한국 사회와 극우주의: 연결된 쟁점들 / **한상원** ················· 137
제6장 초국적 연대로서의 5.18민주화운동: 윤한봉과 재미한인사회 / **김미경** ···· 151

3부   한국자본주의의 역사 ·· 199

제7장 한국에서 자본의 원시 축적, 1876-1960 / **정성진, 차크라바티** ········ 201

제1부
자본주의의 역사적 경향들: 국제비교분석

제1장

장기 침체: 미국경제와 한국경제 비교

김덕민(경상국립대 경제학부 조교수)

1. 서론

이 글에서 우리는 최근에 논의되고 있는 장기침체(secular stagnation) 또는 뉴노멀(new normal)에 관한 논의(관련된 수많은 논의들 중 특히, Eichengreen, 2015; Gordon, 2015; Storm, 2017; Summers, 2014; 2015)를 미국과 한국을 대상으로 다루어보려고 한다. 이글에서 코로나19와 그 이후 몇 년동안, 그리고 트럼프 행정부의 재등장과 미국 경제정책의 변화에 대해서는 논하지 않는다. 이에 대한 평가와 전망은 매우 중요한 과제이기는 한데, 우리는 대체로 코로나19와 그 이후 상황이 이 글에서 논하고 있는 방향으로부터 완전히 이탈했다고 보지는 않는다.

장기침체와 뉴노멀은 어떤 상호적 정의로서 이해할 수 있는데, 뉴노멀을 2008년 세계금융위기 이후 미국경제(또는 세계경제)의 장기침체라 이야기할 수 있으며(Storm, 2017: 170), 그 역도 마찬가지이다. 대체로 이러한 장기침체 또는 뉴노멀과 관련된 논의들은 고든의 "공급측면 관점(Gordon, 2015)"과 서머스의 "수요측면(Summers, 2015)" 설명으로 나누어지며, 이와 관련된 수많은 논의들이 존재한다. 먼저, 고든(Gordon, 2015)이나 아이켄그린(Eichengreen, 2015) 등의 공급측면관점을 스토름(Storm, 2017)에 따라 "저성장이란 순전히 둔화된 잠재성장이라는 공급측면의 문제(Storm, 2017: 170)"라고 정리할 수도 있을 것이다. 스토름은 공급측면의 관점에서는 수요측면의 관점에서 등장하는 "불평등의 증가, 양극화의 증대, 중산층의 몰락(Storm 2017: 170)"에 대한 언급을 찾기 힘들다고 주장한다. 하지만 "공급측면"에 대한 주장이 "수요측면"에 대한 침묵을 의미한다고 생각하는 것도 너무 단순한 접근이다. 예를 들어, 고든(Gordon, 2015)은 논문의 말미에 "공급측면에서 본 잠재산출의 더딘 성장은 단지 느린 생산성 성장이 아니라 인구성장의 둔화와 감소하고 있는 노동참가율로부터 나오는 것이며, 이는 자본형성의 필요성을 끌어내리고 있다. 이는 항상 총수요에서 빠져 나가며, 생산성 쇠퇴를 가속화한다. 결국, 장기 침체는 수요 또는 공급에 배타적으로 관련되어 있는 것이 아니며, 공급과 수요의 상호작용과 관련되어 있다(Gordon, 2015: 58)"고 말한다.

한편, 서머스의 논의는 수요 측면 관점을 주장하고 있는데(Summers, 2015), 그는 장기침체를 자연이자율의 저하를 기준으로 논한다. 이는 저축과 투자를 청산시키는 균형이자율 수준의 지속적 하락을 의미한다. 그는 이런 균형이자율의 감소의 원인을 투자 수요의 감소에서 찾는다. 선진국의 인구성장률의 감소, 자본재 가격의 하락, 애플이나 구글과 같은 첨단기업들의 현금보유성향와 증가, 경제불평등의 심화 등(Summers, 2014; 2015)으로 인해 투자수요가 감소하고 있다고 지적한다. 그는 중앙은행의 제로금리제약(zero lower bound)이 실질적 제약으로 작동한다고 주장하면서, 공공지출 확대를 주요한 대안으로 제시했다(Summers,

2015: 64).

게다가 이러한 미국의 장기침체가 미국 경제의 이중화(dualism)[1]와 상당한 연관이 있다는 주장도 있다. 미국 경제의 이중화는 중간층의 몰락과 임금불평등, 생산성과 부가가치 생산에서 다른 부문에 대해 압도적인 역동적 부문(dynamic sector)과 그와 정반대인 정체부문(stagnation sector)로의 경제의 이질화를 의미한다. 피터 테민(Temin, 2016)과 네덜란드의 경제학자 세르바스 스토름(Storm, 2017)은 미국경제의 이중화가 최근의 장기침체와 아주 밀접한 관련이 있음을 주장한다. 특히, 스토름은 미국경제의 이중화가 공급측면 이론가들이 말하는 잠재성장의 감소와 관련이 있음을 논증하면서(Storm, 2017), 동시에 윌리엄 보몰의 불균등 성장모형(Baumol, 1967)을 통해, 성장부문의 로봇화(robotization)로 인한 생산성 이득이 성장부문에도 그리고 경제전체에서도 나타나지 않을 수 있음을 보이기도 했다.

우리는 이 글에서 스토름의 논의(Storm, 2017)에 근거하여 공급측면 이론가들이 기술진보와 혁신의 지표로 삼고 있는 총요소생산성(TFP: Total Factor Productivity)에 대해 논의한다. 미국경제에 대한 진단을 소개하고, 동시에 이를 한국경제에도 적용해보려고 한다. 다른 한편으로는 뒤메닐·레비의 마르크스적 궤도(Trajectories à la Marx: 이하 짧게 TRAM이라 지칭)에 기초한 진단(Duménil and Lévy, 2016a)을 병행해서 최근의 미국경제에 대한 마르크스주의 경제학 관점의 논의와 비교해보려고 한다. 또한 이러한 분석틀들을 한국경제에 대해서도 적용하려고 한다. 마르크스적

---

[1] 이 글에서 dualism은 중산층의 붕괴와 임금 불평등, 그리고 구조적 측면에서 생산성 및 부가가치 생성에서 부문 간 격차를 모두 표현하고 있기 때문에 '이중화'라고 표현한다.

궤도에 대한 분석을 통해 최근의 생산성 변화에 대한 기술선택적 관점의 접근이 가능하리라고 생각한다.

이러한 논의를 바탕으로 TFP 분석이 배타적으로 어떤 외생성(혁신과 효율성)을 측정하는 척도가 아니라 오히려 현실경제의 생산성 흐름과 요소분배몫의 수준변화를 보는 것으로도 쓰일 수 있음을 이야기한다. 그리고, TFP분석과 마르크스적 궤도 분석을 유사성을 논의하고, 마르크스 관점의 논의가 이론적으로 발생할 수 있는 여러 문제들을 우회할 수 있는 대안임을 논할 것이다. 우리는 최근의 장기침체가 특히 노동생산성 성장의 급격한 둔화와 관련이 있다고 결론을 내린다. 하지만 이러한 노동생산성 성장의 둔화가 결국 실질임금 저성장의 원인이라는 일방적 판단을 유보한다. 오히려 실질임금으로부터 노동생산성으로의 영향을 파악할 수 있으며, 따라서 실질임금 성장의 둔화가 노동생산성 성장의 급격한 악화로 이어질 수 있음을 밝힌다.

우리는 앞서 말한 바와 같이 경제의 양극화 현상을 장기침체의 원인을 분석할 수 있는 또 하나의 고리라고 판단하며, 이에 대해 논한다. 미국경제는 물론이고, 한국경제에서도 두드러지게 나타나고 있는 것으로 판단된다(관련된 수많은 연구들 중에서 여러 다양한 시각을 바탕으로 아이켄그린·퍼킨스·신관호, 2013; 이종화·송철종, 2014; 장하성, 2014; 2015; Jones and Lee, 2016; 김원규, 2017; OECD, 2018a; 2018b). 따라서 이 글에서 이러한 미국경제의 이중화와 한국경제의 이중화가 유사한 형태로 나타나고 있음을 보이고 저성장과의 연관성을 따져보도록 한다. 즉 경제의 이중화는 전체 경제의 생산성 악화의 또 다른 요인이다. 따라서 앞서 이야기한 바와 같이 실질임금 성장의 둔화와 경제의 이중화를 전체경제 생산성 악화와 잠재성장 감소의 원인으로 파악해야만 한다는 것이다.

이러한 실질임금 성장의 둔화와 투자유인의 감소, 그로 인한 자본-

노동 비율 성장의 둔화가 존재한다면, 한국경제의 상대적으로 극단적인 로봇화 경향과는 어떻게 양립하고 있을까? 우리나라 제조업의 만명당 로봇은 710대로 글로벌 전체 평균의 7배에 달하며, 주어진 임금 수준에서 기대되는 채택률(expected robot adoption rate)에 대한 실제 채택율은 239%에 달한다(Atkinson, 2018).[2] 한국경제의 이중화는 중요한 설명기제로 작용할 수 있다. 즉, 로봇화가 집중된 제조업 부문에서 고용비중이 줄어들고, 비자동화 부문으로 고용이 이전되면서 산업 간 생산성 격차가 커지고 전체 경제의 생산성 향상이 제약되는 현상이다. 이는 고용과 생산성이 산업 간에 불균형하게 배분되는 '경제의 이질화' 문제로 이어질 수 있다.

문재인 정부 시절 경제정책을 둘러싼 논쟁이 언론과 미디어, 그리고 정부의 입장을 중심으로 활발히 전개된 적이 있다. 비록 학문적 틀 안에서 체계적으로 논의되고 있지는 않지만, 대체로 이 논쟁은 이른바 "소득주도성장"이라는 노동친화적 접근과 "혁신성장"이라는 기업친화적 접근으로 양분되는 양상을 보였다. 앞서 살펴본 장기침체 논의에 비추어 보면, 이는 수요 측면과 공급 측면에 대한 해석으로 나누어 볼 수 있다. 일부에서는 수요 측면의 접근을 "사기" 또는 "포퓰리즘"이라 비판하기도 한다.

---

[2] 실제 이 보고서에서 전반적으로 로봇의 사용과 실제채택률이 높은 국가들은 한국, 싱가포르, 태국, 중국, 멕시코 등이다. 이 보고서는 이러한 국가들에서 로봇비율이 빠르게 도입되고 있는 이유로 공공정책, 조세혜택, 문화 등을 언급하고 있다. 하지만 국내언론에서는 한국 제조업의 상대적으로 높은 로봇화 수준이 강성노조 주도의 잦은 파업과 임금인상으로 인한 대체효과로 발생하는 것처럼 묘사되고 있다(《문화일보》 2018.11.09)

그러나 이 글은 수요 측 설명을 곧장 노동친화적 접근으로, 공급 측 설명을 기업친화적 접근으로 이분법적으로 구분하지 않는다. 장기침체는 단일한 원인이나 방향으로 환원하여 설명하기 어려운 복합적인 현상이며, 이에 대한 분석 또한 다면적 접근을 필요로 한다. 이 글은 인구구조의 변화, 교육 접근성의 확대, 인적자본의 개선 등 일반적으로 공급 측 논의에서 제시되는 설명들을 부정하려는 것이 아니다. 오히려 이러한 요소들은 장기침체의 구조적 원인을 파악하는 데 있어 유의미한 통찰을 제공한다. 다만, 공급 측 요인에 대한 진단만으로는 현재의 장기침체―또는 '뉴노멀'로 지칭되는 경제 국면―를 충분히 설명하거나 극복하기에는 한계가 존재한다는 점을 지적하고자 한다. 특히 한국 사회에서 '경제 혁신' 담론이 다른 중요한 구조적 요인들을 상대적으로 간과한 채 정책 담론을 주도할 경우, 이는 오히려 장기침체의 지속 가능성을 높일 수 있다는 점에서 보다 균형 잡힌 접근이 필요함을 강조한다.

2. 장기침체: TFP 분석과 마르크스적 궤도 분석

1) 미국경제의 장기침체

스토름은 TFP와 관련된 여러 주장들을 검토하면서, TFP를 세 가지 형태로 해석할 수 있음을 보였다(Storm, 2017: 173-177). 먼저, 통상적으로 알려진 솔로우 잔차(Solow residual)이다. 잘 알려진 대로 신고전학파적 생산함수 내에서 자본투입과 노동투입을 제외한 부분을 일컫는다. 둘째, 그는 라다·테일러의 논의(Rada and Taylor, 2006)를 근간으로 하여, 가중평균 요소(자본과 노동) 생산성 성장률(weighted average of the growth rate of labor and capital productivities)로 해석할 수 있다고 주장했다. 이 또한

표 1   솔로우 잔차, 가중평균요소생산성, 총요소지불성장, Gordon(2015)의 TFP(미국경제, %)

	솔로우 잔차	가중평균 요소생산성	총요소지불성장	TFP*
1948-1972	1.60	1.57(88%)	1.57	1.79(1950-1972)
1972-1995	1.06	1.04(80%)	1.04	0.52(1972-1996)
1995-2008	1.35	1.34(85%)	1.34	1.43(1996-2004)
1948-2008	1.34	1.32(85%)	1.32	
2008-2015	0.73	0.72(73%)	0.73	0.54(2004-2014)
1948-2015	1.27	1.25(84%)	1.26	

출처: Storm(2017) Table 3. * Gordon(2015, Table 1)이 제시한 TFP

성장회계로부터 직접적으로 도출되는 것으로, 요소분배몫(노동소득분배율과 자본소득분배율)으로 각 요소생산성 성장을 가중평균한 것이다. 셋째, 펠리페·맥콤비(Felipe and McCombie, 2006)을 기초로 하여 실질임금과 실질이윤율 성장률의 가중평균(가중치는 위와 같이 요소분배몫)으로 해석(표 1의 총요소지불성장 total factor-payment growth)할 수 있다. 그리고 스토름(Storm, 2017)은 이 세 가지 정의들을 바탕으로 하여 미국경제를 대상으로 계산하였다. 각 정의에 따른 값은 크게 차이가 나지 않고 경향도 일치한다(표 1).[3]

이 계산은 고든이 제시한 계산(Gordon, 2015: 55, table 1)과 잠재적으로 존재할 수 있는 데이터 상의 차이 및 기간 설정의 차이로 인해 그 수준 값들 간의 미묘한 차이를 보이고 있지만, 경향성은 다르지 않다. 〈표 1〉에서 확인할 수 있듯이 그것이 솔로우 잔차이든, 요소생산성 성장률의 가중평균이든, 총요소지불성장률이든 2008년 위기 이후 모두 감소하였음을 확인할 수 있다. 그럼에도 불구하고 1995-2008년 기간의 높은 성

---

[3]   각 정의들의 간단한 수학적 관계는 Storm(2017: 173-177)을 참고하라.

장률이 두드러지는데, 1990년대 "신경제(new economy)"라고 부르는 이 기간은 지속기간이 상대적으로 짧다. 따라서 미국경제의 적어도 2008년 금융위기 이후의 장기침체 경향을, 1995-2008년 기간을 이끈 기술의 효율성이 둔화시킨 TFP 성장률의 감소를 통해 확인할 수 있을 것이다(Gordon, 2015; Storm, 2017: 172).

대체로 이러한 논의는, "노동시장 및 생산물 시장의 경직성(또는 경직된 노동시장과 여타 관련 정부 규제들)이 정보통신혁명에서 가져올 수 있는 이익을 최대화할 수 있는 시장과 기업들의 능력을 제한(Storm, 2017: 172)"하고 있다는 주장으로 귀결되곤 한다.[4] 따라서 노동조합의 약화, 노동 관련 시장의 규제완화, 주로 경제부문(R&D, 인프라스트럭쳐, 그리고 이른바 인적자본의 형성이라는 명목에서 이루어지는 교육)에 대한 공적 투자, 그리고 (기업에 우호적인) 법인세 개혁 등이 주요 개혁과제로 제시되기도 한다(Storm, 2017).[5]

하지만 TFP를 그저 각 요소들의 생산성에 대한 요소분배몫 가중치의 평균으로 해석할 수 있다. 게다가 나중에 한국의 사례에서 일부 확인되겠지만, TFP는 어떤 정의를 따르든 요소분배몫의 추정 방식(특히, 자영업 부문 조정)에 따라 상당히 차이가 나기도 한다. 특히 이는 우리나라와 같이 자영업자비중으로 인한 측정의 문제가 있는 곳에서는 매우 큰 문제이기도 하다(이종화·송철종, 2014).

---

[4] 이러한 관점은 국내에서 "슘페터 식 혁신성장"에 관련된 논의에서 똑같이 반복되며, 문재인 정부의 "혁신성장" 담론 및 관련 언론 기사들에서 무수하게 확인할 수 있다. 다음 절에서 한국의 상황을 이야기할 때 좀 더 구체적으로 논의해보도록 한다.
[5] 이러한 논의는 아이켄그린·퍼킨스·신관호(2013)에서 소위 "균형 잡힌 시각"의 개혁과제로 그대로 반복된다.

가중 평균 요소 생산성으로 TFP를 해석했을 때, 노동생산성의 변화가 TFP의 거의 80% 수준을 설명하고 있다는 점에 주목할 수 있다(표 1의 가중 평균 요소생산성 추정치 옆의 괄호 안을 참조, Storm, 2017: 181). 따라서 최근의 장기침체 현상은 노동생산성 성장의 둔화와 깊은 관련이 있다. 이러한 노동생산성 성장의 둔화는 각 요소지불생산성, 즉 실질임금성장률과 실질이윤율의 성장률의 감소로도 표현될 수 있다(표 1). 게다가 노동생산성 성장의 둔화와 함께 실질임금 성장의 둔화가 두드러진다. 1995-2008년 사이에 실질임금 성장률과 실질이윤율 성장률은 각각 1.92%와 0.49%였는데, 2008-2015년에는 0.58%와 0.93%가 되었다. 그에 반해 노동생산성은 같은 기간들에서 1.92%에서 0.91%로 자본생산성 성장률은 0.49%에서 0.46%로 낮아졌다(Storm, 2017, Table 3). "직관적으로" 실질임금 성장의 감소 원인을 노동생산성 성장의 하락에서 찾을 수도 있겠지만, 이에 대해 몇 가지 의문을 제기할 수밖에 없다.

앞서 이야기한 바와 같이 동일한 기간들에서 노동생산성 성장률의 하락폭에 비해 실질임금의 하락폭이 훨씬 크다는 점을 확인할 수 있다. 또 다른 한편으로 자본생산성의 성장률은 하락하는데 비해, 실질이윤율의 성장률은 증가하였다는 점 또한 확인할 수 있다. 이러한 점들이 장기적인 생산성의 성장이 요소가격의 성장을 야기한다는 주류 경제학적 "직관"(Storm, 2017: 179)을 받아들일 수 없게 할지도 모른다. 하지만, 그러한 "직관"을 받아들을 수 없는 이유는 주류경제학이 배타적으로 한쪽 측면만을 강조하여 이야기하고 있기 때문이다. 우리는 실질임금의 노동생산성에 대한 영향이라는 또 다른 측면을 주목해볼 수 있다. 스토름은 실질임금성장의 노동생산성 성장에 대한 영향을 배제할 수 없다는 점을 이야기하고 있다. 다시 말해 "실질임금의 성장이 생산성 성장의 주요 결정요소(Storm, 2017: 180)"임을 보이는 여러 경험 연구가 있다는 점을 무시해서는 안 된다고 주장한다. 미국경제의 1869-1999년 데이터를 바탕으로 노동생산성과 실질임금의 장기적 관계를 확인했을 뿐만 아니라 실질임금이 노동생산성에 영향을 미치고 있음을 보인 연구(여러 연구들 중 Marquetti, 2004)도 있다.

우리가 확인할 수 있는 더 흥미로운 연구는 표학길의 연구(Pyo, 2018)인데, 동아시아를 대상으로 한 이 연구를 통해 한국과 중국에서 실질임금으로부터 노동생산성으로의 인과성이 발견된다고 보고하고 있다. 물론 이 연구에서 일본의 경우에는 동일한 인과성을 발견하지는 못했는데, 이를 적어도 모든 나라 또는 모든 경제에서 외생적인 노동생산성에서 실질임금으로의 장기적 인과관계만을 배타적으로 주장할 수 없으며, 부분적으로는 실질임금에서 노동생산성으로의 장기적 인과관계를 주장할 수 있다는 점을 의미하는 것으로 해석할 수도 있을 것이다.

실질임금과 노동생산성의 내생적 관계를 설명하는 이론적 틀로, "유발적 기술변화(induced technical change, Hicks, 1932)" 모형과 폴리와 미클의 "마르크스의 편향적 기술변화(Marx-biased technical change, Foley and Michl, 1999)", 또는 "지향적 기술변화 모형(directed technical change, Acemoglu, 2002)" 모형을 들 수 있다. 이러한 모형들을 통해, 실질임금의 상승이 기업들에게 노동절약적 기술을 도입하도록 강제한다는 설명을 할 수도 있다. 즉, 이 모형들을 통해 설명하자면, 미국경제의 장기침체는 저임금체제의 지속으로 인한 투자유인(investment incentive)의 감소이고, 이는 특히, 수요 측면에서 투자지출의 감소로 이어지고 이것이 자본-노동 비율의 성장을 더디게 하며, 따라서 노동생산성 또한 감소했다는 결론에 이를 수 있다(Storm, 2017).

물론 이러한 논의는 생산성 감소와, 그로 인한 잠재 성장의 장기적 하락이 주요 원천이 노동생산성의 감소에서 비롯된다는 논리에 기초하고 있다. 이러한 해석 속에서 수요에 대한 자극을 통해 산출과 고용을 증대시킬 수 있을 뿐만 아니라 동시에 실질임금을 상승시키고 그로 인한 (노동) 생산성 상승을 기대할 수 있는 것이다(Storm, 2017: 180-181). 하지만, 유발적 기술변화와, 특히, 마르크스의 편향적 기술변화에 대한 논의는 사실 노동절약적 기술의 도입과 더불어 나타나는 자본소비적 기술에 대한 논의를 포함하고 있다(Foley and Michl, 1999: 278). 따라서 여기서는 기술(자본생산성 및 노동생산성) 및 분배의 장기적 경향을 살펴보는 또 다른 형태의 논의, 즉 마르크스적 궤도(TRAM)를 참고해보려고 한다.

잘 알려진대로 TRAM은 수익성의 장기적 흐름을 기술과 분배의 측면에서 파악하는 것이다. 크게 수익성은 이윤율로 불리며, 자본생산성(기술)과 임금몫(분배)로 분해할 수 있다. 임금몫은 노동생산성과 실질임금으로 분해될 수 있다(Duménil and Lévy, 2016a: 533).[6] 이 논의는 수익성(이윤율)을 형성하는 요소들을 검토하고 있는데, 이러한 수익성은 두 가지 이유에서 자본축적에 중요하다. 우선 높은 이윤율은 투자성향에 영향을 미친다. 자본가들은 이윤율이 높은 곳에 투자한다. 그리고 높은 이윤율은 투자를 위한 자금조달에 기여한다(Duménil and Lévy, 2014: 34). 그리고 자본축적은 성장과 고용을 결정하며, 이는 자본생산성과 자본-노동 비율로부터 유래한다(뒤메닐·레비, 2009: 86). 이러한 틀에서 "자본생산성은 기술변화의 진화패턴을 보여주는 변수(Duménil and Lévy 2016a: 531)"이다. 물론 이들이 제시하는 TRAM은 혁신의 패턴에 상당히(highly) 의존한다. 예를 들어, 자본과 노동생산성을 동시에 높일 수 있는 기술이 있

---

[6] $r = \Pi/K = P_K(1-(w/P_L))$, r, Π, P_K w, P_L은 각각 이윤율, 조이윤(NDP-labor compesation), 자본생산성, 실질임금, 노동생산성이다. $P_K = Y/K$로 고정자본 대비 NDP의 비율이며, $P_L = Y/L$로 총노동시간 대비 NDP로 표현된다.

다면 그것은 기업에 의해 채택된다. 하지만 혁신이 쇠퇴하면서 노동생산성의 증가가 상당한 정도의 고정자본으로의 대체, 즉 임금 상승 압력과 그에 따른 대체(substitution)가 일어날 수 있다. 그것이 "편향된(biased)" 기술변화이다(Duménil and Lévy 1995: 236; 2016a: 539). 노동비용이 증가하고, 동시에 노동생산성이 증가하면서 자본의 대체 속도가 빨라짐을 의미하는 것(Duménil and Lévy, 1995: 236)이다. 따라서 TRAM 분석은 자본생산성을 중심으로 노동생산성의 진화과정과 동시에 노동과 자본의 대체 또는 자본심화과정, 그리고 그 둘의 상호작용을 볼 수 있으며, 기술의 출현(emergence)와 선택과정(selection)을 모두 고려할 수 있다. 또한 TRAM에서 다루어지는 기술변수들은 실질성장 뿐만 아니라 각 요소들의 가격 변화뿐만 아니라 그 양적 측면의 변화를 상호적으로 다룬다.[7] 이러한 점에서 앞에서 시행한 가중평균 요소생산성 또는 TFP 분석에 비해 자본과 노동의 상호작용에 대해 분석할 수 있는 더 나은 틀이라고 주장할 수도 있을 것이다.

뒤메닐·레비(Duménil and Lévy, 2016b)는 19세기 후반부터 현재(2014년)에 이르는 이윤율의 장기적인 흐름과 자본생산성 및 임금몫, 따라서 노동생산성성장과 실질임금 성장에 관한 자료 및 해석을 제공하고 있다.

다음의 〈표 2〉에서 자본생산성이 하락하고 있는 구간은 세 구간, 즉 1870-1910년, 1963-1986년, 2004-2014년 세 구간이다. 이 구간들이 바로 TRAM이다. 이 세 구간 모두에서 노동생산성 성장도 감속하고, 동시에 실질임금의 성장도 다른 구간에 미치지 못한다. TRAM 논의에서 2004년 이후 미국경제는 이윤몫의 상승으로 상쇄되고 있는 부분으로 인

---

7 마르크스를 이를 '자본의 유기적 구성'이라고 불렀다(마르크스, 2012: 837-838)

표 2 수익성(이윤율) 및 각 결정소들의 연간 평균성장률(미국경제, %)

기간	P_K	P_L	w	π^*	r	k^{**}
1870-1910	-1.2	1.2	1.3	-0.3	-1.5	2.4
1910-1963	1.1	2.7	2.6	0.3	1.4	1.6
1963-1986	-1.5	1.0	1.11	-0.2	-1.8	2.5
1986-2004	0.4	1.4	1.3	0.3	0.7	1.0
2004-2014	-0.8	0.9	0.6	0.8	-0.1	1.7

*이윤몫, **는 자본-노동 비율, 와 관련한 수치들은 저자의 계산으로 추가된 것임.
Duménil and Lévy(2016a: 535, Table 1)

해 이윤율 자체의 경향에 대한 평가는 어렵지만, 자본생산성 측면에서 보면 미국경제가 보이고 있는 2004년 이후의 패턴은 이전과는 다르다. 1986-2004년 구간은 고든이나 스토름의 논의와 유사하게 그 지속기간이 상대적으로 짧다(Gordon, 2015; Storm, 2017).

실질임금의 성장이 노동생산성에 영향을 미칠 수 있고, 수요정책을 통해 실질임금 상승의 조건을 마련한다고 해도, 혁신패턴이 변화하지 않는 한 자본생산성의 하락과 수익성의 하락으로 이어질 것이며, 자본-노동 비율에 대한 유인은 편향된 기술변화 패턴을 나타내며, 이윤율이 하락하여 다시 자본축적이 둔화되는 굴레에서 벗어나지 못한다는 점이다. 이는 매우 잘 알려진 마르크스주의적 이윤율 저하의 논리이다. 따라서 Marx-biased technical change의 논의의 방점은 결국 "편향된 기술변화"로 이어진다는 데에 찍혀 있다. 하지만 2004-2014년의 기간은 다소 예외적인 모습을 보이고 있다. 첫 번째, "자본생산성과 이윤몫의 증가가 동시에 나타나고 있으며, 이윤율의 성장은 제로에 가깝다(Duménil and Lévy, 2016a: 535)." 둘째, 노동생산성 감소가 두드러지며, 동시에 실질임금 성장이 노동생산성 성장에 미치지 못하고 있음을 확인할 수 있다.

〈표 2〉에서 확인할 수 있는 바대로 이전 시기에 나타났던 수익성에 우호적인 기술패턴 즉, 자본절약적인 동시에 노동절약적인 기술적 패턴과 상대적으로 높은 실질임금성장률의 시기(이를 테면, 1910-1963/1986-2004)에서 TRAM으로 형상화되는 이전 시기의 높은 실질임금 성장으로 인한 노동절약적인 기술의 도입과 더 추가적인 자본이 요구되는 자본소비적 기술로 나타나는 "편향된 기술변화"의 패턴을 갖는 시기들(이를테면, 1870-1910/1963-1986/2004-2014)을 구별할 수 있다. 하지만 이 중에서 2004-2014년 구간은 앞서 말한 바대로 "아직까지는" 어떤 예외적인 모습을 가지고 있는데, 첫째, 이 구간에 앞선 기간이었던, 1986-2004년에 비해 자본생산성, 노동생산성, 실질임금 성장이 모두 상당히 낮다는 점이다. TRAM 구간으로서 노동생산성이 둔화하던 시기인 1870-1910년 시기에 비해서도 0.2%p 정도밖에 차이가 나지 않고, 마찬가지로 실질임금성장률도 1870-1910년 대불황시기에 비해서도 큰 차이를 보이지 않는다. 다시 말해, 수익성에 우호적인 기술, 또는 자본생산성이 양의 성장을 하던 시기이기는 하지만, 노동생산성 측면에서 보면 앞선 우호적인 시기 1910-1963년에 비해 커다란 성과가 확인되지 않는다. 물론 1963-1986년 시기와는 다른 패턴을 보이는 것 또한 사실이다.

다른 한편으로, 2004-2014년 십년동안의 자본-노동 비율은 오히려 TRAM 구간밖에 있는, 다시 말해 자본절약적/노동절약적인 패턴이 지배하고 있는 1910-1963년 기간에 비해 1%p 밖에 차이나지 않으며, TRAM 구간의 2% 중반의 자본-노동 비율과는 커다란 차이를 보인다. 즉, 2004-2014년 구간의 자본생산성의 음의 성장이 나타나기는 하지만, 다른 TRAM 구간에 비해 자본-노동 비율이 급격히 성장했다고 말하기 어렵고, 동시에 그 성장률은 자본절약적 패턴이 나타나던 시절과 비교해서 더 큰 것도 아니라는 것이다.

따라서 적어도 부분적으로는 최근의 자본생산성 하락이 자본-노동 비율의 성장에 비해 노동생산성이 급격히 줄어든 결과로 해석할 수 있으며, 1986-2004년 시기로부터 지속된 현상으로 해석할 여지가 있다. 〈그림 1〉은 이러한 추이를 잘 보여주고 있다. 미국경제는 1920년대 이전에 이미 생산성 측면에서 우호적인 패턴이 나타나기 시작하였다. 1920년대 이후로는 자본생산성의 성장률이 감속하기 시작하는데, 이는 실질임금 증가 속도가 빨라졌고, 노동생산성을 증가시키기 위해서는 점점 더 많은 자본이 투입되기 시작하였다는 것을 의미한다. 1950년대는 자본의 대체가 압도적으로 증가하기 시작하였으며, 노동생산성 증가가 둔화된다. 기술적 혁신의 곤란함이 나타난 것이다. 1990년대 또 다른 형태의 우호적 기술패턴이 나타났지만, 매우 짧은 시간만이 지속되었고, 노동생산성 측면에서 이전의 우호적 기술패턴과 비교가 되질 않는다. 이러한 낮은 노동

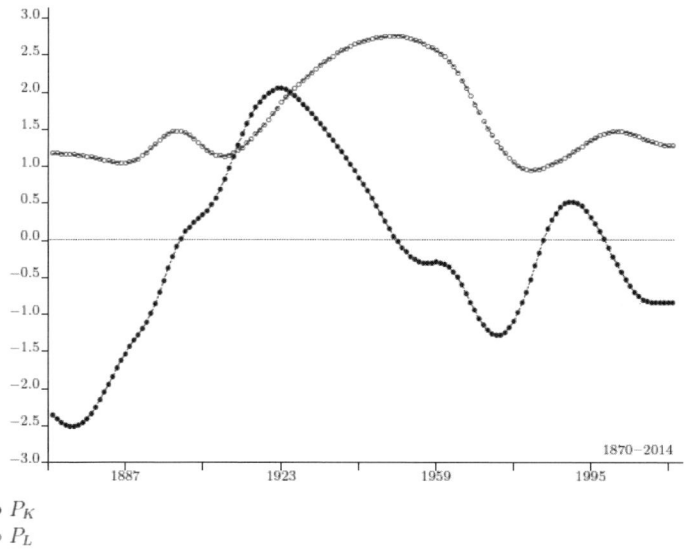

그림 1 자본생산성(P_K)과 1인당 노동생산성(P_L): 성장률의 추세(%, 미국경제, 1969-2015) 출처: Duménil and Lévy(2016b, Figure 32)

생산성 성장 수준에서는 이전 시기에 비해 상대적으로 크지 않은 정도의 자본-노동 비율이라 할지라도 자본생산성의 하락으로 이어질 수 있다.

우리는 이러한 낮은 정도의 노동생산성 성장과 그리 크지 않은 자본-노동비율 그리고 혁신의 곤란함(혁신이 이루어지기에는 비우호적인 조건) 모두 최근에 나타나고 있는 낮은 실질임금 성장과 어느 정도 관련이 있다고 본다. 〈그림 2〉의 양 편 19세기말과 20세기 초, 그리고 20세기말과 21세기 초 기간들을 비교해보면 어떤 공통점과 차이점이 있다. 모두 그 이전 기간 실질임금성장과 노동생산성 성장이 하락하고 있었으며, 어느 순간(1880년대와 1980년대), 노동생산성이 증대하기 시작하였다. 하지만 20세기 초의 경우 노동생산성의 상승을 실질임금 성장률이 따라잡기 시작하고 두 변수의 성장이 동반하여 급격히 증가하는 모습을 관찰할 수 있는데, 그에 비해 20세기 말 20세기 초에는 20세기 말(1990년대 말)의

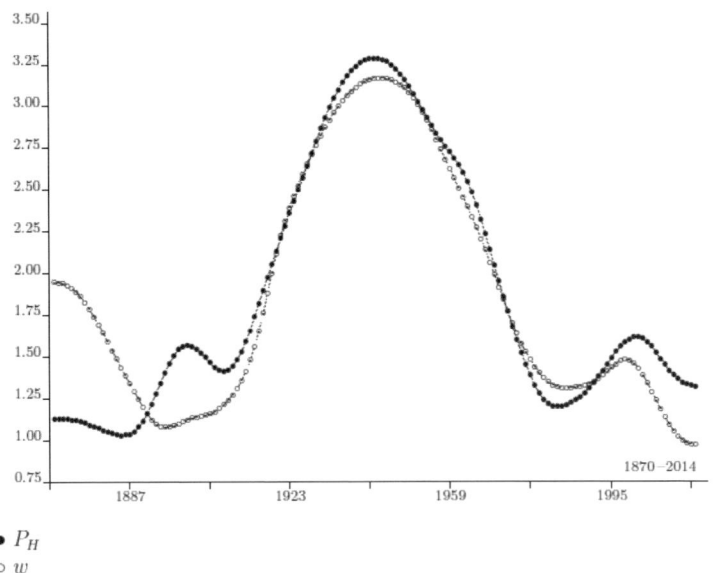

그림 2 시간 당 노동생산성(P_H)과 시간 당 임금률(w): 성장률의 추세(%, 미국경제, 1969-2015) 출처: Duménil and Lévy(2016b, Figure 31)

짧은 기간을 제외하고 노동생산성 성장률을 실질임금 성장이 따라잡지 못하고, 두 변수의 성장은 동반 감소하고 있다. 앞서 말한 바대로 이 두 변수의 관계를 배타적으로 한쪽 측면의 시각으로 이야기할 수 없다는 점을 이야기하며, 최근에 나타나고 있는 노동생산성의 하락과 장기침체에 실질임금성장의 둔화 또한 부분적으로 관계가 있다고 주장할 수 있을 것이다.

정리하자면, 최근의 미국경제의 장기침체는 무엇보다도 생산성 침체, 즉 노동생산성의 침체 따른 잠재성장의 둔화로 이야기할 수 있다. 하지만, 잠재성장의 감소 원인을 인구의 감소나 새로운 기술의 비즈니스에 대한 적응 기간 또는 신기술과 창업과 관련 규제의 존재로부터 찾고, 이러한 상황을 극복할 수 있다고 배타적으로 설명하기 어렵다. 이러한 노동생산성 성장의 둔화는 부분적으로 현실경제 내의 문제, 다시 말해 1980년대 내내 지속된 미국경제의 임금성장의 둔화 또는 노동조합의 약화 및 세계화와 같은 노동자들에게는 불리한 조건들과 일부분 관련되어 있다고 할 수 있다. "구조적인 임금 저성장 경제(structurally low-wage-growth economy, Storm, 2017: 170)"가 이러한 과정에 근원에 있다는 주장은 설득력이 있다.

마르크스주의 경제학의 TRAM 분석을 통해 우리는 노동생산성과 자본-노동 비율 간의 관계를 따져볼 수 있다. 더 높은 노동생산성을 달성하기 위해 더 많은 자본을 도입하는 경향을 뜻한다. 최근 장기침체에서도 분명 이러한 현상이 나타나고 있다. 이는 어떤 혁신의 곤란성의 증대를 의미한다.[8] 하지만 이러한 혁신의 곤란성과 함께 실질임금 성장의

---

8   혁신의 곤란성은 Duménil and Lévy(1995; 2003)에서 등장한다. 여기서 제시되고 있는 스토캐스틱 기술변화 모형은 유발된 기술변화 모형의 기술진보함수에 그 카운터 파트(Foley and Michl, 1999: 278), 즉 이용가능한 혁신집합을 추가한 것이

둔화 또한 이러한 과정에 한 부분을 설명한다고 할 수 있다. 혁신의 곤란성이 기술의 출현과 관련이 있다면, 실질임금의 성장 둔화, 즉 구조적인 임금 저성장 경제는 기술의 선택과 관련 있는 것이다. 구조적인 임금저성장경제는 장기적으로 기술혁신의 곤란으로 편향된 기술변화를 보인다는 TRAM 분석의 관점에서도 적어도 단기 또는 중기적인 측면에서 노동생산성을 향상시킬 수 있는 자본-노동 비율의 증가 또한 차단하고 있으며, 이러한 과정에서 발생할 수 있는 이용가능한 기술의 출현 또한 방해하는 원인 중 하나이다. 물론 이러한 과정에서 나타난 자본축적의 저하를 낮은 실질임금의 객관적 조건이 존재한다.[9]

2) 한국경제의 경우

한국의 경우에도 최근에 TFP 성장의 감소가 한국경제 침체에 주요 원인

다. 이 모형에서 더 나은 수익성을 줄것으로 기대되어 선택되는 평균적 기술수준(자본생산성 성장과 노동생산성 성장)은 혁신집합의 패턴과 실질임금 또는 요소분배몫에 의존한다. 혁신의 곤란성의 증대는 혁신집합의 패턴 변화로 선택될 수 있는 수익성 있는 기술집합이 작아지거나 편향된다는 의미이다. 물론 이 과정에서 요소분배몫의 변화가 수익성 규준을 변화시키기 때문에 각 선택된 요소생산성 성장의 평균값은 요소분배몫에 영향을 받는다. 혁신 집합의 패턴 또한 칼도-버든의 법칙과 산출성장에 의존하는 혁신 및 칼도의 기술진보함수로 표현되는 혁신의 내생적 연관 또한 이 모형에서는 배제되지 않는다(Duménil and Lévy, 1995: 220).

9 뒤메닐·레비(Duménil and Lévy, 2013)는 80년대 이후 자본축적 속도의 둔화가 고소득 추구, 세계화, 금융화와의 관계 속에서 배당 및 이자지불의 증가로 인해 유보이윤의 감소와 관련되어 있다고 평가한다. 실질임금 성장의 둔화와 노동의 유연화와 같은 새로운 노동규율의 부과 또한 이러한 80년대 이후의 새로운 국면과 관련되어 이야기될 필요가 있다.

이라고 주장하는 문헌들이 있다(김원규·최현경, 2017; 김원규, 2017). 이러한 논의에서 TFP는 경제의 효율성과 혁신 능력을 나타내는 것으로 가정되고 있다. 물론 이러한 논의는 결국 구조조정과 R&D의 증가, 인적자본의 향상, 그리고 신산업에 대한 규제 및 노동관련규제 완화의 필요성(기업가 정신의 제고)을 주장하는 것으로 다양한 해외문헌을 언급하며, 끝맺음한다.

〈표 3〉의 ws 1은 각각 제도부분별 분류에서 개인 부문의 영업잉여를 제외하여 모든 부분의 분배패턴이 같다는 가정을 하였으며, ws 2는 Törnqvist 방식의 가중치(Inklaar and Timmer 2013; 김원규, 최현경 2017; 김원규 2017)를 부여하였다. ws 1과 ws 2를 바탕으로 계산한 TFP는 앞 절에서 이야기한 가중평균 요소생산성이다. 김원규·최현경(2017)과 김원규·김진웅(2013)은 앞서 이야기한 Törnqvist 방식의 "잔차"를 계산한 값이다.[10] 절대치는 각각 조금씩 다르나 큰 차이가 없고, 경향도 유사하지만, 약간의 차이가 있다. 우리가 계산한 가중평균 요소생산성은 1991-

표 3 가중평균 요소생산성과 TFP: 한국경제(1980-2015, %)1)

기간	가중 평균 요소생산성		TFP	
	ws 1	ws 2	김원규, 최현경(2017)	김원규, 김진웅(2013)
1981-1990	3.88	3.56	4.06	3.8
1991-1995	2.95	2.3	2.62	1.7
1996-2000	3.08	2.49	2.52	2.4
2001-2005	2.4	2.04	2.2	2.5
2006-2010	2.6	2.28	2.58	2.2
2011-2017	1.26(1.13)	1.07(0.97)	0.97	

1) 가중 평균 요소생산성에서 괄호 안은 2011-2015년 기간의 수치들이며, 김원규·최현경(2017)은 2015년까지를 대상으로 하고 있다.

---

10 한국경제의 경우 연도별 데이터를 이용하였으며, 제도부분별 자료를 이용할 때는 데이터가 1975년부터 제공되고 있기 때문에 1970년대를 생략하고, 1980년(또는 1981년)부터 추정하였다.

1995년, 그리고 1996-2000년 사이에 일관되게 상승한 것으로 나오는데, 같은 저자가 참여한 김원규·최현경(2017)의 경우 우리와는 다르게 하락했고, 또 김원규·김진웅(2013)의 경우에는 우리와 마찬가지로 상승한다.[11] 있음직한 계산상의 실수 또는 원데이터의 변화가 존재할 수도 있지만, 같은 저자가 참여한 두 연구에서 절대치가 아니라 경향이 다르다.

〈그림 3〉에서는 Penn world Table 9.0에서 제공하는 한국경제의 TFP(1981-2014)와 우리가 계산한 가중 평균 요소 생산성(1981-2017)을 비교하여 보았다. 세 변수는 변동과 경향성에서 약간의 절대치 상의 차이가 있을 뿐 거의 일치하고 있다. 따라서 앞선 절의 논의와 마찬가지로 TFP의 성장이 의미하는 각 요소생산성 성장에 대한 요소분배몫 가중치와 크게 다르지 않다는 것을 알 수 있다. 어떤 추정치에서도 2010년 이후 또는 2008년 금융위기 이후에 하락이 두드러진다.

〈표 4〉는 〈표 3〉과 일관적으로 한국경제 전체(〈표 3〉의 경우 미국 민간경제)에 대해서 TRAM 분석을 시행한 것이다. 자본생산성을 구하기 위한 자본스톡은 1980-2017년까지 주거용 고정자산을 제외한 고정 순자산이며, 통계청 경제활동인구조사 중 평균취업시간을 총노동시간으로 전환하였고, 총취업자수도 동일 통계에서 사용하였다. NDP는 우리나라 GDP 통계로부터 고정자본소모를 제외한 것이다. 임금몫(노동소득분배율)은 김원규(2017: 8)을 따라서 통계청 종사상지위별 취업자 수 자료에 기초로 하여 임금근로자수와 비임금근로자를 산출하였고, NDP에 대한 비율로 추정되었다. 비임금근로자가 임금근로자의 1/2 수준을 받는다고 김원규(2017)과 동일하게 가정하였다.

---

[11] 1996년 이후에 계속 동일한 문제가 나타난다. 동일한 저자가 참여하고 동일한 방법을 사용한 두 논문에서 경향이 다르다.

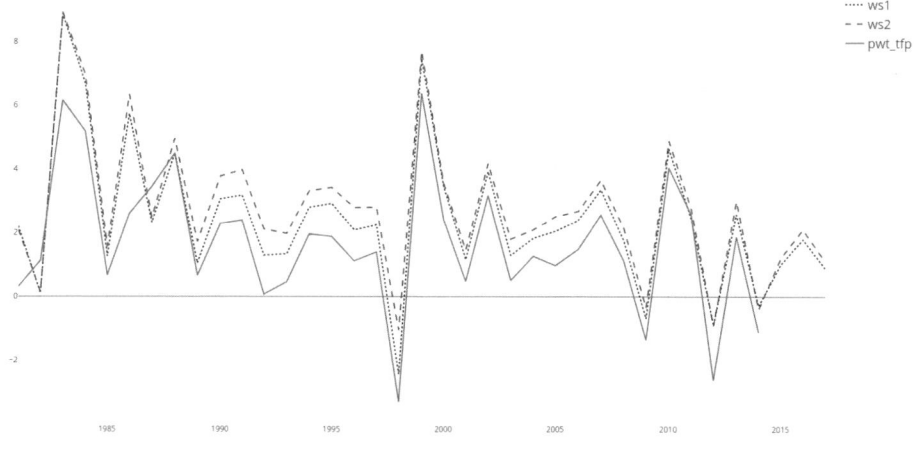

그림 3 ws1, ws2 가중치를 이용한 가중평균 요소생산성과 Penn world Table 9.0의 TFP 성장률(pwt_tfp)[1]: 한국경제(1981-2017, 단 PWT 9.0은 2014년까지 제공)
1) https://fred.stlouisfed.org/series/RTFPNAKRA632NRUG

표 4 수익성(이윤율) 및 각 결정소들의 연간 평균성장률(한국경제, %)

기간	P_K	P_L	w	π^*	r	k^{**}
1981-1990	-0.6	13	12.7	0.45	-0.14	13.6
1990-1997	-3.05	11.2	11.6	-0.73	-3.79	14.3
1998-2017	-1.30	4.53	4.27	0.49	-0.81	5.83

*이윤몫, **$k = K/L$

  1980년대 수익성은 거의 일정하게 유지되었으며, 1990년대 같은 경우에 외환위기 이전에는 연간 평균 약 4%p에 가깝게 감소하였다. 외환위기 이후의 수익성은 외환위기 이전 1990년대에 비해 1998-2017년 기간 또한 미미한 하락세를 보이고 있다. 이러한 와중에서 두드러지는 것은 노동생산성의 성장이 1981년 이후로 꾸준히 하락하고 있으며, 특히 1998년 이후로는 그 성장률이 반토막났다는 사실이다. 동시에 실질임금 성장도 노동생산성 성장과 더불어 반토막 났는데, 노동생산성 성장과의 거리가 점점 벌어지고 있다. 자본생산성의 경우, 90년대 외환위기 이전의 급격한 하락 경향이 중단되기는 했지만, 여전히 하락세에 있다. 주목해볼 사실은 자본-노동 비율(k)의 성장이 절반가량 축소되었다는 것을 알 수 있다. 하지만 이러한 절반가량 축소된 자본-노동 비율에도 불구하고 여전히 자본생산성이 감소했던 이유는 노동생산성 성장의 급격한 둔화이다. 하지만 수익성(r)은 이윤몫의 성장으로 어느 정도 유지되었다.

〈그림 4〉는 위에서 설명한 각 변수들의 1980-2017년 사이의 윤곽을 보여주고 있다. 임금몫으로 표현되는 실질임금 성장과 노동생산성 성장이 거의 유사하게 움직이고 있음을 일정한 임금몫으로부터 확인할 수 있으나, 임금몫의 경우, 외환위기 이후로 그 평균적 수준이 하락했음을 알 수 있다. 자본생산성과 이윤율이 거의 같은 윤곽으로 움직이고 있음을 확인할 수 있는데, 따라서 앞서 말한 바대로 TRAM 분석에서는 자본생산성을 중심으로 기술변화의 패턴을 살펴보아야 한다.

〈그림 5〉는 각 변수의 성장률 변동을 추상하고 그 추이만을 나타내고 있다. Hodrick-Prescott 필터를 사용하였고, $\lambda = 100$이다. 자본생산성 성장률은 1980년대 중반부터 음의 성장률을 기록하고 있지만, 1997년 이후로는 그 하락률이 줄어들고 있다. 자본-노동비율의 성장은 1990년에 최고점을 찍고 그 이후 하락세이다. 그에 비해 1980년대 초반과 2013년 이후 자본생산성의 성장이 양의 값을 기록하고 있음이 보인다. 분명 수익성에 우호적인 기술패턴이다. 하지만 1980년대 초반의 경우 높은 노동생산성 성장에 대응하는 높은 수준의 자본-노동 비율의 성장이었던 반면, 2013년 이후로는 낮은 노동생산성 성장에 대응하는 그보다 낮은 수준의 자본-노동 비율의 성장이다. 게다가 2013년 부근에서는 노동생산성과 실질임금 간의 관계가 마치 1990년대 중반과 마찬가지로 노동생

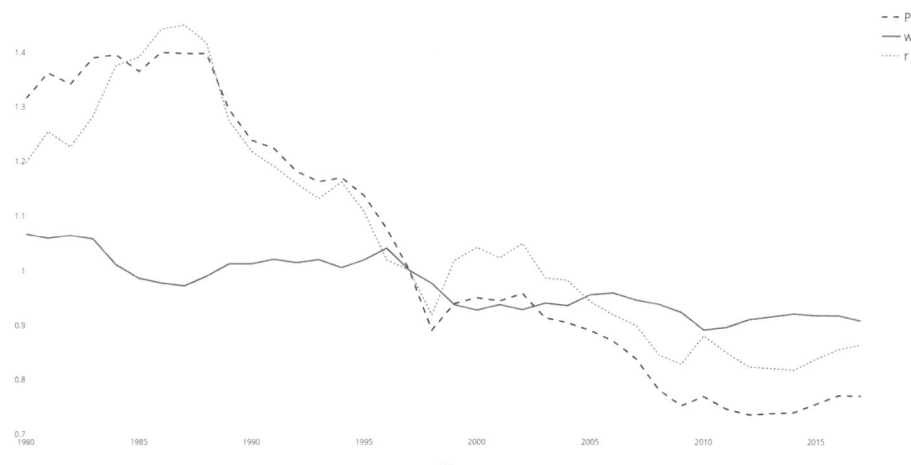

그림 4 자본생산성(P_K), 임금몫(ws), 이윤율(r): 한국 전체경제(1980-2017), 1997=1.

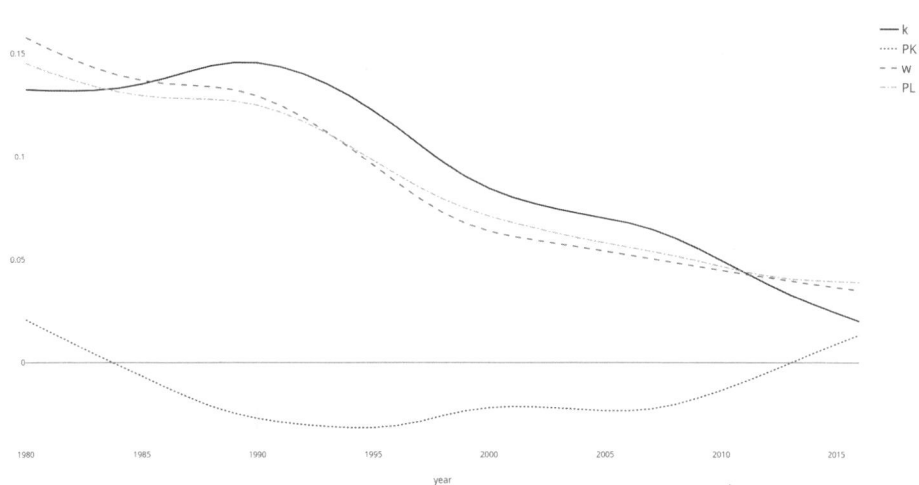

그림 5 자본-노동비율(k), 자본생산성(P_K), 시간 당 실질임금률(w), 시간 당 부가가치 노동생산성(P_{Lh}): 성장률 추이, 한국 전체경제(1981-2017)

산성 성장을 실질임금이 따라잡지 못하는 형태로 나타나 있다. 2013년 이후의 상황은 1980년대 이후 가장 낮은 수준의 자본-노동 비율의 성장이 만들어낸 패턴이다.[12]

실질임금 성장의 지속적인 둔화는 1997년 이후 더욱 두드러진다. 이러한 실질임금 성장의 둔화는 추가적인 자본도입에 대한 인센티브를 제공하지 않으며, 자본-노동 비율 성장의 둔화로 나타난다. 노동생산성도 급격히 하락하였다. 이러한 논의를 뒷받침하기 위해서는 노동생산성과 실질임금 사이의 관계 및 노동생산성과 실질임금, 그리고 자본심화 간의 관계를 살펴보아야 한다. 먼저, 노동생산성과 실질임금의 관계에서 실질임금의 성장이 노동생산성 성장에 영향을 미치는 과정에 대한 경험적 연구가 있다. 표학길은 동아시아를 대상으로 한 연구에서 한국과 중국에서 실질임금에서 노동생산성으로의 인과성이 발견된다는 것을 보이고 있다(Pyo, 2018). 우리도 여기서 사용된 변수들을 사용하여 변수들 사이의 간단한 그랜저 인과성 검정을 해보았다.

〈표 5〉는 시간 당 실질임금 또는 1인당 실질임금률과 각 노동생산성 사이의 그랜저 인과성이 없다는 귀무가설이 유의수준 5%에서 오히려 노동생산성 성장에서 실질임금 성장으로의 방향에서 기각되지 못하고, 실질임금 성장에서 노동생산성 성장으로 방향에서는 기각되고 있음

---

[12] 2013년 이후의 이러한 패턴은 어찌됐던 한국경제에는 우호적인 패턴이다. 미국경제의 경우 자본스톡 디플레이터와 GDP 디플레이터 사이의 비율이 2004년 전후로 하여 급격히 상승(Duménil and Lévy, 2016a: Figure 7)한 반면, 우리나라의 경우에는 2013년 이후로 완만한 하락경향을 가지고 있는 것이 이 패턴이 나타난 하나의 요인으로 보인다. 왜냐하면 실질자본생산성의 성장률은 0에 가깝기 때문이다. 하지만 이 경향이 어떻게 진행될지에 대해서 판단하기는 아직 이르다.

표 5 시간 당 실질임금 성장률(gw_h)과 노동생산성 성장률(gP_{Lh})과 1인당 실질임금률 성장률(qw)과 1인당 노동생산성 성장률(gP_L) 사이의 그랜저 인과성 검정(각각 Lags 2와 Lags 1)

귀무가설	F-stat	prob.	귀무가설	F-stat	Prob.
$gw_h \not\Rightarrow gP_{Lh}$	3.37	0.04	$qw \not\Rightarrow gP_L$	5.58	0.02
$gP_{Lh} \not\Rightarrow gw_h$	1.17	0.32	$gP_L \not\Rightarrow qw$	0.00	0.95

을 보여주고 있다. 즉, Pyo(2018)의 연구와 동일한 결과를 보여주고 있다. 한국 전체경제에서는 노동생산성 성장의 실질임금 성장에 대한 영향보다는 실질임금 성장의 노동생산성 성장으로의 영향이 확인된다는 것이다. 따라서 실질임금 성장의 둔화가 노동생산성 성장 감소와 어떤 관계를 가지고 있다는 주장을 완전히 배제하기는 어렵다.

실질임금의 성장이 자본-노동 비율과 노동생산성 성장에 영향을 미치고 있다는 것이다. 따라서 특히 80년대 말 90년대 초의 예외적인 시기를 제외하고, 1990년대 중반부터 한국경제는 미국과 마찬가지로 실질임금 성장이 억제되는 "구조적인 임금 저성장 경제"로 접어들었고, 그것은 낮은 수준의 노동생산성 성장을 야기한 원인 중 하나이다. 이러한 임금성장 속도의 둔화는 자본-노동 비율의 성장을 감소시키는 여러 원인 중의 하나였다.

3) 경제의 이중화

앞선 절에서 우리는 미국경제와 한국경제에서 최근의 생산성 저하 현상, 특히 노동생산성의 급격한 감소를 장기침체의 주요 원인 중에 하나로 이야기하였다. 이렇게 노동생산성 성장이 급격히 감소한 배경에는 실질임금 성장의 둔화가 하나의 원인으로 존재한다고 주장하였다. 또한 실질임금 성장의 둔화로 인한 투자 유인의 감소, 그에 따른 자본-노동 비율의 성장 감소도 동시에 목격된다고 하였다. 이 문제는 한 방향, 또는 한 가지 원인만을 강조하는 것이다. 노동생산성의 감소를 어떤 한 나라의 직장문화나 노동문화(이를 테면, 장시간 노동 경향과 같은) 탓으로 돌리거나 생산성이나 혁신, 효율과 같은 것을 미지의 블랙박스 속에 가두는 것이 아니라 경제 내에서 벌어지는 상호작용 속에서 파악해야하며, 공급측면 만으로만 배타적으로 설명될 수 없는 것임을 밝히는 것이다. 또한 투자유인의 감소와 자본-노동 비율의 성장 감소에도 불구하고 한국경제가 나타내고 있는 로봇화의 진전은 어떻게 설명될 수 있는 것일까?

우선 실질임금 성장 둔화는 경제의 이중화에 또 다른 원인이 있다(Temin, 2016; Storm, 2017). 테민과 스토름 같은 경제학자들은 미국경제가 고임금과 높은 생산성의 역동적 부문과 저임금의 침체부문으로 나누어져 있으며, 이것이 미국경제에서 중산층의 몰락을 시사하고 있는 것이라고 이야기한다. FTE(Finance, Technologies, Electoronics) 부문은 미국경제의 30% 상위 소득자들을 포함하고 있으며, 저임금 부문에서 나머지 70%가 일하고 있다(Temin, 2016: 97). 스토름(Storm, 2017) 또한 미국경제 산업 구성의 이질성과 생산성 격차에 주목한다. 미국경제의 제조업이나 정보산업, 금융보험부동산업(FIRE), 사업서비스 등과 같은 성장 부문들과 침체된 나머지 부문들로 이원화되고 있고 주장한다(Storm, 2017: 190). 문제는 성장 부문이 차지하고 있는 고용비중이 점점 줄어들고 있으며, 이 부문의 노동시간은 자동화와, 로봇화, 인공지능화를 통해 그리 늘지 않고, 침체 부분은 주로 노동시간의 확대(노동생산성 성장이 동반되지 않는)를 통해 성장해왔다는 점이다(Storm, 2017: 190-191). 따라서 미국경제의 생산성 위기는 혁신과 기업가 정신의 일반화된 위기가 아니라 미국경제의 특정 부문에 몰려 있다.

80년대 몰아닥친 세계화와 해외이전, 노동시장 규제완화 등은 노동자들에게 "외상장해(traumatization)"을 일으켰고, 이들은 유연성, 저임금 일자리를 쉽게 받아들이게 되었다. 밀려난 노동자들은 서비스업을 중심으로 저임금 일자리에 몰려들었고, 이는 미국경제를 전반적인 구조적 임금 저성장 체제로 이끌게 되었다(Storm, 2017; Temin, 2016; Weil, 2014). 이는 생산성의 전반적 하락으로 이어지고 잠재성장의 감소로 이어지게 된다. 게다가 앞으로의 로봇화 과정, 즉 역동적 부문의 기술혁신이 역동적 부문의 고용을 침체부문으로 이동시키고, 이에 따라 실질임금 성장 위축되고, 임금 불평등이 증대되면 전반적 수요위축으로 기술적 혁신의 이익이 전체경제에서는 감소될 수 있다고 보몰의 불균형 성장 이론을 통해 이야기한다. 이러한 잠재성장의 감소는 재정과 화폐금융정책의 결정자들에게 잠재성장과 현실성장의 갭을 과소평가할 수 있게 할 수도 있다(Storm, 2017: 200).

이러한 경제의 이중화 현상은 한국경제에서도 쉽게 확인할 수 있다. 단순히 거시적 실질임금 성장의 둔화 경향이 아닌 상위계층과 하위계층 사이의 임금 불평등 및 소득 불평등의 증대(여러 연구가 있지만, 홍민기 2017; 2015a; 2015b; 장하성, 2015), 대기업과 중소기업 사이의 생산성 격차(Jones and Lee, 2016; 김원규, 2017), 산업 간 생산성격차 및 서비스업 생산성의 악화(Jones and Lee, 2016; 아이켄그린·퍼킨스·신관호, 2013; 김원규, 2017; 이종화·송철종, 2014 등) 등으로 나타나고 있다. 특히, 이종화·송철종(2014)은 생산성 효과 분석법(shift-share analysis)를 통해 노동생산성 증가율을 산업 내 효과와 구조변화의 효과로 나누고, 구조변화의 효과, 즉 산업 간 이동에 따른 생산성 증가효과를 한국(1980-2010)을 대상으로 분석하였다. 이 연구에서는 "제조업과 서비스에서 노동이동에 의한 구조변화가 전체 노동생산성 증가를 크게 저해(이종화·송철종, 2014: 24)"하고 있다고 관찰하였다. 특히, "1990년대 이후에 제조업에서 서비스업으로의 노동의 이동이 일어날수록 경제전체의 노동생산성의 증가를 저해하는 역할(이종화·송철종, 2014: 24)"하게 된다.

그렇다면 전체경제 생산성 증가를 저해하는 서비스업으로의 이동은 왜 일어나게 되었는가? "해고된 노동력은 어딘가로 가야하는데 결국 상대적으로 숙련도가 낮은 저임금의 서비스업 일자리로 가기 마련이다.(...) 서비스업은 제조업을 떠나 달리 갈곳이 없게 된 실업 노동력들을 위해 배수통 역할을 한다. 달리 말해, 서비스업의 고용증가는 사실상 그 밖에 다른 직업을 찾지 못하는 실업인력의 증가를 반영한 것이다.(...) 한국의 노동인력의 3분의 1이 자영업자이거나 영세업체에 무급 가족근로자로 고용되어 있다는 사실이다.(...) 이는 한국의 자영업자들이 흔히 공개적 실업의 대안으로 서비스업을 운영하는 일이 많다는 점을 시사한다(아이켄그린·퍼킨스·신관호, 2013: 121-122)."

노동시장 규제완화는 한국 노동자들에게도 "외상장해"를 일으켰고, 이는 "구조적인 임금 저성장" 경제의 고착화이다. 이러한 문제들에 대한 대응이 배타적으로 한 방향, 즉 공급 측면의 관점 또는 외생적인 관점만이 강조되거나 별다른 고려 없이 예전에 해왔던 정책의 방식, 인구변천(demographic transition)에 대한 대응, 혁신과 기업가정신, 경쟁력을 강화하는 법인세 감면, 노조의 약화 및 노동시장 규제완화, 생산물 시장 규제완화, 또는 구조조정과 같은 것들로 손쉽게 이어지는 경향이 있다.

3. 정책적 함의: 토론

미국과 우리나라에서 경제의 이중화에 대한 논의는 앞선 참고문헌에도 나타나듯이 적지 않은 문헌들에서 이미 지적되었으며, 여러 방면으로 논의되어 온 문제들이기도 하다. 게다가 우리나라에서 경제의 이중화와 관련된 문제는 재벌과 중소기업과 관련하여 보면, 비단 근래에 들어서만 문제시된 것이 아니다. 우리나라에서 경제의 이중화는 97년 외환위기를 거치면서 더욱더 확대되었다. 경제의 외연적 확대는 특히, 사회인프라부분의 개선으로 인해 모든 사람들에게 이전보다 나아진 환경을 접하게 하지만 정작 개개인의 직접적인 생활의 크게 달라지지 않게 보이게 한다. 교육과 문화의 개선된 환경에 접근하는 데 있어 양극화의 하층에 속하는 이들은 점점 어렵게 되고 그만큼 박탈감에 시달리게 된다. 따라서 이는 단순히 어떤 경제적 양극화의 문제가 아니라 미국과 한국의 사회적 양극화이며, 이들 나라들을 모두에서 두 개의 나라가 만들어지고 있다고 해도 과언이 아니다. 이러한 문제들을 어떻게 다룰 것인가가 더 중요한데, 우선 예전의 방식, 혁신과 기업가 정신, 규제완화와 구조조정 등의 접근들은 그 필요성을 모두 배제할 필요는 없지만, 그렇다고 그것만으로 상황을 회복시키기에는 여러 문제점을 가지고 있다고 말할 수 있다.

우선 많은 연구들에서 혁신의 지표로 삼고 있는 TFP는 실제로 여러 요소들의 결합이다. 우리가 앞에서 살펴본 것처럼 그것을 현실경제의 실질생산성 성장에 대한 요소분배몫의 가중치로 표현할 수도 있고, 그 추이도 크게 다르지 않다. 또한 생산성 성장과 R&D, 그리고 인적자본과 연관만을 배타적으로 강조할 수 없다. 왜냐하면 R&D나 인적자본과 관련된 논의들은 어떤 새로운 기술의 출현(emergence)을 이야기하는 것이지 기술 선택(selection) 과정을 다루는 것이 아니기 때문이다. 기술 선택은 결국 출현한 기술들을 채택하고 그 경제의 평균적인 혁신 패턴을 만들어내는 과정이다. 보통 1980년대부터 등장한 로머(Paul Romer)류의 내생적 기술변화 이론은 새로운 기술의 출현을 이야기하고 있고, 이렇게 출현한 기술이 성장과 일정한 관계를 갖고 있다고 주장하는 이론이다. R&D 증가, 기술진보의 증가, 잠재성장의 증가라는 고리로 이어진다(Jone, 1995; 1999). 하지만 기술선택은 기업가의 수익성 규준(profitability criterion)에 따라서 이루어지며, 이 과정에서 실질임금은 수익성 규준의 중요한 구성 요소이다(Duménil and Lévy, 1995; Foley and Michl, 1999; Acemoglu, 2002). 게다가 기술의 출현 또한 배타적으로 R&D와 인적자본에만 의존한다고 이야기하기도 힘들다. 혁신과 효율성이 갖는 산출에 대한 의존(Kaldor-Verdoorn 효과)과 자본-노동 비율에 의존(Kaldor 기술진보함수) 또한 무작정 배제하기에는 관련된 경험연구들이 여럿 존재한다. 이러한 연구들과 흐름들을 배제하고, 오로지 R&D와 인적자본이라는 개념에만 집착하려는 것도 납득하기 힘들다. 따라서 무작정 혁신의 출현을 높이는 것만이 문제가 아니라 어떤 혁신 패턴(우리가 살펴본 노동생산성의 둔화)이 어떤 환경(실질임금 성장의 둔화)에 의해 야기되고 있는지 살펴보는 것도 중요하다.

둘째, 경제의 이중화나 생산성 악화에 대한 대응으로 오직 규제개혁과 기업가 정신 제고만을 해답으로 제시하는 접근은, 그로 인해 배제되는 중요한 고려사항들이 지나치게 많다는 점에서 문제적이다. 이와 연계된 노동의 유연화나 구조조정에 대한 논의 역시, 경제의 이중화라는 구조적 맥락에서 볼 때 쉽게 납득하기 어렵다. 예를 들어, 한국의 생산물 시장에 높은 수준의 규제가 존재한다는 점은 잘 알려진 사실이며, 이는 신산업이나 혁신을 저해한다고 주장되곤 한다(Jones and Lee, 2016). 실제로 OECD에서 개발한 PMR(Product Market Regulation) 지수(OECD PMR 지표 링크)에 따르면, 2013년 기준으로 한국은 OECD 회원국 중 생산물시장 규제가 네 번째로 많은 국가였다.

그러나 PMR 지수가 한국보다 높은 국가들 가운데, 멕시코와 이스라엘은 흥미로운 사례이다. 특히 이스라엘은 최근 '스타트업의 천국'

으로 각광받고 있으며(Goyal, 2017), 2013년 TEA(Total Early-stage Entrepreneurial Activity, 18-64세 경제활동인구 중 창업단계에 있는 인구의 비중) 기준으로 대상국가 중 1위와 7위를 각각 차지하였다. 반면 한국은 19위였고, PMR이 매우 낮은 영국(35개국 중 34위)은 18위였다. 더욱이 프랑스와 이탈리아처럼 한국보다 PMR이 낮은 국가들은 TEA에서 최하위를 기록하였다(OECD, 2016a: 19, Figure 1.2). 이는 단순히 규제 수준이 높다는 이유만으로 기업가 정신이나 스타트업 생태계가 억제된다고 보기 어렵고, '규제혁파'를 최우선 정책과제로 삼기에도 설득력이 떨어진다는 점을 시사한다. 또한, OECD가 제시하는 사업 역동성(business dynamics)의 지표인 Churn rate(기업 진입율과 퇴출율의 총합)를 기준으로 보면, 한국은 상위권에 속한다. 예컨대 OECD(2016a: 19, Figure 1.4)에 따르면, 분석 대상 20개국 중 한국은 2위를 기록하였고, OECD(2016b: 81, Figure 4.11)에서는 한국의 건설업만 하위권에 머물렀을 뿐이다. 비록 OECD(2018b: 127, Figure 2.10)는 한국의 전반적인 퇴출율이 낮다고 평가했지만, 이는 한국 경제의 부문 간 격차를 고려할 때 보다 정교하게 해석되어야 한다. 특히 서비스업의 퇴출율은 세계 최고 수준에 해당하며, 이를 종합적으로 보면 한국의 사업 역동성이 낮다고 단정하긴 어렵다(OECD 2016a; 2016b; 2017; 2018b).

흥미롭게도, Jones and Lee(2016)는 한국에 대해 규제를 줄이라는 권고를 내리면서도, 한국보다 PMR이 높은 이스라엘에 대해서는 단순한 축소가 아닌, '더 효율적이고 나은 규제'로의 전환을 조언하고 있다는 점은 정책적 시사점을 던진다(OECD, 2016a). 특히 Jones and Lee(2016: 24)는 혁신이 노동과 자원의 끊임없는 재배분(reallocation)을 요구한다고 주장하며, 이를 노동 유연화의 필요성과 연결시키고 있다. 나아가 이들은 한국의 정규직 노동자들이 비정규직에 비해 강한 고용보호를 받고 있어,

결과적으로 비정규직 비중이 확대되고 있다고도 주장한다. 그러나 이러한 주장은 정규직과 비정규직 간의 차이를 해소하는 방식으로 노동시장 규제를 완화할 경우, 오히려 구조적인 임금 저성장 경제를 심화시킬 수 있는 가능성을 내포하고 있다. 다시 말해, 혁신이라는 이름으로 노동시장 유연화가 지속된다면, 임금 정체와 경제 이중화가 동반 심화되면서 생산성 악화의 악순환이 확대될 수도 있다.

물론 저임금 부문의 실질임금을 인상하는 것이 모든 경제 문제를 해결할 수 있는 일종의 '마법'이라고 주장하는 것은 아니다(Storm, 2017: 201). 이는 오히려 1980년대 이후 전개된 노동시장 규제완화라는 새로운 노동규율과, '주주 자본주의'로 대표되는 기업지배구조 개편 등의 신자유주의적 경향과 밀접하게 연결되어 있다. 이른바 "구조적인 임금 저성장 경제"는 이러한 신자유주의적 제도 변화의 산물이다. 실질임금의 정체와 투자지출의 축소라는 수요 기반의 약화 속에서, 단순히 외생적 조정을 통해 잠재성장을 회복하겠다는 주장은 구조적으로 한계를 지닌다. 특히 구조조정, 창업 장려, 친기업적 환경 조성과 같은 정책이 별다른 수요 기반 없이 추진될 경우, 이는 제로섬 게임의 결과로 귀결될 가능성이 크다(Summers, 2015: 63-64). 다시 말해, 수요 제약을 고려하지 않은 공급 중심의 접근은 성장을 위한 새로운 자원을 창출하기보다, 제한된 기회를 두고 경쟁을 심화시키는 방식으로 작동할 수 있다.

특히 한국 경제의 맥락에서, 구조적인 임금 저성장 국면이 지속되는 가운데 새로운 산업적 혁신이 등장하더라도, 이는 국내 수요 기반의 부족으로 인해 내수시장에서는 충분한 확장을 기대하기 어렵다. 그 결과 기업들은 성장의 경로를 해외 수요에 의존하게 되고, 이는 수출 중심 전략의 지속으로 이어진다. 이러한 전략은 해외경쟁력 확보라는 명분 아래, 특히 중소규모 기업들의 임금 억제를 정당화하는 수단으로 작용할 수 있다. 이처럼 수요 제약과 임금 억제를 바탕으로 한 수출 중심 성장전략은 장기적으로 경제의 이중화를 심화시키는 또 다른 경로로 기능할 수 있다.

　마지막으로 〈그림 5〉를 보면 역설적으로 최근 한국경제에는 아직까지는 미미하지만, 수익성에 대해 우호적인 기술적 조건(또는 패턴)이 존재한다는 것을 알 수 있다. 즉 자본생산성이 2013년 이후 양의 성장률을 가지고 있다. 이는 주 8)에서 말한 바대로 자본-노동비율의 상승에 대비해 노동생산성 성장이 더 빠르게 이루어질 수 있는 기술적 패턴을 의미하는 것이다. 실질임금성장의 둔화는 물론이고 국내경제의 자본심화를 약화시키고 있는 조건들을 완화시키면 약간의 자본-노동비율 상승으로도 상대적으로 높은 노동생산성을 달성할 수 있을지도 모른다. 이는 고전파-마르크스주의적 TRAM 분석의 틀 내에서도 구조적 임금저성장 경제의 극복이 장기적이지는 못할지라도 적어도 단기적 또는 중기적 과제로서 성립할 수 있다는 점을 의미한다.

4. 결론

최근 한국 사회에서는 친노동적 정책을 경제학의 정당한 범주에서 벗어난 포퓰리즘으로 규정하고, 반대로 반노동적 정책은 이념을 초월한 '순수한 경제정책'으로 정당화하는 담론이 강하게 형성되고 있다. 이는 단지 정책의 실증적 효율성 문제라기보다는, 오히려 한국 경제가 오랫동안 채택해온 수출주도 성장 전략과 그 이데올로기적 기반에서 기인한 해석틀이라 할 수 있다. 그러나 미국에서 전개된 장기침체 논쟁과 한국 경제의 구조적 유사성을 고려할 때, 이러한 이분법적 인식은 문제 해결을 지연시키는 인식적 장벽이 된다. 미국과 한국 모두에서 2008년 글로벌 금융위기 이후 장기침체 경향이 관찰되며, 전통적인 총요소생산성(TFP) 분석은 두 경제에서 모두 혁신역량의 약화와 비효율성의 심화를 지적하고 있다. 이는 단순한 기술 변화의 문제가 아니라, 인적자본의 질, 기술의 도입과 적응력, 산업 내 자원 재배분과 같은 구조적 조건과 긴밀하게 연결되어 있다.

이러한 맥락에서 교육개혁, 노동시장 구조조정, 이른바 '좀비기업'의 퇴출 등이 주요한 정책적 수단으로 논의되고 있으나, TFP 분석은 이들 정책의 정당화를 위한 수단으로만 활용될 수 없다. TFP는 단지 기술적 효율성을 측정하는 지표가 아니라, 요소소득 분배의 변화, 자본축적 경로, 기술 선택의 조건 등 경제의 광범위한 구조적 양상을 포괄하는 지표이다. 특히 최근 한국과 미국 모두에서 노동생산성의 정체 또는 하락이 나타나고 있으며, 이를 단순히 실질임금의 정체나 외생적 요인으로 환원하는 접근은 기술과 임금 간의 상호작용을 충분히 설명하지 못한다. 실질임금의 장기 정체는 자본심화를 저해하고, 이는 다시 생산성 성장을 억제하는 구조적 악순환으로 이어진다. 결과적으로, 노동생산성 둔화는 잠재성장률 감소의 핵심 요인으로 작동하며, 장기침체의 구조적 기초를 형성한다.

이와 같은 경로는 저임금 부문에 노동이 집중되는 결과를 낳았고, 해당 부문에서 자본축적은 지속적으로 제약받아왔다. 이러한 상황은 임금 정체를 심화시키고, 경제의 이중화를 고착화하는 요인으로 작용하였다. 더 나아가 잠재성장의 하락은 실제 경기 둔화의 심각성을 과소평가하게 만들며, 정책당국의 적극적 개입 여지를 축소시킨다. 그럼에도 불구하고, 여전히 구조조정과 규제완화가 잠재성장률 회복의 유일한 해법으로 제시되는 것은, 실증적 자료와 구조적 분석이 보여주는 복합성과 다층성을 충분히 반영하지 못하는 태도이다. 구조조정이나 기업퇴출 중심의 혁신 전략은, 서머스(Summers, 2015)가 지적하듯, 경제의 이중화 심화와 임금 저성장을 초래하는 또 다른 경로로 작용할 수 있다.

따라서 현시점에서 가장 시급한 과제는 "구조적인 임금 저성장 경제"에 대한 비판적 재검토와, 이를 통해 강화되어온 경제 이중화의 구조를 반전시키는 것이다. 일부 주류경제학적 담론은 '혁신'과 '효율성'이라는 추상적 개념을 앞세워 노동시장 유연화를 정당화하지만, 실제로는 실질임금 정체, 생산성 둔화, 경제 내 격차 확대와 같은 구조적 문제를 악화시켜왔다. 이러한 흐름은 단지 경제적 성과를 제약하는 데 그치지 않고, 사회 전반에 걸친 심리적·정치적 긴장을 유발하며, 공동체 내부의 신뢰 기반을 약화시킨다. 이 글은 인구변천, 교육, 규제완화 등의 요소들이 잠재성장에 영향을 미친다는 점을 부정하는 것이 아니라, 오히려 그러한 요인들만으로 장기침체를 설명하거나 해결할 수 있다는 배타적 접근에 문제를 제기하고자 한다.

참고문헌

김원규. 2017. "한국경제의 생산성 분석과 정책시사점."『ISSUE PAPER 2017-419』, 산업연구원.

김원규·김진웅. 2013. "환경규제를 고려한 우리나라 경제성장 요인에 대한 연구."『에너지 경제연구』12(2): 85-117.

김원규·최현경. 2017. "한계기업 비중 확대와 생산성 둔화."『i-KIET 산업경제 이슈』2.

뒤메닐, 제라르·레비, 도미니크 2009.『현대마르크스주의 경제학』. 김덕민 옮김. 그린비.

마르크스, 칼. 2012.『자본』Ⅰ-2. 강신준 옮김. 제1판 제4쇄, 도서출판 길.

아이켄그린, 베리·퍼킨스, 드와이트·신관호. 2013.『기적에서 성숙으로: 한국경제의 성장』. 서울셀렉션.

이종화·송철종. 2014. "한국 서비스 산업의 생산성 분석."『한국경제의 분석』, 20(3): 1-55.

유희경. 2018. "韓, 산업로봇 이용률 세계1위 이면엔..'인건비' 부담",『문화일보』2018.11.09. www.munhwa.com.

장하성. 2014.『한국자본주의-경제민주화를 넘어 정의로운 경제로』. 헤이북스

장하성. 2015.『왜 분노해야하는가? 분배의 실패가 만든 한국의 불평등』. 헤이북스.

홍민기. 2015a. "최상위 임금 비중의 장기추세(1958-2013)."『산업노동연구』21(1): 191-220.

홍민기. 2015b. "최상위 소득 비중의 장기 추세(1958-2013)."『경제발전연구』21(4): 1-34.

홍민기. 2017. "보정지니계수."『경제발전연구』. 23(3): 1-22.

Acemoglu, D. 2002. "Directed Technical Change." *The Review of Economic Studies* 69(4): 781-809

Atkinson, R. D. 2018. "Which Nations Really Lead in Industrial Robot Adoption?" *ITIF*. Nov. http://www2.itif.org/2018-industrial-robot-adoption.pdf.

Baumol, W. J. 1967. "The Macro-Economics of Unbalanced Growth: The Anatomy of the Urban Crisis." *American Economic Review* 57(3): 415-426.

Duménil, G. and Lévy, D. 1995. "A Stochastic Model of Technical Change: An Application to the U.S. Economy(1869-1989)." *Metroeconomica* 46(3): 213-245.

Duménil, G. and Lévy, D. 2013. *The Crisis of Neoliberalism*. MA: Harvard University Press.

Duménil, G. and Lévy, D. 2016a. "Technology and Distribution in Managerial Capitalism. The Chain of Historical Trajectories à la Marx." *Science and Society* 80: 530-549.

Duménil, G. and Lévy, D. 2016b. "The Historical Trends of Technology and Distribution in the U.S. Economy. Data and Figures(since 1869)." http://www.cepremap.fr/membres/dlevy/dle2016e.htm.

Eighengreen, B. 2015. "Secular Stagnation: The Long View." *American Economic Review: Papers and Proceedings* 105(5): 66-70.

Felipe, J. and McCombie, J. 2006. "The Tyranny of the Identity: Growth Accounting Revisited." *International Review of Applied Economics*. 20(3): 283-299.

Foley, D. and Michl. T. 1999. *Growth and Distribution*. Harvard University Press.

Gordon, R. 2015. "Secular Stagnation: A Supply Side View." *American Economic Review: Papers and Proceedings* 105(5): 54-59.

Goyal M. 2017. "Israel, a Startup Oasis in the Middle of War Zone." *The Economic Times*. February 19. Retrieved from https://economictimes.indiatimes.com/

Hicks, J. R. 1932. *The Theory of Wages*. London: MacMillan.

Jones, C. I. 1995. "R&D Based Models of Economic Growth." *Journal of Political Economy* 103(4): 759-784.

Jones, C. I. 1999. Growth: With or without scale effects? *American Economic Review* 89: 139-144.

Jones, R. S. and Lee, J. W. 2016. "Raising Korea's Productivity through Innovation and Structural Reform." *OECD Economic Department Working Papers* No. 1324.

Inklaar, R. and Timmer, M. P. 2013. "Capital, Lablor and TFP in PWT 8.0." Groningen Growth and Development Centre, Unviersity of Groningen.

Marquetti, A. 2004. "Do Rising Real Wage Increase the Rate of Labor-saving Technical Change? Some Econometric Evidence." *Metroeconomica* 55(4): 432-441.

OECD. 2016a. *SME and Entrepreneurship Policy in Israel 2016*. OECD.

OECD. 2016b. *Entrepreneurship at a Glance 2016*. OECD.

OECD. 2017. *Entrepreneurship at a Glance 2017*. OECD

OECD. 2018a. *Employment Outlook 2018: Korea*. July 2018. OECD.

OECD. 2018b. *OECD Economic Survey: Korea 2018*. OECD.

Pyo, Hak K. 2018. "labor productivity and a test of the Kaldor-Verdoon law in East Asia." (Ed.) Deb Kusum Das. *Productivity Dynamics in Emerging and Industrialized Countries*. Routeldge: 177-199.

Rada, C. and L. Taylor. 2006. "Empty sources of growth accounting, and empirical replacements 'a la Kaldor and Goodwin with some beef." *Structural Change and Economic Dynamics* 17: 486-500.

Storm, S. 2017. "The New Normal: Demand, Secular Stagnation, and the Vanishing Middle Class." *International Journal of Political Economy* 46(4): 169-210

Summers, L. 2014. "Reflection on the new 'Secular Stagnation hypothesis'." *Secular Stagnation: Facts, Causes, and Cures*. (Ed.) C. Teulings and R. Baldwin. CEPR Books: 27-38.

Summers, L. 2015. "Demand side Secular Stagnation." *American Economic Re-

view: *Papers and Proceedings* 105(5): 60-65.
Temin, P. 2016. "The American Dual Economy." *International Journal of Political Economy* 45(2): 85-123.
Weil, D. 2014. *The Fissured Workplace*: *Why Work Became So Bad for So Many and What Can Be Done to Improve It*. Harvard University Press.

제2장

마르크스 경제지표로 살펴본 1990년대 이후 한미일 경제[1]

정구현(경상국립대 SSK연구단 선임연구원)

1. 서론

이 글은 마르크스 경제지표를 이용하여, 1990년대 이후 한국, 미국, 일본의 경제를 비교 분석하여 공통점과 차이점을 찾아내고 그 원인을 해명하려 시도한다. 여기에서 말하는 마르크스 경제지표란 마르크스주의 경

---

[1] 이 글은 정구현(2021; 2023), Jeong(forthcoming)의 부록, 정구현(2025), 정성진·정구현(2022)을 수정 및 보완한 것이다. 전자의 세 가지 연구는 순서대로 한국, 일본, 미국의 마르크스 경제지표를 산출했는데, 확보가능한 자료의 차이로 인해 이 연구들에서는 3개국의 경제지표 산출방식 일부가 상이했다. 이 글에서는 한미일 경제지표를 비교분석하기 위해 산출방식을 통일하고 몇 가지 지표를 추가했다. 통일된 산출방식 중 가장 주된 것은 생산적 산업의 노동은 모두 생산적 노동으로, 자영업자의 소득은 모두 잉여가치로 분류한 것이다.

제학에 제시하는 고유의 자본주의 경제 동학을 설명하는 지표들이다. 자본의 노동 착취도, 기술 진보에 따른 생산에서의 생산수단과 노동의 비중, 생산과 유통의 배타적 상호 관계 등은 이윤율의 변수이며, 이윤율 변동은 축적률 또는 자본성장율에 영향을 주어 경기변동을 야기할 수 있다. 이 글은 소련이라는 제1세계의 거대한 경쟁자가 무너진 1990년대를 기점으로, 한국 그리고 두 선진 자본주의 국가, 특히 세계경제 및 정치에 가장 영향력 있는 미국과 10여 년의 장기 불황에 접어들기 시작한 일본을 대상으로 하여, 몇 가지 마르크스 경제지표(이윤율, 잉여가치율, 순소득이전비율)를 산출한다. 또한 경제지표의 수준과 추세상의 공통점과 차이점을 보이고 그 경제적 함의를 살펴본다.

2. 자본주의 경제의 핵심지표, 이윤율: 한국의 압축적 선진화 결과

투자된 자본 대비 이윤의 비율인 이윤율은 자본주의 경제의 핵심적 지표이다. 이것은 개별 자본가에게도, 그리고 거시 경제 전체에도 마찬가지이다. 한편에서 개별 자본가는(그것이 어떤 부문이든 산업, 상업, 또는 금융을 가리지 않고) 같은 금액의 자본을 투자했을 때 더 많은 이윤을 얻는 곳, 즉 더 높은 이윤율을 얻는 곳에 투자하려고 할 것이다. 이러한 자본의 이동은 사회의 평균 이윤율을 형성하는 경향을 만들어낸다. 다른 한편, 이렇게 형성된 사회적 평균 이윤율은 다양한 변수에 의해 변동하는데, 이윤율이 높을 때에는 축적률 따라서 자본성장율도 높게 유지될 동기가 있고 호황 국면이 유지되지만, 어떠한 사정으로 이윤율이 하락하기 시작하면 축적률 따라서 자본성장율이 저하하기 시작하고 이는 불황이나 극심한 경제위기 국면을 야기할 수 있다. 불황과 경제위기는 실업과 불평등

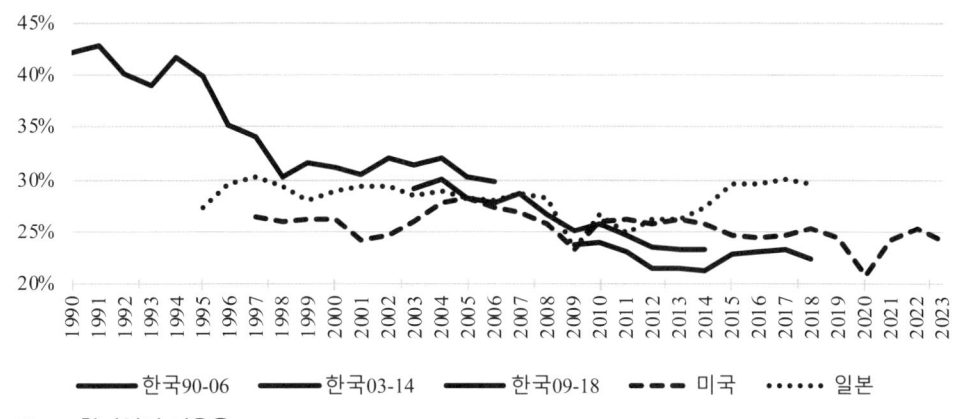

그림 1 한미일의 이윤율

을 강화하지만 동시에 극심해진 경쟁을 통해 낮은 생산성의 자본을 퇴출시킴으로써 이윤율 반등의 배경을 만들어낸다.

〈그림 1〉은 1990년대 이후 한미일의 이윤율 추세를 보여준다. 한국의 이윤율은 세 국가 중 가장 뚜렷한 저하 경향을 보여주는데,[2,3] 이는 한국 자본주의의 압축적 성장의 이면을 보여주는 듯하다. 구체적으로는 두 차례의 저하기와 각 저하기의 뒤를 이은 두 차례의 정체기를 살펴

---

[2] 1980년부터 한국의 이윤율을 제시하는 정구현(2021; 2023)은 장기 저하 경향을 보다 선명하게 보여준다. 이러한 한국 이윤율의 장기 저하는 다수 연구에서 관찰되는 정형화된 사실이다.

[3] 한국의 이윤율은 1990-2006년, 2003-2014년, 2009-2018년 세 시기로 분절된 꺾은 선으로 표시되어 있는데, 이는 이윤율 추계에서 사용된 데이터 중 전체 시계열을 포괄하지 못하고 분절된 데이터가 있었기 때문이다. 자세한 내용은 정구현(2023)을 참조.

볼 수 있다. 이윤율의 첫번째 재빠른 추락은 1994년 이후부터 동아시아 금융위기로 한국이 IMF의 구제금융을 수용한 1998년까지 이루어진다. 이후 이윤율은 10여 년간 정체한다. 이윤율의 두번째 분명한, 그러나 첫번째보다는 감속된 저하는 글로벌 금융위기가 시작된 2007년 이후부터 2012년까지 이루어진다. 첫번째 저하기는 한국 경제의 이윤율 하락이라는 근본 원인 위에서 대기업의 방만한 운영과 과잉투자, 외환 유동성 위기, 해외 투기자본의 공격 등으로 금융위기가 발생한 배경을 설명한다면, 두번째 저하기는 한국 외부에서 발생한 글로벌 금융위기가 세계경제의 일부로서의 한국경제의 이윤율 저하를 불러일으킨 효과를 묘사한다. 이후 2013년부터 2018년까지 한국의 이윤율은 정체 혹은 소폭 상승한 것으로 보인다.

미국의 이윤율은 그 수준이 3국의 이윤율 중 가장 아래에 위치하고 있다. 관찰된 시기 미국의 이윤율은 세 번의 저점을 갖고 있는데, 닷컴버블이 붕괴했던 2001년, 2007-2008년 글로벌 금융위기의 영향으로 보이는 2009년, 세계경제를 흔들었던 코로나19 팬데믹이 터진 2020년이 그것이다. 이중 미국 경제에 가장 큰 영향을 미쳤던 것은 2007-2008년 글로벌 금융위기로, 이윤율의 고점은 글로벌 위기 이전을 회복하지 못하고 있다.

관찰된 시기, 일본의 이윤율은 3국 중 가장 안정적이다. 1980년대 거품경제가 꺼진 1992년 이전과 비교할 수 없다는 한계를 염두에 두더라도, 동아시아 금융위기로 회복세가 끝나버린 1997년 이후로 2008년까지 이윤율은 큰 변동을 보이지 않는다. 일본 역시 글로벌 금융위기의 여파를 벗어날 수 없었고 2009년 저점을 찍었으나 2015년까지 이윤율의 가파른 회복세를 보여 글로벌 금융위기 이전 상태를 회복했다. 그러나 일본의 장기적 성장세 둔화("잃어버린 10년, 20년, 30년")를 염두에 둔다면, 관찰된 시기 이전의 일본 이윤율은 더 높은 수준에 머물렀을지도 모른다.

이윤율 변동은 잉여가치율(=잉여가치/가변자본; 자본의 노동 착취도), 자본 회전수(=유량/저량; 생산 및 유통과정의 반복횟수)와는 같은 방향으로, 자본의 가치구성(=불변자본 저량/가변자본 저량; 기술 진보에 따른 생산수단과 노동의 비율)과는 반대 방향으로 움직인다. 그런데 여기에서 이윤율을 **생산자본의 이윤율**이 아니라 생산자본, 상품자본, 화폐자본 모두를 포괄하는 **총자본의 이윤율**로 규정하면, 이윤율의 결정요인은 다음과 같이 될 것이다. 이윤율에 양의 상관관계를 갖는 잉여가치율과 생산자본 회전수, 그리고 음의 상관관계를 맺는 자본의 가치구성과 자본의 시간구성(=유통시간/생산시간; 생산과 유통의 비율), 그리고 비용의 가치구성(=불변자본 유량/가변자본 유량).[4] 이러한 이윤율의 재정의는 잉여가치로부터 이윤이 분배되는 과정은 자본의 생산과정뿐만 아니라 유통과정도 전제하고 있음을 의식하는 것이다. 또한 이윤율의 재정의된 분해는 착취도가 높아지고 주어진 기간 생산자본이 더 많이 회전할수록 이윤율이 높아지며, 반대로 생산에서 노동의 비중이 낮아질수록, 전체 순환시간 중(가치를 생산하지 않고 보존할 뿐인) 유통시간의 비중이 높아질수록 이윤율이 낮아진다는 것을 의미한다.

〈그림 2〉는 한미일의 자본 가치구성 및 시간구성을 보여준다. 좌측 그래프에서 한국의 가치구성은 3국 중 가장 높고 또 그 상승속도가 가장 빠르다. 특히 1997년과 2008년 사이 가치구성은 가파르게 성장하는데, 이 시기는 한국 경제가 IMF 위기를 맞이한 이후 생산성이 낮은 자본 다

---

[4] 이러한 수정된 이윤율 정의와 결정요인으로의 분해에 관한 자세한 내용은 정구현(2023)을 참조하라.

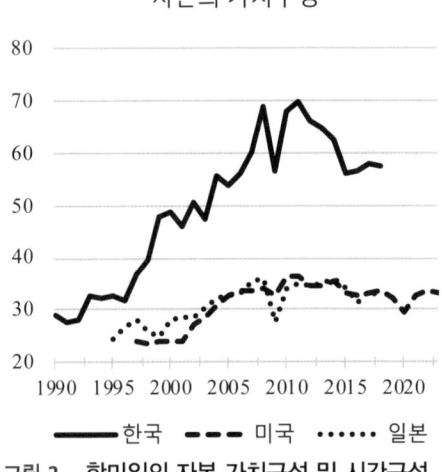 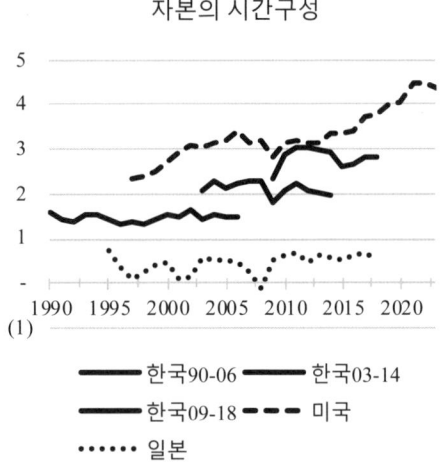

그림 2 한미일의 자본 가치구성 및 시간구성

수가 청산되고 경제가 재편되는 시기였다. 반면 글로벌 금융위기의 여파는 이러한 가치구성 고도화에 제동을 걸었고, 2011년 이후 2015년까지는 상황이 반전되어 가치구성이 가파르게 하락했다. 결과적으로 한국의 장기적 이윤율 저하는 가치구성 상승 탓이며, 최근의 이윤율 정체도 가치구성의 상승세가 꺾인 것에서 하나의 원인을 찾을 수 있다.

미국의 가치구성은 2001년 이후 2008년까지 상승했지만 글로벌 금융위기 때 주춤하였다가 2012년 이후 2016년까지 감소세로 돌아선다. 일본의 경우도 2000년부터 2008년까지 가치구성이 상승하지만 글로벌 금융위기를 거쳐 거친 후 2010년대 중반에는 하락세를 보인다. 글로벌 금융위기 이후 가치구성 상승 둔화 혹은 하락은 한미일 경제에서 공통적으로 확인되는 현상이다. 이는 설비투자 위축과 제조업에 비해 자본집약도가 낮은 서비스 산업 혹은 정보 산업에 투자가 이루어졌기 때문일 수 있다.

그런데, 한국의 가치구성이 가장 높은 수준을 보이는 위의 관찰은 통상적인 이해에서 다소 벗어나는 듯하다. 일반적으로 자본의 유기적 구성은 선진 자본주의일수록 고도화되기 때문이다. 가능한 몇 가지 설명이 있다. 첫째, 한국의 경우 다른 두 국가보다 (설비투자 비율이 높은) 제조업 부문 비중이 높은 것이 원인일 수 있다. 둘째, 자본의 기술적 구성과 가치구성이 크게 괴리되었을 수 있다는 것이다. 즉, 한국이 미국과 일본에 비해 기술적 구성이 낮은 경우라고 해도 노동력 단위가치 대비 생산수단의 단위가치 비율이 미일에 비해 크게 높다면, 한국의 가치구성 수준이 더 높을 수 있다.

〈그림 2〉의 우측 그래프는 자본의 시간구성을 보여준다. 자본의 시간구성[5]은 생산시간 대비 유통 시간, 즉 자본순환 중 가치 유량이 생산자본 저량에 머무르는 시간 대비 상품 및 화폐자본 저량에 머무르는 시간의 비율을 가리킨다. 여기에서는 생산시간은 가치를 증식시키는 구간인 반면, 유통시간은 가치를 보존, 감가시키는 구간이라는 점이 중요하다. 자본의 시간구성이 높다는 것은 자본순환 총시간 중 유통시간 비중이 높다는 것을, 따라서 이윤율에 음의 효과를 준다는 것을 의미한다.

한국의 자본 시간구성은 뚜렷한 추세를 보이지 않는다. 다만 2011년 이후로는 약간의 감소세를 보이는데, 이는 자본의 가치구성과 함께 이후의 이윤율 반등에 영향을 주었을 수도 있다. 이 시기 자본의 시간구성이 감소한 것은 주로 생산시간의 연장 때문이다. 그런데 이 연장은 생산시간 중에서도 가치를 증식시키는 노동시간의 연장 때문은 아니다. 생산시간에는 노동시간뿐만 아니라 생산 대기시간 등도 포함되는데, 한국 제조업의 평균 가동률이 2011년 기준 80.6%에서 2018년 73.9%까지 일방적으로 하락한 것을 염두에 두면, 이러한 생산 대기시간의 연장이 시

---

5 자본의 시간구성에 관한 자세한 내용은 정구현(2023)을 참조하라.

간구성을 하락시킨 것으로, 이러한 방식의 이윤율 반등은 지속가능하지 않다.

3국 중 가장 높은 자본의 시간구성을 보이는 것은 미국이다. 또한 미국의 시간구성은 글로벌 금융위기 시기를 제외하면 뚜렷하게 상승하는 추세에 있었다. 그리고 이러한 시간구성 상승은 유통시간 중에서도 재투하시간, 즉 가치 유량이 화폐자본 저량에 묶여 있는 시간이 꾸준히 상승했기 때문이다. 이는 고도로 발달된 미국 금융업의 의미가 유휴화폐자본을 적시적소에 배분하는 기술의 발전이라기보다는 생산적 산업으로의 자금 조달 대신 이자 및 배당금, 각종 금융 수수료와 같은 불로소득 창출 기술의 발전일 수도 있음을 시사한다. 일본의 시간구성은 3국 중 가장 낮은 위치에 있다. 또한 분명한 추세도 보이지 않고 있다.

3. 착취의 지표, 잉여가치율: 한국의 저비용 노동 양적 투입의 한계

〈그림 3〉은 이윤율에 양의 상관관계를 갖는 잉여가치율의 추이를 보여준다. 가장 높은 잉여가치율을 보이는 국가는 한국인데, 뒤에서 살피겠지만 그 원인은 전적으로 장시간 노동에 있다. 한국의 잉여가치율은 IMF 위기 이전까지의 고원에서 2000년대 중반까지 하락한 후 정체한다.[6] 이

---

6 이러한 추세는 정구현(2021; 2023), 정성진·정구현(2022), Jeong(forthcoming)과는 상반된다. 앞선 연구들에서 한국의 잉여가치율은 완만히 상승하는 추세였다. 차이의 원인은 각주1에서도 밝혔듯, 앞선 연구와 달리 이 글이 생산적 산업 부문의 비생산적 노동자 임금을 가변자본으로, 자영업자의 소득을 모두 잉여가치로 분류했기 때문이다. 이는 생산적/비생산적 노동 분류, 그리고 한국의 거대한 자영업자 집

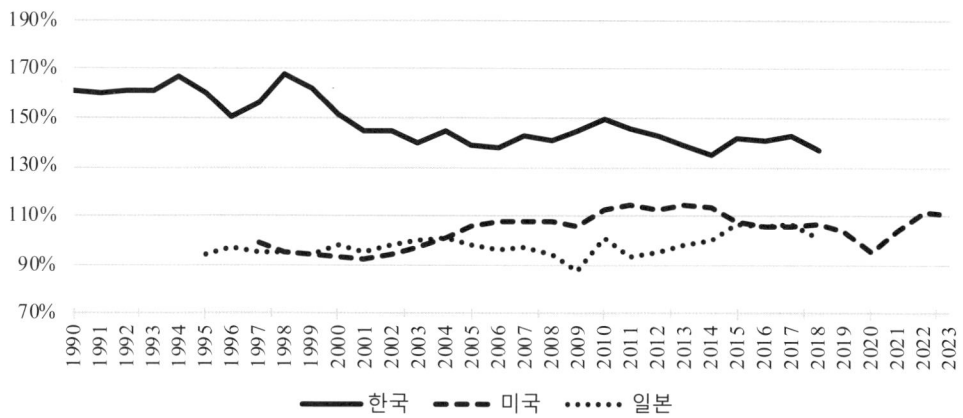

그림 3 한미일의 잉여가치율

시기 하락 추세는 자본의 가치구성 상승에 따른 이윤율 저하의 속도를 더욱 높였다. 두번째로 높은 수준을 보이는 미국의 잉여가치율은 2001년을 기점으로 상승하기 시작, 2010년대 초반에 정점을 찍고 난 후 감소세로 돌아선다. 2020년의 코로나19 충격을 제외하면 이러한 저하는 2022년이 되어서야 반등한다. 가장 낮은 수준의 잉여가치율을 보이는 일본은 정체된 추세를 보이다가 2010년대 초반에 짧지만 뚜렷한 상승 추세를 보인다.[7]

단 규정의 경제학적 중요성을 시사한다. 다만 이 글에서는 이러한 논쟁거리의 발생에도 불구하고 3국의 비교분석에 초점을 맞추려 한다. 미국과 일본을 대상으로 앞선 분류 작업을 하는 것은 차후의 과제로 남겨둔다.

7   직관적으로 보면, 늦어도 1990년대 이후는 세계적으로 소득불평등이 빠르게 강화되는 시기였다. 우리의 결과는 왜 이러한 직관을 그대로 반영하지 않는 것일까? 다양한 설명이 있을 수 있겠지만, 나의 견해는 다음과 같다: 잉여가치율은 여타 소득

잉여가치율은 노동시간이 길수록 증가하며,(생산성 향상 또는 자유무역의 효과로 인해 소비재 가치가 저하하여) 노동력 가치가 저하할수록 감소한다. 전자를 절대적 잉여가치 생산, 후자를 상대적 잉여가치 생산이라고 할 수 있다. 그러나 상대적 잉여가치 생산 이외에도 노동력 가치 저하가 발생할 수 있다. 노동력 가치는 노동력 재생산에 필요한 소비재 가치의 총합과 같으므로, 다음의 두 요소의 곱으로 이해할 수 있다. 첫째, **소비재 가치 지수**(차원: 노동시간가치). 이는 **소비자 물가지수**(차원: 화폐가격)에 **가변자본과 잉여가치의 합**(차원: 화폐가격) **분의 노동시간**(차원: 노동시간가치)[8]을 곱하여 계산할 수 있다. 둘째, **1인당 실질임금 지수**(차원: 없음). 이는 **1인당 명목임금**(차원: 화폐가격)을 **소비자 물가지수**(차원: 화폐가격)로 나누어 계산한다. 따라서 노동력 가치는 생산성 향상에 따른 소비재 가치 지수의 하락 이외에 실질임금 지수의 하락으로도 감소할 수 있는 것이다.

〈그림 4〉는 한미일의 노동시간 및 노동력 가치 변화를 보여준다. 노동시간 그래프는 한국의 장시간노동이 높은 잉여가치율 수준의 비밀임을 보여준다. 다행히도 노동시간은 꾸준히 하락하여 지난 30년 간 연간 600시간 가량 줄었으나 그럼에도 여전히 3국 중 가장 긴 노동시간을 기록하고 있다. 미국과 일본의 경우에도 마찬가지로 노동시간 단축은 분명한 역사적 경향으로 나타난다. 이는 한국의 사례에서 극적으로 확인할 수 있듯 잉여가치율을 감소시키는 영향을 준다. 절대적 잉여가치 생산은

분포 지표와 같이 분배 영역만을 살피는 지표가 아니라 생산 영역을 포괄하는 지표이다. 잉여가치율은 실질임금에 의해서도 결정되지만, 노동환경과 사회의 생산성에 의해서 결정되기도 하기 때문이다. 사실은 후자가 더욱 중요하다.

8 가변자본과 잉여가치의 합 분의 노동시간은 개념상 노동시간의 화폐적 표현의 역수와 같다.

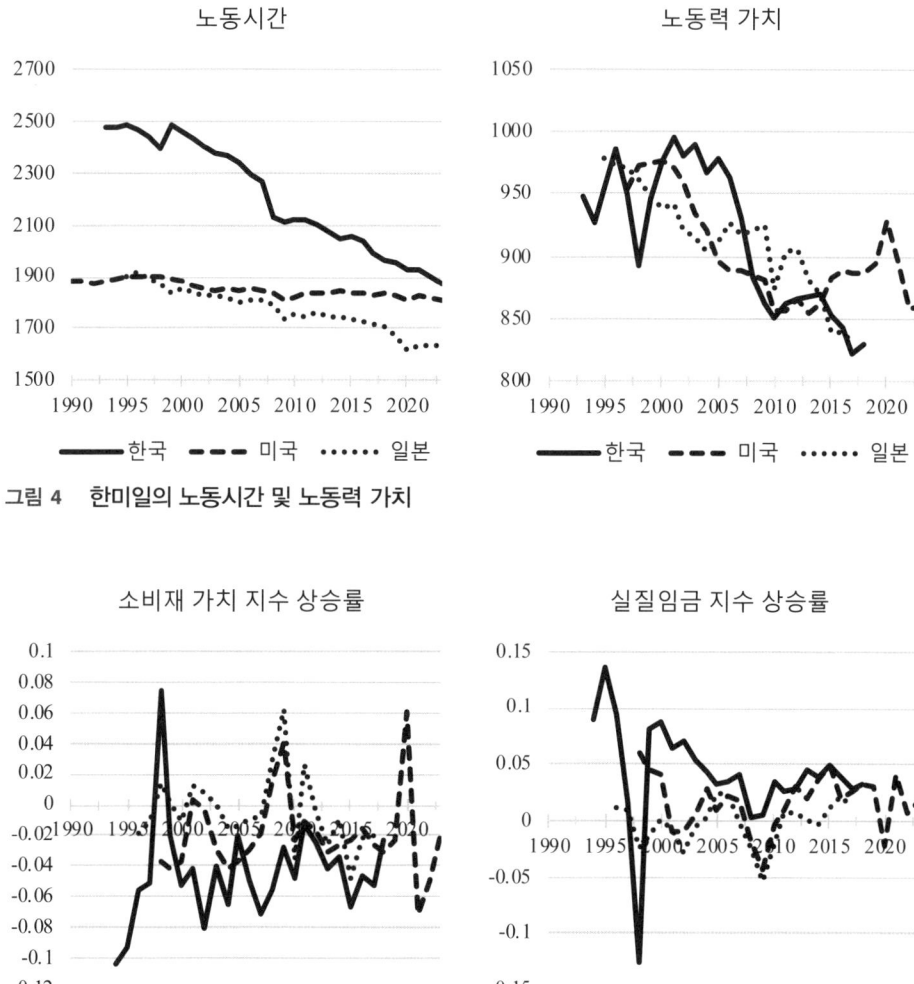

그림 4 한미일의 노동시간 및 노동력 가치

그림 5 한미일의 소비재 가치 지수 및 실질임금 지수 상승률

개별적인 작업장 혹은 부문에서는 가능하더라도 더 이상 보편적 방식은 아니다.

노동력 가치 감소를 통한 잉여가치 생산은 세 선진 자본주의 국가에서 공통적으로 발견된다. 한국에서는 적어도 2000년대 초반부터는 노동력 가치의 감소가 뚜렷하며, 일본에서는 관측된 전 구간에서 그러하다. 반면 미국의 사례는 특이한데, 좌우가 반전된 N자 모습을 보이고 있다. 즉 2000년대 초반부터 2010년대 초반까지는 감소, 2020년까지 다시 증가, 이후 감소의 모습을 그리고 있다. 이는 동일한 구간에 맞추어 N자를 그리는 미국의 잉여가치율을 그대로 설명한다.

노동력 가치의 변화는 다시 한번 소비재 가치 지수 및 실질임금 지수의 변화로 설명된다. 한국에서(비록 잉여가치율 추세의 반전은 만들어내지 못했지만) 노동력 가치 저하세가 가장 분명한 2005-2010년은 소비재 가치 지수 감소율 심화와 실질임금 지수 상승율 둔화가 겹치던 시기였다. 이 시기에는 한국이 칠레(2004년), 싱가포르(2006년), EFTA(2006년), ASEAN(2007년), 인도(2010년)와 자유무역협정을 맺어 낮은 가치의 소비재가 수입되는 환경이 조성되기도 했다.[9] 한편 미국에서 소비재 가치 지수는 세 차례의 위기 시기(닷컴 버블의 붕괴, 글로벌 금융위기, 코로나19)를 제외하고는 항상 마이너스 성장을 보였고 여기에 실질임금 상승률의 변화 추세가 합쳐져 노동력 가치의 변화를 만들어냈다. 소비재 가치의 꾸준한 저하, 즉 상대적 잉여가치 생산은 한국(1998년만 예외)과 미국에서 공통적으로 나타났다. 동시에 한미에서는 실질임금의 꾸준한 상승이 동반되었다. 앞선 두 국가와 달리, 일본의 사례는 흥미롭다. 일본에서는 소비재 가치와 실질임금 모두 상승과 하락을 번갈아 보였다. 일본에서 두 지수 상승률은 서로 반대 방향으로 움직였고 노동력 가치 저하를 만드는데 무리가 없었다.

---

9   이러한 효과는 국내 경쟁 기업들로 하여금 생산성을 재고하게 만들기도 한다.

4. 국가에 의한 계급 간 소득 재분배: 한국 정부의 제한적 역할

앞선 잉여가치율이 시장에서 노동과 자본 두 계급 사이의 분배에 대해 설명했다면, 여기에서는 국가의 개입에 의한 두 계급 간 재분배에 대해 이야기해보고자 한다. 먼저, 생산된 가치가 실현되면 노동계급은 **시장임금**을, 자본가 계급은 **시장이윤**을 얻게 된다. 이제 국가는 각 계급으로 하여금 조세(재산세, 소득세, 부가가치세, 사회보장기여금 등)를 부담하게 한다. 각 조세는 그 세목에 따라 부담 주체가 되는 계급이 다를 것이다. 예컨대 법인소득세는 자본이 부담하고 고용자의 사회보장기여금은 노동이 부담하며, 재산세는 두 계급이 모두 부담하는 식이다. 이렇게 **조세부담**이 제외된 후의 임금과 이윤을 **가처분임금**, **가처분이윤**이라고 하자. 국가는 조세 수입(과 그 외 기타 수입)을 가지고 정부지출(일반공공행정, 국방, 공공질서 및 안전, 경제업무, 환경보호, 교육, 보건, 오락 문화 및 종교, 주택 및 지역개발, 사회보호)을 할 것이다. 이 정부지출 역시 각 기능에 따라 그 수혜가 향하는 특정 계급을 지목할 수 있을 것이다. 예컨대 사회보호명목의 정부지출은 노동으로, 교육지출은 두 계급 모두로 향하는 식이다. 국방이나 공공질서 및 안전을 위한 지출은 특정 계급의 소득으로 포함되지는 않지만 자본주의 사회질서를 유지하기 위한 지출이므로 그 수혜는 전적으로 자본가 계급의 것이라고 할 수 있다. 마지막으로 앞선 계급별 가처분소득에 **정부지출 수혜**를 더한 값을 **사회적 임금**, **사회적 이윤**이라고 하자. 결과적으로 다음과 같이 말할 수 있다:

    가치생산물 = 시장임금 + 시장이윤
            = (시장임금 − 노동의 조세부담) +(시장이윤 − 자본의 조세부담) + 국가의 조세수입

= 가처분임금 + 가처분이윤 + 국가의 조세수입

= 가처분임금 + 가처분이윤 + 국가의 정부지출

= (가처분임금 + 노동의 정부지출 수혜) + (가처분이윤 + 자본의 정부지출 수혜 + 사회유지비용)

= 사회적 임금 + 사회적 이윤

따라서 자본으로부터 노동으로의 순소득 이전은 노동의 정부지출 수혜에서 노동의 조세부담을 제한 값으로 볼 수 있다.

〈그림 6〉은 3국의 시장임금 대비 순소득이전 비율을 보여준다. 한국의 순소득 이전 비율은 가장 아래에 위치할 뿐만 아니라 1990-2007년간 4개년(IMF 위기 직후인 1998-1999년과 가계 신용카드 대란이 벌어졌던 2004-2005년)를 제외하고는 0보다 작았다. 이는 자본에서 노동으로의 소득 이전이 일어난 것이 아니라 거꾸로 노동에서 자본으로의 소득 이전이 발생했음을 의미한다. 2007-2008년 글로벌 금융위기 이후에서야 순소득이

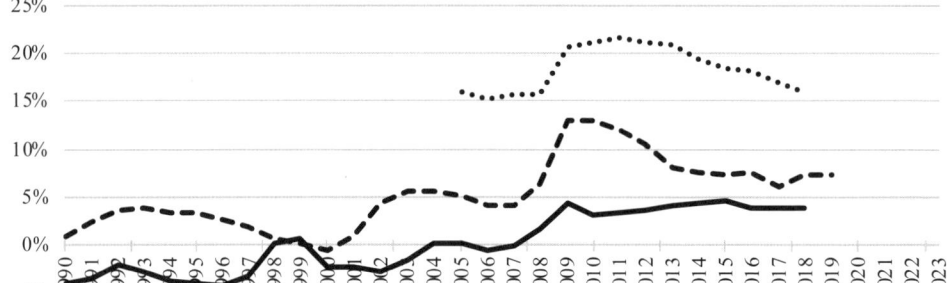

그림 6 한미일의 시장임금 대비 순소득 이전 비율

전율이 빠르게 증가하였고 2010년대부터는 이전율이 정체되었다. 미국의 경우에는 2000년 한 해를 제외한 전 구간 순소득이전이 발생했으며, 높은 실업률이 있었던 1992-1995년, 닷컴 버블 붕괴와 911테러의 여파가 있던 2002-2005년, 그리고 글로벌 금융위기의 직접적 영향 아래 있던 2008-2010년에 순소득이전이 고점에 달했다. 자료상의 한계로 다소 짧은 시계열만이 관찰가능한 일본은 3국 중 순소득이전율이 가장 높았다. 그 중에서도 앞선 예와 마찬가지로 글로벌 금융위기 국면에서 이전율이 치솟았다.

〈그림 7〉과 〈그림 8〉은 GDP 대비 가처분임금과 가처분이윤의 비율, 노동과 자본 각각의 조세부담 비율을 보여준다. 한국의 경우 두 비율 모두 40%대 전후에서 우하향하고 있다. 이는 〈그림 8〉에서 확인할 수 있듯, 노동과 자본의 조세부담 비율이 공히 상승하고 있기 때문이다. 부담 비율 자체는 자본의 부담이 5%p 높게 나타나는 것으로 보인다. 일본은 가처분임금 비율은 35-40%대에서, 가처분이윤 비율은 30-35%대에서

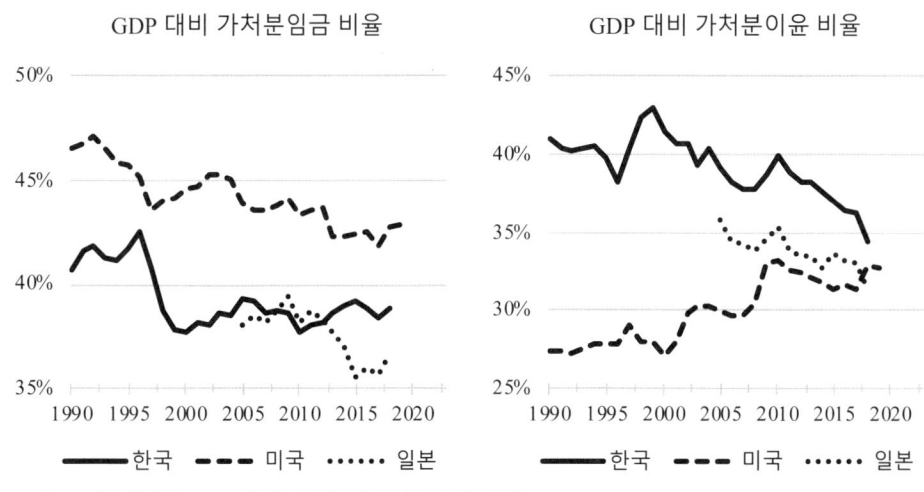

그림 7 　한미일의 GDP 대비 가처분 임금 및 이윤 비율

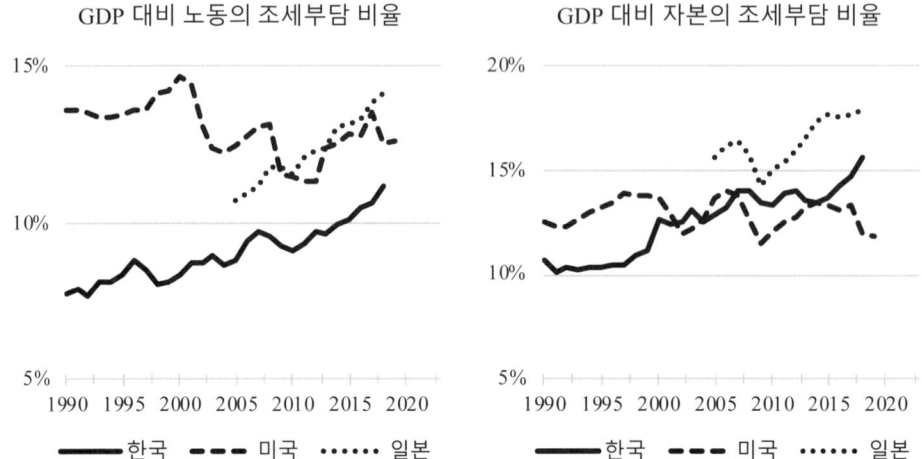

그림 8 한미일의 GDP 대비 노동 및 자본의 조세부담 비율

우하향하고 있다. 반면 노동 조세부담은 10-15%대에서 우상향, 자본 조세부담은 15-20%대에서 우상향하고 있다. 주목할 만한 것은 미국이다. 미국의 가처분임금은 45%대를 걸치며 떨어지고 있는 반면, 가처분이윤은 30%대를 걸치며 상승하고 있다. 노동 조세부담은 10-15%대에서 가처분임금과 마찬가지로 함께 떨어지고 있으며, 자본 조세부담은 10-15%대에 정체해 있다. 이는 미국에서 GDP 대비 시장임금 비율은 감소하는 반면 시장이윤은 증가하고 있다는 점, 그리고 한국, 일본과 달리 미국에서는 GDP 대비 자본의 조세부담 비율이 노동에 비해 특별히 높지 않다는 점을 보여준다.

〈그림 9〉는 GDP 대비 노동, 자본의 정부지출 수혜 비율과 사회유지 목적 정부지출 비율을 그리고 있다. 한미일 3국에서 자본의 정부지출 수혜는 매우 유사한 수준과 추세를 보인다. 노동의 정부지출 수혜는 모두 우상향하는 추세 속에서 서로 다른 수준을 갖고 있다. 가장 아래에는 한국이, 맨 위로 일본이, 사이에 미국이 위치한다. 반면 사회유지 목적의

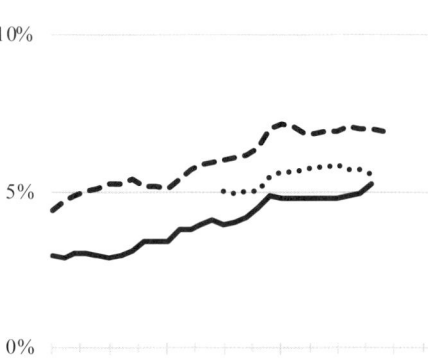
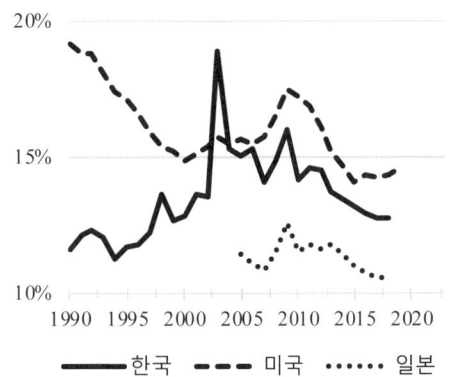

그림 9 한미일의 GDP 대비 정부지출 중 노동 및 자본 수혜, 사회유지 목적 지출 비율

정부지출 비용은 일본이 가장 낮으며, 그 위로 한국이, 가장 위에 미국이 자리 잡고 있다. 한국에서 예외적인 2003년(경제업무 관련 지출이 전년대비 2배 증가)과 2000년 이전 미국의 추세를 제외하면, 3국 모두 글로벌 금융위기 시기에 사회유지 지출 비율이 정점을 찍었다.

정성진·정구현(2022)은 북유럽 사민주의국가에서 영미권 국가를 포괄하는 OECD 주요국가 12개국을 대상으로 국가에 의한 계급 간 소득 재분배를 분석하면서 보다 넓은 시야를 제공하는데, 북유럽 복지국가들의 경우 양 계급의 조세부담과 정부지출 수혜가 모두 높은 수준이면서 동시에 부담과 수혜에 있어 계급간 차별성을 갖는다는 것이다. 반면 영미권 국가들은 양 계급의 조세부담과 정부지출 수혜가 모두 낮고 대신 이를 높은 가처분소득으로 보상하며 부담과 수혜에 있어서 계급간 차이도 뚜렷하지 않다. 한국은 영미권 국가형에, 일본은 두 국가형 사이에 존재한다.

5. 결론

이 글은 1990년대 이후 한미일 3국의 경제를 마르크스 경제지표로 비교하면서, 각국 자본주의의 특징과 구조적 변화를 분석하고자 했다. 한미일 3국은 몇 가지 새로운 발견 지점을 공유한다. 첫째, 자본의 가치구성이 역 V자를 그리고 있다. 둘째, 잉여가치의 절대적 생산은 개별적인 사건이 되고, 노동력 가치 저하에 따른 상대적 생산이 보편적 방식이 된다. 반면 각국의 자본주의에는 고유한 특징도 존재한다. 한국 자본주의는 압축적 산업화를 표현하는 자본의 가치구성 상승, 저렴한 장시간 노동에 기댄 착취 강화를 무효화하는 노동력 가치의 저하가 결합되어 장기적인 이윤율 저하 추세를 형성했다. 이 과정에서 국가의 소득재분배 역할은 상당히 제한적이었다. 미국은 주로 금융화로 인한 자본의 시간구성 상승이, 부로 자본의 가치구성 상승이 낮은 이윤율의 형성에 영향을 미쳤다. 또한 국가의 재분배에 있어 영미권 국가의 전형을 보여준다. 일본은 이윤율, 자본의 시간구성, 잉여가치율, 순소득이전율 등에서 대체로 안정적인 추세를 보이는데 이는 일본 경제의 장기적 성장 둔화와 관련이 있을지도 모른다.

참고문헌

정구현. 2021. "1980-2018년 한국의 자본순환과 이윤율." 경상국립대학교 대학원 박사학위논문.

정구현. 2023. "자본순환, 이윤율, 금융화: 1980-2018년 한국의 사례." 『동아시아 자본주의: 마르크스주의적 접근』. 정성진 엮음. 진인진.

정구현. 2025. "자본순환의 관점에서 본 미국의 이윤율: 1997-2023." 『마르크스주의 연구』 22(1): 50-75.

정성진, 정구현. 2022. "한국의 소득 불평등의 계급적 분석." 『경제와 사회』 134: 100-141.

Jeong, Guhyeon. Forthcoming. "Circuits of Capital, Profit Rates, and Financialization: An Empirical Analysis of South Korea, 1980-2018." In *Capitalism and Postcapitalism in East Asia: Marxist Perspectives*, ed. Kohei Saito & Seongjin Jeong. Routledge.

제3장

두-계급 구조: 미국과 한국[1]

김덕민(경상국립대 경제학부 조교수)

1. 서론

이 글에서는 한국과 미국 경제 분위별 소득 데이터에 기초하여 소득분배의 측면에서 서로 다른 두 분포를 갖는 두 집단을 확인한다. 이 글에서 우리는 신자유주의의 세 가지 현상, 고소득 추구(경제불평등의 증가), 세계화, 금융화 중 고소득 추구의 측면에서 한국과 미국에서 뚜렷하게 나타나고 있는 두-계급 구조를 확인한다. 경제불평등과 관련된 여러 논의 중에서도 피케티(2014)를 빼놓을 수 없다. 피케티(2014)는 이미 잘 알려진 바대로, 조세 및 상속 자산 관련 자료를 기초로 특히, 상위 분위 소득의 시대적 변천 과정에 대한 데이터를 만들어 냈다. 피케티(2014)에서 제시

---

[1] 이 글은 김덕민·김원직·김주호. 2024. "한국경제의 두-계급 구조: 2010년대와 코로나 19 기간." 『경제와 사회』 겨울호의 연구 결과를 요약하고, 보충했다.

된 "자본주의 법칙" 등 이외에도 그 논의의 가장 핵심 기여 중 하나는 상위 10% 또는 1%와 같은 상위 분위 소득을 "한눈"에 확인할 수 있는 "U" 자 형 그림인데, 이 그림은 경제학 내에 통용되어 온 경제성장과 경제 불평등 간의 관계에 대한 쿠츠네츠 "역 U"자 가설을 논파할 뿐만 아니라 경제 불평등의 현재 상황을 학술 및 대중적으로 명확하게 인식할 수 있게 해준다. 이 글에서는 특정 소득 분위별로 나타나는 역사적 양상에 집중한 피케티(2014)의 시도와 조금 다르게, 한국경제를 대상으로 소득불평등의 양상을 여러 분위와 여러 시점에 걸쳐 확인할 수 있는 하나의 그림을 제시하려고 한다.

이러한 시도의 원천을 물리학자인 빅터 야코벤코(Victor Yakovenko)와 그의 동료들의 오랫동안 이어진 연속적인 작업(Drăgulescu and Yakovenko, 2001a; 2001b; Silva and Yakovenko, 2005; Banerjee and Yakovenko, 2010; Banerjee, Yakovenko and Di Matteo, 2006)에서 찾을 수 있다. 특히, 실바와 야코벤코(Silva and Yakovenko, 2005)의 초록 첫 문장에서 저자들은 "미국의 개인소득 분포는 잘 정의된 두 계급 구조(a well-defined two-class structure)를 갖는다"고 밝힌다. 이 연구에서 실바와 야코벤코는 빌프레도 파레토(Vilfredo Pareto)가 제시한 "어떤 사회의 소득분배는 멱분포(power distribution)를 갖는다"는 점을 비판하면서, 대다수의 사람들은 그러한 멱분포에 속해있지 않으며, "어떤 사회의 소득분배가 서로 다른 두 개의 분포로 설명될 수 있다"는 점을 확인했다. 야코벤코와 그의 동료들은 사회 내의 대다수의 사람들이 통계 물리학의 볼츠만-깁스 분포(Boltzmann-Gibbs distribution)에 유비할 수 있는 지수분포(exponential distribution)에 속해있고, 이러한 지수분포와 파레토가 제시한 멱분포가 한 사회 속에 공존하고 있음을 확인했다(Drăgulescu and Yakovenko 2001a; 2001b).

야코벤코와 그의 동료들의 위와 같은 연구들로부터, 우리는 피케티와 그 동료들의 작업 및 그에 영향을 받은 기존의 연구와는 다른 방향에서 소득분배 구조에 접근할 수 있는 통로를 발견할 수 있다. 특정 상위계급의 시대적 흐름을 통한 경제 불평등의 양상을 추적하는 피케티와 그의 동료들의 작업과는 달리 다른 여러 소득 분위들의 특정 시점에서 양상과 시간의 변화에 따른 변화를 추적할 수 있다는 점이다. 이글에서는 김덕민·김원직·김주호(2024)의 내용을 간략히 요약하면서, 야코벤코와 그의 동료들이 확인한 "잘 정의된 두-계급 구조"를 한국경제를 대상으로도 확인하고, 두 관찰을 비교해보려고 한다.

2. 한국의 두-계급 구조 측정

야코벤코와 그의 동료들은 한 사회 내에서 상위 집단의 소득 분포는 파레토 분포를, 그 외 대다수 집단의 소득 분포는 볼츠만-깁스 분포를 따른다는 것을 일련의 연구를 통해 확인한 바 있다. 즉 한 사회의 소득 분포가 소득의 정도에 따라 상이한 형태로 존재할 수 있다는 것이다(대표적으로 Silva and Yakovenko, 2005). 기본적으로 이러한 논의는 파레토 분포와 볼츠만-깁스 분포를 소득분배에 적용하는 과정과 관련이 있다.

파레토 분포는 현실 세계의 불균형적 현상을 설명하는 데 유용한 분포로, 소수의 구성원이 전체 자원의 상당 부분을 점유하는 구조를 특징으로 한다. 예를 들어, 2003년 미국 감세 정책 당시 정부는 납세자 평균 환급액이 1,586달러라고 발표했으나, 실제로는 대부분의 가구가 650달러 이하만을 환급받았고, 극소수의 고소득층이 매우 큰 액수를 환급받음으로써 평균값이 왜곡되었다. 이처럼 파레토 분포는 평균값이 전체 분포를 적절히 대표하지 못하는 상황, 즉 극단적인 값이 전체의 구조를 지배하는 현상을 정밀하게 포착할 수 있는 분석 틀을 제공한다. 수학적으로는 오른쪽으로 긴 꼬리를 가진 분포로, 대부분의 값이 낮은 쪽에 몰려 있으면서도 드물게 매우 큰 값이 나타나는 것이 특징이다. 소득 분포의 경우, 이는 인구 대부분이 낮은 소득 구간에 속해 있는 반면, 극소수의 고소득자가 전체 소득의 상당 부분을 차지함을 의미하며, 이로 인해 평균 소득은 현실의 전형적 개인을 설명하기에 부적절한 지표가 된다. 이러한 분포는 도시 인구, 부의 분포, 웹사이트 방문 수 등 현실의 다양한 데이터에서 반복적으로 관찰되며, 우리 사회의 불균형적 구조를 수량적으로 이해하는 데 핵심적인 통찰을 제공한다(Strogatz, 2012).

하지만 야코벤코와 그의 동료들은 미국경제의 소득 분포가 파레토 분포만으로는 설명되지 않는다고 주장한다. 이들에 따르면, 일부 소득 집단에서 소득 분포는 파레토 분포가 아니라 볼츠만-깁스 분포로 나타난다. 즉 파레토 분포와 볼츠만-깁스 분포가 공존하는 것이다. 이를 확인하는 대표적 논문이 실바와 야코벤코의 논문(Silva and Yakovenko, 2005)이다. 열역학에서 볼츠만-깁스 분포는 어떤 시스템이 안정된 상태에 있을 때, 그 안에 있는 입자들이 각각의 에너지 수준을 얼마나 자주 가지는지를 설명하는 원리이다. 쉽게 말해, 개별 입자들이 낮은 에너지를 가질 확률은 높고, 높은 에너지를 가질 확률은 낮다는 뜻이다. 다시 말해, 대부분의 입자들은 에너지가 낮은 상태에 머무르고, 에너지가 높은 상태에 있는 입자들은 드물게 나타난다. 이는 물체가 뜨거운 상태보다는 차가운 상태로 있으려는 경향, 즉 자연이 가능한 한 에너지를 적게 쓰고자 한다는 성향과 관련이 있다. 이렇게 확률적으로 '편안한 상태'를 더 자주 선택하는 방식은, 수많은 입자들이 섞여 있는 기체, 열이 흐르는 물체, 전자의 움직임 같은 물리적 현상들을 설명하는 데 핵심적인 역할을 한다. 이런 원리를 소득 분포에 적용하면, 사회 구성원 대부분은 상대적으로 낮은 소득 수준에 머물고, 높은 소득을 가진 사람은 매우 적다는 경향을 설명할 수 있다. 이 분포에서는 마치 에너지가 낮은 상태가 자연스럽게 더 자주 나타나는 것처럼, 소득이 낮은 상태 역시 가장 흔하게 나타나는 기본 상태로 간주된다. 즉, 시장이나 사회가 특별한 개입 없이 자율적으로 작동할 경우, 대부분의 사람들은 평균 이하의 소득 수준에 머무르게 되고, 고소득자는 통계적으로 드물게 나타난다. 하지만 이 분포는 상위 소득 계층에서 발생하는 극단적 불균형(상위 1%가 전체 부의 대부분을 소유하는 현상)까지는 잘 설명하지 못한다. 실제로는 소득의 상위 꼬리 부분에서 볼츠만-깁스 분포가 아닌 파레토 분포가 더 적합한 설명을 제공한다. 따라서 볼츠만-깁스 분포는 소득의 하위~중위 구간에서의 분포 양상을 이해하는 데 유용하며, 전체 소득 분포를 설명하려면 이 분포와 파레토 분포를 함께 고려할 필요가 있다는 것이 경제물리학자들의 주장이다.

우리는 이 글에서 한국경제에서 두-계급 소득 구조의 존재 여부를 확인하기 위해 국세청의 통합소득 천분위 자료(2013~2021)를 분석에 활용한다. 이 자료는 근로소득과 종합소득이 중복 없이 개인별로 통합되어 있으며, 국세청이 보유한 원자료를 기반으로 최소한의 가공만을 거쳐 제공되기 때문에 분석의 신뢰도가 높다. 특히 소득 중복 신고가 제거되어 있고 과표집·과소표집의 왜곡 가능성도 적어, 연구자 간 분석 방식의 차이에서 비롯되는 오류를 최소화할 수 있다는 점에서 적합한 자료로 판단된다. 또한 소득 상위 집단의 소득 점유율, 분위별 평균 소득, 지니계수 등 다양한 불평등 지표의 시계열 분석이 가능하다는 점에서도 이 자료의 활용 가치는 크다. 이를 바탕으로 우리는 야코벤코와 동료들의 분석 방식을 따라 한국경제의 소득 구조를 검토했다.

2013년 한국경제의 소득 분포는 〈그림 1a〉을 통해 확인할 수 있다.

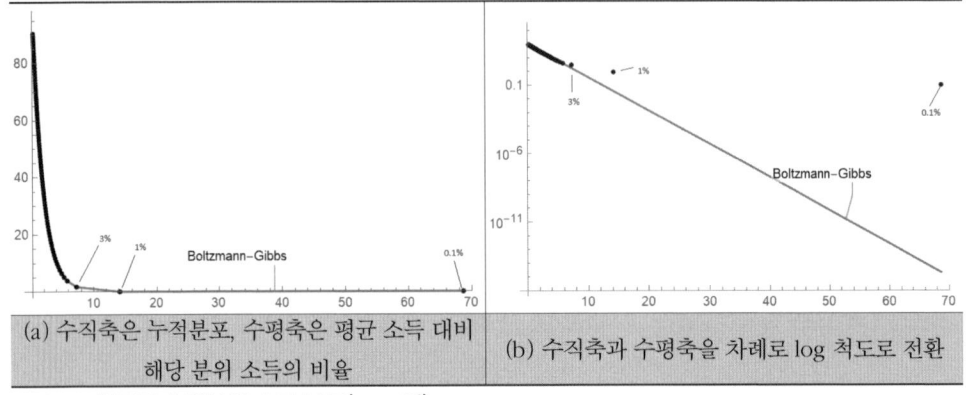

그림 1 한국경제 천분위 소득 분포(2013년)

이 그래프는 국세청 통합소득 천분위 자료를 기반으로 작성되었으며, 선형 스케일 위에서 전체 분위별 평균 소득의 분포를 나타낸다. 수평축은 하위 80% 평균소득을 기준으로 환산된 각 분위의 소득 비율을, 수직축은 해당 분위까지의 누적분포를 보여준다. 이 분포는 전 구간에 걸쳐 볼츠만-깁스 분포의 형태를 유지하며, 소득의 점진적 증가가 일정한 패턴으로 나타난다. 〈그림 1b〉는 〈그림 1a〉과 동일한 데이터에 대해 수직축만을 로그 스케일로 변환하여 시각화한 것이다. 이 방식은 볼츠만-깁스 분포로부터 점차 벗어나는 상위 소득 집단을 보다 뚜렷하게 드러낸다. 하위 97%의 소득 분위는 하나의 직선 상에 정렬되지만, 상위 3%, 1%, 0.1%에 해당하는 점들은 이 직선에서 위쪽으로 멀어지며 이탈하는 모습을 보인다. 이러한 이탈은 고소득 집단이 다른 분포 특성을 가진 별개의 집단일 가능성을 암시한다.

이와 대조적으로, 〈그림 2a〉은 수직축과 수평축 모두를 로그 스케일로 변환한 이중 로그 그래프(log-log scale)로 구성되어 있다. 이 방식은 소득 분포가 뚜렷하게 두 개의 영역으로 구분됨을 보여준다. 그래프의 왼쪽 구간, 즉 소득 하위 97%는 여전히 볼츠만-깁스 분포의 곡선을 따

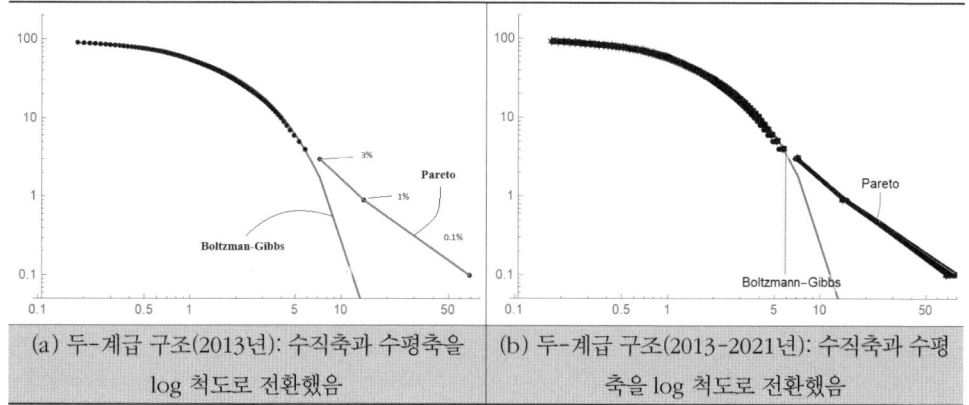

그림 2 한국경제 두-계급 구조

라 정렬되어 있으며, 원점에 대해 오목한 형태를 이룬다. 반면 오른쪽 상위 구간에서는 파레토 분포의 직선적 패턴이 나타나며, 고소득층일수록 각 분위 간 소득 차이가 가팔라지는 경향을 시각적으로 드러낸다.

이러한 구조가 일시적인 현상이 아니라 지속적인 추세인지 확인하기 위해 〈그림 2b〉에서는 2013년부터 2021년까지의 통합소득 천분위 자료를 종합해 나타냈다. 여러 해의 자료를 하나의 그래프에 중첩해 표현함으로써 선의 두께가 상대적으로 두껍게 보이지만, 전반적인 분포 구조는 여전히 동일하게 유지된다. 특히 소득 상위 5%로 진입하는 지점부터 볼츠만-깁스 분포에서 점차 이탈하는 공백이 형성되며, 이 지점을 경계로 좌측에는 하위 소득 집단의 연속적인 분포가, 우측에는 파레토 분포를 따르는 고소득 집단이 각각 뚜렷한 형태로 분리되어 나타난다. 이처럼 약 10년간 지속된 이중 분포 구조는 한국경제에서도 두-계급 구조가 명확히 자리 잡고 있음을 시사한다.

1) 두-계급 구조: 미국과 한국

이번 절에서는 경제물리학자들이 미국경제를 대상으로 발견한 두-계급 구조와 한국을 대상으로 확인한 두-계급 구조를 비교한다. 뒤메닐·레비도 경제물리학자들의 연구에 기초해서 미국경제의 두-계급 구조를 제시했다(Dumènil and Lèvy, 2018: Figure 2.1).

〈그림 3〉은 미국 가구의 소득 분포를 log-log 스케일로 시각화한 것으로, 수평축은 하위 80% 평균소득으로 재조정된 각 소득 분위의 평균소득을, 수직축은 누적분포를 나타낸다. 좌측에서 우측으로 갈수록 소득이 높아지고, 수직축의 위쪽은 하위 소득 분위, 아래쪽은 상위 소득 분위에 해당한다. 특히 그래프 중앙에 표시된 붉은 원은 소득 상위 3%와 하위 97% 사이에 형성된 뚜렷한 공백을 가리키며, 두 집단의 소득 분포가 서로 다른 통계적 성격을 가진다는 점을 시각적으로 강조한다.

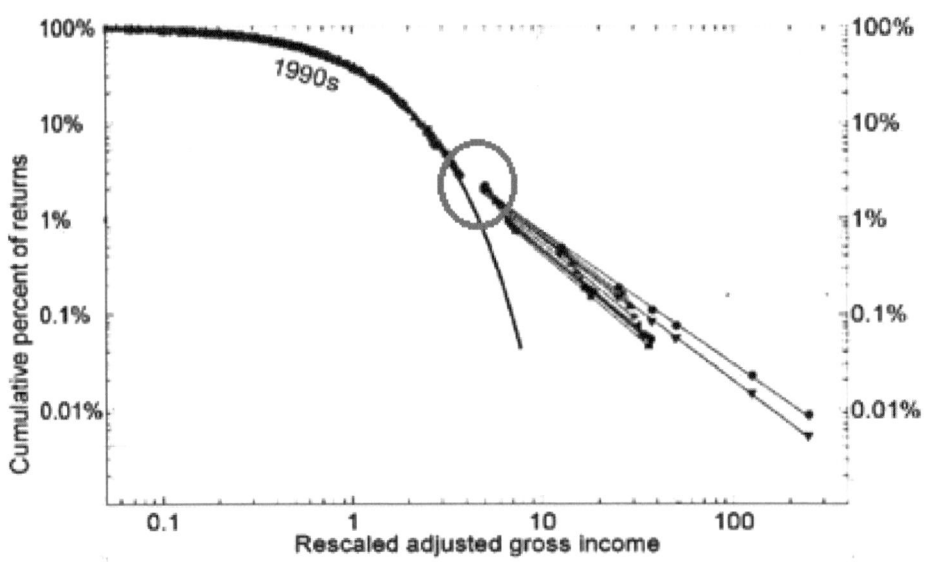

그림 3 미국경제의 두-계급 구조(미국, 1990년대)
출처: Dumènil and Lèvy, 2018: Figure 2.1

〈그림 3〉의 가운데 원의 우측, 즉 소득 상위 3% 집단은 그래프 상에서 직선적인 형태로 나타나며, 이는 파레토 분포(멱분포)의 특성을 보여준다. 상위 분위로 갈수록 소득 격차가 급격히 벌어지는 이 분포는 고소득자의 소득이 상대적으로 천천히 감소하는 경향을 지닌다. 반면 붉은 원의 좌측에 해당하는 하위 97%는 원점에 대해 오목한 곡선 형태를 보이며, 이는 전형적인 볼츠만-깁스 분포(지수분포)의 특성이다. 이 분포는 고소득으로 갈수록 빠르게 확률이 감소하기 때문에, 하위 계층 내부에서는 상대적으로 소득 격차가 작게 나타난다. 이러한 두 분포의 공존은 미국경제 내 소득 구조가 두 개의 이질적인 계층으로 나뉘어 있다는, 이른바 두-계급 구조의 존재를 의미한다.

두 그림(〈그림 2b〉와 〈그림 3〉)에서 공통적으로 나타나는 분포의 구조는, 사회 내 소득 분포가 하나의 연속적인 곡선이 아니라 서로 다른 두 통계적 법칙에 따라 구분되는 이중 구조를 갖고 있다는 사실을 강하게 시사한다. 하위 소득 계층은 볼츠만-깁스(Boltzmann-Gibbs) 분포의 형태를 따르고, 상위 소득 계층은 파레토(Pareto) 분포의 특성을 분명히 보여준다. 이는 단지 확률 분포의 모양이 다르다는 통계적 차원에서 그치는 것이 아니라, 소득이 형성되는 메커니즘 자체가 사회 내부에서 계층에 따라 구조적으로 다르다는 점을 드러낸다.

우선 상위 소득 계층은 파레토 분포의 특징을 뚜렷하게 따른다. 파레토 분포는 원래 19세기 말 이탈리아의 경제학자 빌프레도 파레토(Vilfredo Pareto)가 부의 분포를 분석하며 도입한 개념으로, 전체 부의 대부분이 극소수 상위 계층에게 집중되어 있다는 사실을 설명하는 데서 출발한다. 수학적으로 파레토 분포는 '멱법칙(power law)'의 한 형태로, 상위로 갈수록 집단 간의 격차가 점점 더 커지며, 상위에 위치할 확률이 아주 느리게 감소한다. 이 말은 곧, 상위 10%와 상위 1% 사이보다, 상위 1%

와 상위 0.1% 사이의 소득 격차가 훨씬 크다는 것을 의미하며, 상위로 갈수록 그 간극은 기하급수적으로 벌어진다.

이러한 분포 특성은 단순한 불평등이 아니라, 구조적 집중의 법칙을 의미한다. 상위 계층은 소득이나 부의 형성에 있어 단순한 누적이나 평균적 성장의 경로가 아니라, 자산의 복리적 증식, 금융·부동산·주식 시장 접근, 정책적 우대, 네트워크 독점 등의 메커니즘을 통해 기하급수적인 집중의 논리를 따르게 된다. 따라서 파레토 분포가 상위 계층에서 나타난다는 것은 단지 숫자의 희귀성을 말하는 것이 아니라, 이 계층이 소득을 형성하고 유지하는 방식 자체가 일반적인 사회 구성원과 질적으로 다르다는 것을 의미한다.

반면 하위 97%에 해당하는 대다수의 사회 구성원은 볼츠만-깁스 분포의 형태를 따른다. 이 분포는 원래 열역학과 통계물리학에서 나온 개념으로, 많은 입자들이 하나의 닫힌 시스템 내에서 에너지를 어떻게 분배받는지를 설명한다. 가장 핵심적인 의미는, 에너지가 낮은 상태에 있는 입자들이 가장 흔하고, 에너지가 높은 상태에 있는 입자들은 극히 드물게 나타난다는 것이다. 이를 소득 분포에 적용하면, 대부분의 사람들은 상대적으로 낮은 소득 수준에 집중되어 있고, 이들의 소득 차이는 크지 않다는 사실을 뜻한다.

중요한 점은, 볼츠만-깁스 분포를 따르는 시스템에서는 에너지(또는 자원)의 총량이 일정한 폐쇄계라는 가정이 깔려 있다는 것이다. 이 가정은 사회적으로 해석하면, 하위 계층은 자원과 기회의 총량이 한정된 조건 안에서 서로 경쟁하고 교환하면서 소득을 분배받는다는 뜻이 된다. 즉, 이들은 시장에서의 노동, 가격, 공급과 수요 같은 일반적인 경제 원리에 따라 비교적 예측 가능한 소득 구조 속에 위치해 있으며, 상호 간의 격차는 크지 않지만 상위 계층으로의 이동은 구조적으로 제한되어 있다.

이처럼 두 분포는 단지 수학적으로 다른 함수가 아니라, 사회 내부에 서로 다른 소득 형성 논리가 공존하고 있다는 사실을 통계적으로 가시화한 표현이다. 파레토 분포가 지배하는 상위 계층은 집중과 축적의 논리, 볼츠만-깁스 분포가 적용되는 하위 계층은 분산과 제한의 논리에 따라 작동한다. 그리고 이 두 집단은 소득 수준뿐 아니라, 소득이 생성되고 확대되는 메커니즘, 기회의 구조, 위험에 대한 노출, 정치적 영향력 등 모든 면에서 실질적으로 구별된다.

결론적으로, 이 두 분포의 공존은 단순한 연속선상의 불평등이 아니라, 질적으로 이질적인 두 계층의 병존, 즉 **두-계급 구조**를 구성하며, 이는 미국과 한국이라는 서로 다른 역사와 제도를 지닌 사회에서 모두 동일하게 관찰된다는 점에서 매우 중요한 사회경제적 시사점을 제공한다.

2) 상위계급들

이 논의는 한국경제에서 소득 상위 계급이 단일한 집단이 아니라 다차원적으로 구성된 복합적 계급 구조를 이루고 있음을 보여준다. 소득 상위 3% 집단 내부는 상위 0.1%, 1%, 3%로 구분될 수 있으며, 이들 각각은 단순한 소득 수준의 차이뿐 아니라 자산의 성격, 직업적 지위, 생산양식 내에서의 역할에 따라 구별된다. 소득 상위 0.1%는 자산소득자와 고위경영자 등 자본소유 계급에 가까운 성격을 띠며, 상위 1%는 상위 전문가 및 관리자 중심의 최상위 계급, 상위 3%는 고숙련 전문가와 사무직으로 구성된 상위 매개 계급으로 구성된다. 이들은 하위 97%와는 소득의 분포 구조 자체가 다르며, log-log 스케일에서 파레토 분포로 뚜렷이 구분된다. 따라서 사회 내부에서 이들은 단지 높은 소득자일 뿐 아니라, 서로 다른 경제 논리와 분배 메커니즘에 의해 형성된 구조적으로 구별되는 계급 집단이다.

이러한 계급 구분은 단순한 경제 지표로 환원될 수 없다. 상위 매개계급은 생산양식 내에서 지시와 실행을 매개하는 역할을 하며, 자본 소유 계급과 생산노동자 계급 사이의 연결 고리를 형성한다. 이들은 주로 전문가, 상위 관리자, 고숙련 사무직 등으로 구성되어 있으며, 일정한 자율성과 통제 권한을 가진 봉급생활자들이 다수를 이룬다. 반면 초상위 계급은 자산을 통한 소득과 통제 권력을 행사하며, 경제적·정치적 영향력 측면에서도 전통적인 지배계급의 성격을 가진다. 상위 3% 집단 내에서도 이질성은 점차 심화되고 있으며, 특히 상위 0.1%는 나머지 상위 계층과도 뚜렷한 분리 양상을 보인다. 이들은 자산 증식을 통해 지위를 재생산하며, 기존의 노동 시장이나 자격 기반 경쟁을 넘어서 독립적인 축적 논리를 따른다.

이러한 상위 계급 구조는 능력주의 엘리트층의 형성과 밀접한 관련을 맺고 있다. 마코비츠(2020)는 이를 '능력주의 혁명'이라고 명명하며, 능력주의가 봉건적 세습의 대안이 아니라 새로운 형태의 폐쇄성과 불평등을 재생산하고 있다고 비판한다. 능력주의는 학벌, 시험, 성과 등을 통해 상위 지위를 정당화하지만, 실제로는 고비용 사교육, 가족 배경, 인적 네트워크 등을 통해 특정 계층이 그 자격을 독점하게 되며, 불평등은 오히려 심화된다. 이러한 능력주의적 질서는 상위 1%뿐만 아니라 그 주변부인 상위 5~10%까지 포괄하며, 이들 계층은 사회적 자원을 조직적으로 동원할 수 있는 능력을 통해 스스로 정당화하고 재생산한다. 뤼카 샹셀(2023) 역시 상위 10% 집단의 학력 수준은 대체로 유사하지만, 소득격차는 학력으로 설명할 수 없을 만큼 크다는 점에서 능력주의의 한계를 지적한다.

능력주의는 한국 사회에서도 주요한 사회 이념으로 자리 잡아 왔으며, 특히 문재인 정부 시기 공공부문 '비정규직 제로' 정책을 둘러싸고 심각한 사회적 논쟁이 촉발되었다. 비정규직의 정규직 전환은 공공부문 정규직이라는 안정된 지위에 대해 시험이나 경쟁이라는 자격 경로 없이 접근하는 것으로 간주되었고, 이는 능력주의적 공정성 기준에 어긋난다는 인식을 낳았다. 이 시기의 논쟁은 단지 고용 형태의 변화에 대한 갈등이 아니라, 상위 계급이 기댈 수 있는 이념적 정당성의 근간이 능력주의라는 사실을 보여준 사례라 할 수 있다(박권일, 2021; 김동춘, 2022; 장석준, 2022).

뒤메닐·레비(Duménil & Lévy, 2018)는 이러한 능력주의의 사회적 토대를 관리주의적 생산관계에서 찾는다. 자본주의 생산양식이 복잡화되며 등장한 봉급생활자 중심의 관리계급은, 특히 20세기 중반 이후 케인스주의, 사회민주주의, 그리고 미국식 복지국가 질서 속에서 일정한 조절 능력을 행사하는 사회적 타협의 주체가 되었다. 이들은 더 이상 단순한 노동자가 아니라, 자본의 논리를 행정·기술적으로 대리하는 새로운 중간 계급으로 자리 잡았으며, 오늘날의 상위 전문가 및 관리자 집단은 이러한 역사적 계보 속에서 등장한 계층이라 할 수 있다. 그러나 신자유주의 이후 자본소유자와 상위 관리자 계층 간의 동맹이 강화되면서, 관리계급은 조절의 주체가 아니라 자본 축적과 불평등 심화의 동맹 파트너로 전환되었다.

이러한 상황을 마샬(Tim Marshall)은 정치적 표현을 통해 설명한다. 그는 "우리가 잘살게 해줄 테니 우리 명령을 따르라(We'll make you better off—You will follow our orders)"는 말을 통해, 상층 계급이 하위 계급에게 제시하는 일종의 정치적 계약을 묘사한다(마샬, 2016: 49). 즉, 경제적 향상과 물질적 혜택을 전제로 한 복종과 체제 수용이라는 교환 관계이다. 이 구조는 성장과 발전의 논리가 붕괴되었을 때, 하위 계층의 체제 불만과 저항으로 전환되며 위기를 초래한다. 또한 레브(Roland Lew)는 이러한 체제를 '대리주의(substitutisme)'로 설명한다(Lew, 1997). 이는 사회의 다수가 자율적으로 결정하고 참여하는 대신, 특정 엘리트나 계급이 집단 전체를 '대신하여' 판단하고 운영하는 구조를 뜻한다. 이 대리적 정치와 경제 질서는 능력주의적 계급이 사회의 운영을 독점하면서도, 그 권력을 정당화할 수 있는 명시적 위임 관계가 불분명하다는 점에서 구조적 위기를 내포한다.

따라서 한국경제에서 관찰되는 상위 계급구조는 단일한 자본 소유 계층이 아니라, 자산 기반의 초상위 계급, 관리자·전문가 중심의 최상위 및 상위 매개 계급이 복합적으로 구성되어 있으며, 이들 내부에서도 직업적 지위와 재생산 방식에 따라 뚜렷한 차이를 보인다. 동시에 이 계급구조가 능력주의라는 사회적 이데올로기와 깊이 결합한다는 점을 주장했다. 월러스틴의 말처럼, 능력주의는 자유주의를 또 다른 측면으로 볼 수도 있다. 하지만, 우리는 뒤메닐·레비의 논의와 마찬가지로 자본주의 생산관계의 변화와 관련하려 설명하려 한다. 능력주의는 19세기 말부터 시작한 자본주의의 관리주의 생산관계로의 변화와 관련 있으며, 이 변화가 능력주의의 경제적 기초로 작동했다는 것이다. 능력주의에 기초한 세력들이 이러한 생산관계 변화로 인해 자신들의 재생산할 수 있는 소득을 마련할 수 있으며, 정치·경제·문화·사회적인 부를 축적할 수 있었고, 현재에 이르렀다. 우리는 이를 사회에 객관적으로 존재하는 두-계급 구조와 상위계급들에 대한 논의를 통해 파악하려 했다.

3. 결론

많은 이들이 사회과학 내에서 '계급들'에 대한 논의를 지속해왔지만, 어느 순간부터 계급은 마치 이미 사라졌거나 사회를 설명하는 데 더 이상 유효하지 않은 것처럼 다루어져 왔다. 그 자리는 젠더, 정체성, 문화적 차이에 대한 담론들이 채웠다. 이는 1990년대 자칭 사회주의의 몰락, 그리고 20세기 사회운동에서 계급 중심적 접근이 보였던 주도적 위치에 대한 반발에서 비롯된 것으로 보인다. 특히 선진국 노동계급의 정치적 관심과 계급 정당의 주류화, 지식인 계층의 전향과 상층화가 맞물리며, 계급 기반의 분석과 실천은 다른 논의들을 억압하는 것으로 인식되기도 했다. 정체성, 젠더, 문화적 차이에 기반한 새로운 운동이 성장하면서 이러한 긴장은 더욱 심화되었고, 계급 개념은 사회 변화를 이끄는 주체 형성과 관련해 점점 무의미한 것으로 간주되는 경향이 강해졌다.

계급에 대한 이론적 분석과 사회 운동을 '구시대의 유물'로 간주하는 태도는, 정치세력이 지지층을 결속시키는 데 효과적인 전략이 되기도 했다. 특히 미국과 한국 같은 경우, 냉전기 이래 형성된 반공주의적 정치 문화는 계급개념이 지니는 사회주의적 함의를 경계하며, 이를 체제 비판이 아닌 체제 위협의 징후로 간주하는 경향이 뚜렷했다. 그 결과, 계급에 기반한 사회인식과 실천 전통은 공적 담론에서 점차 소외되었고, 분석의 도구라기보다는 정치적 충성도를 확인하는 수단처럼 기능했다. 이러한 조건 속에서 계급 담론은 점차 주변화되었고, 자본주의에 대한 급진적 비판 역시 설 자리를 잃었다. 사회분석은 문화적 포용과 배제의 조정과 갈등에 집중되었고, 정치와 경제에 대한 논의는 점진적 제도 개선과 정책 기술 중심으로 축소되었다.

하지만 우리는 이 글에서 두-계급 구조에 대한 논의를 통해 수많은 정체성과 문화적 차이와 갈등들에 대한 논의에 반격을 가하려는 것이 아니다. 현대 사회 내의 다양한 차이와 긴장이 존재한다는 사실은 분명하며, 이를 무시하는 이론적 접근이 설득력을 얻기 어렵다는 점은 자명하다. 다만 우리가 강조하고자 한 것은, 계급 또한 하나의 추상적 개념이나 과거의 유산이 아니라, 오늘날에도 사회 안에 실제로 존재하는 구조적 현실이며, 그것이 소득과 자산의 분포뿐 아니라 사회적 권위와 영향력, 기회의 구조에까지 깊숙이 연결되어 있다는 점이다. 우리가 분석한 두-계급 구조는, 경제·통계적으로 구분할 수 있는 두 집단이 실질적으로 존재하며, 이들이 사회의 중심 권력 구조에 비대칭적으로 접근할 수 있는 위치에 자리하고 있음을 보여준다. 이러한 구조를 외면하거나 우회하는 방식으로 사회를 분석하는 것은, 사회 실재를 편향적이고 축소된 형태로 인식하게 만들 위험이 있다.

더 나아가 우리는 이처럼 분명한 두-계급 구조 내부에서도 또 하나의 구조적 차이가 형성되고 있음을 지적했다. 그것은 오늘날 한국 사회뿐 아니라 미국 사회에서도 나타나고 있는 '능력주의'적 상위 계급이다. 능력주의는 단순한 가치나 태도의 문제가 아니라, 일정한 경제적 기반과 생산관계 내 위치에 따라 형성되는 구조적 계급일 수 있다. 이들은 전통적인 자본소유자 계층과는 다르지만, 교육 자격, 전문성, 조직 내 권한 등을 통해 고소득과 상층 지위를 점유하며, 자신들의 지위를 제도적으로 재생산한다. 우리는 이들을 생산양식의 변화와 그 안에서 점하고 있는 위치라는 관점에서 이해해야 할 필요가 있다고 본다. 이러한 능력주의 계급의 부상은 생산관계의 변화로부터 발생한 사회의 실제적 요소로 등장하고 있다. 이는 미래 사회과학의 핵심적인 논쟁 중 하나이다.

참고문헌

김덕민·김원직·김주호. 2024. "한국경제의 두-계급 구조: 2010년대와 코로나19 기간." 『경제와 사회』 겨울호(144호): 229-254.

김동춘. 2022. 『시험능력주의: 한국형 능력주의는 어떻게 불평등을 강화하는가』. 창비.

마샬, 팀. 2016. 『지리의 힘: 지리는 어떻게 개인의 운명을, 세계사를, 세계경제를 좌우하는가』. 김미선 옮김. 사이.

마코비츠, 대니얼. 2020. 『엘리트 세습: 중산층의 해체와 엘리트 파멸을 가속하는 능력 위주 사회의 함정』. 서정아 옮김. 세종.

박권일. 2021. 『한국의 능력주의: 한국인이 기꺼이 참거나 죽어도 못 참는 것에 대하여』. 이데아.

장석준. 2022. 『능력주의, 가장 한국적인 계급지도. 능력주의, 가장 한국적인 계급지도/유령들의 패자부활전』. 장석준·김민섭 지음. 갈라파고스.

샹셀, 뤼카. 2023. 『지속불가능한 불평등: 사회정의와 환경을 위하여』. 이세진 옮김. 니케북스.

피케티, 토마. 2014. 『21세기 자본』. 장경덕 외 옮김. 글항아리.

Banerjee, Anand, Victor M. Yakovenko. 2010. "Universal Patterns of Inequality." *New Journal of Physics* 12: 1-25.

Banerjee, Anand, Victor M. Yakovenko, and T. Di Matteo. 2006. "A Study of the Personal Income Distribution in Australia." *Physica A: Statistical Mechanics and its Application* 370(1): 54-59.

Drăgulescu, Adrian A. and Victor M. Yakovenko. 2001a. "Evidence for the Exponential Distribution of Income in the USA." *The European Physical Journal B* 20: 585-589.

Drăgulescu, Adrian A. and Victor M. Yakovenko. 2001b. "Exponential and Power-Law Probability Distriubutions of Wealth and Icome in the United Kingdom and the United States." *Physica A: Statistical Mechanics and its Applications* 299(1-2): 213-221.

Dumènil, Gèrard and Dominique Lèvy. 2018. *Managerial Capitalism: Ownership, Management and the Coming New Mode of Production*. London: Pluto Press.

Lew, Roland. 1997. *L'intellectuel, l'état et la révolution: Essais sur le communisme chinois et le socialisme réel*. Paris: L'Harmattan.

Silva, A. Christian and Victor M. Yakovenko. 2005. "Temporal Evolution of the 'Thermal' and 'Superthermal' Income Classes in the USA during 1983-2001." *Europhysics Letters* 69(2): 304-310.

Strogatz, Steven. 2012. *The Joy of x: A Guided Tour of Math, from One to Infinity*. Boston: Houghton Mifflin Harcourt.

제2부

사회, 노동, 투쟁

제4장

디지털 자본주의와 디지털 노동

김현강(뒤셀도르프대학교 디자인 철학 및 미학 교수)

1. 디지털 자본주의

흔히 4차 산업 혁명으로 일컬어지는 산업의 전반적 디지털화는 경제 분야를 넘어 새로운 형태의 사회를 탄생시키고 있다. 이런 새로운 사회 형태를 지칭하기 위해 정보 사회, 디지털 사회, 네트워크 사회, 지식 사회 등의 개념들이 새로이 창출되었다. 이 개념들은 디지털 기술과 정보화가 사회 발전에 기여하고 경제를 성장시키며, 새로운 일자리를 창출하고 삶의 질을 향상시킬 것이라는 긍정적인 전망을 제시한다. 다니엘 벨(Daniel Bell)은 이미 1970년대에 산업화 이후 새로운 사회 형태가 등장했으며, 이는 산업 중심에서 정보 중심으로 전환한 정보 사회라는 주장을 펼쳤다. 벨에 의하면 정보 사회란 "건강, 교육, 연구 및 행정 분야에서 원시적인 근력이나 에너지가 아니라 정보가 중요한 역할을 하는 사회"(Bell, 1974: 15)를 뜻한다. 그는 이러한 정보 사회는 근본적으로 새로운 사회라고 파악한다. 그러나 이러한 정보 사회 이론의 문제점은 "정보 사회, 네트워크 사회, 탈산업 사회, 지식 사회와 같은 용어가 매우 긍정적으로 들리며, 사회 경제적 불평등, 권력 비대칭, 지구 환경 위기, 자본주의의 경제 위기, 전쟁과 테러 등과 같은 오늘날 사회의 실제 문제에서 눈을 돌리게 한다는 것"이다(Fuchs, 2023a: 167). 이런 의미에서 정보 사회 이론은 이데올로기이다(Fuchs, 2023a: 167).

그러므로 우리 사회를 정보 사회, 디지털 사회, 지식 사회 등으로 파악할 것인지 자본주의의 새로운 양상으로 파악할 것인지는 단순한 용어적 차원을 넘어서는 근본적 질문이다. 우리 사회는 새로운 사회 형태인 정보 사회 또는 디지털 사회인가, 아니면 정보화와 디지털화에 의해 새로이 조직되는 자본주의 사회인가? 이 질문에 대해 답하기 위해 프랑크푸르트 학파의 철학자 아도르노를 참고할 수 있다. 아도르노는 1968년 현대 사회의 구조에 대한 근본적인 질문은 "현재의 단계를 후기 자본주의 사회라고 불러야 하는가 아니면 산업 사회라고 불러야 하는가?"(Adorno, 1968: 354)라고 말했다. 아도르노가 당시의 사회가 자본주의 사회인지 산업 사회인지 질문한 것처럼, 현재 "우리는 자본주의 사회에서 살고 있는가 아니면 정보 사회 또는 디지털 사회에서 살고 있는가?"라고 질문할 수 있을 것이다. 아도르노는 현대 사회가 생산력의 상태에 따라서는 실제로 산업 사회이지만, 생산관계에서 있어서는 자본주의라고 답변했다.

산업 노동은 정치 체제의 모든 경계를 넘어 모든 곳에서 사회의 패턴이 되었다. 산업과 유사한 과정이 필연적으로 물질적 생산, 행정, 유통 영역, 문화라고 불리는 영역으로 경제적으로 확장된다는 사실을 통해 총체적으로 발전한다. 이와는 대조적으로 사회는 생산관계에서 자본주의이다. 19세기 중반의 마르크스주의 분석에 따르면 인간은 여전히 그 모습 그대로이다. [...] 오늘날에도 과거와 마찬가지로 우리는 이윤을 위해 생산한다(Adorno, 1968: 361).

이와 비슷하게 오늘날의 사회는 생산력의 상태만 놓고 보면 정보사회, 디지털 사회이지만, 생산관계의 측면에서는 자본주의 사회라고 말할 수 있다. 오늘날에도 과거와 마찬가지로 이윤을 목적으로 생산이 이루어지며, 이를 위해 지식과 정보 기술을 활용한다는 점에서 차이가 있을 뿐이다. 그러므로 디지털 기술과 정보화가 창출하는 사회는 자본주의를 극복한 새로운 사회형태가 아니라 새로운 형태의 자본주의 사회 또는 자본주의 사회의 새로운 단계라고 볼 수 있다. 디지털화가 디지털 자본과 디지털 노동 사이의 분열을 심화하고 궁극적으로 극단적인 계급 사회를 형성한다는 점에서 디지털 사회는 디지털 자본주의 사회이다. 디지털 기술과 자본주의 사회의 결합은 디지털 자본주의, 사이버네틱스 자본주의, 빅 데이터 자본주의, 플랫폼 자본주의, 인공지능 자본주의 등 다양한 형태로 나타난다. 본연구는 이중 디지털 자본주의 개념을 중심으로 디지털 노동 및 플랫폼 노동과 관련된 다양한 문제점들을 고찰해 보고자 한다. 이 연구는 마르크스의 기술 개념과 노동 개념이 오늘날의 디지털 자본주의와 디지털 노동 비판을 위한 이론적 틀을 제공해 준다고 본다. 물론 마르크스의 이론은 19세기에서 기원하므로 오늘날의 시각에서 볼 때 적절하지 않은 측면들도 있다. 이러한 측면들은 새로운 이론들을 통해 비판적으로 재고될 필요가 있다.

디지털 자본주의라는 용어를 처음 사용한 학자는 댄 쉴러(Dan Schiller)이며, 그 외에도 크리스티안 푹스(Christian Fuchs), 필립 슈탑(Philip Staab) 등 다수의 학자들이 디지털 자본주의 개념을 사용한다(Schiller, 2000; Fuchs, 2023b; Staab, 2021). 푹스의 정의에 따르면 디지털 자본주의는 "자본 축적, 의사결정권, 평가의 과정이 디지털 기술의 도움으로 매개되고 조직되는 자본주의 사회의 한 차원"이다(Fuchs, 2023b: 295). 디지털 자본주의를 특징짓는 것은 "자본과 권력의 축적이 디지털 기술에 의해 매개된다"(Fuchs, 2023b: 295)는 점이다. 그러므로 디지털 기술과 자본주의의 관계는 결코 우연적인 것이 아니라 처음부터 자본주의 생산관계에 의해 규정된 것으로 보아야 한다. 이 이론에 따르면 디지털 기술을 자본주의 생산관계에서 분리시켜 자본주의를 극복한 새로운 사회를 이루기 위한 수단으로 이용한다는 것은 쉽지 않거나 또는 불가능하다. 포스트자본주의 사회가 필요로 하는 기술은 자본주의 생산양식에서 자본주의의 관심을 관철시키기 위해 개발한 기술과는 다른 것이어야 할 것이다. 문제는 디지털 기술이 자본과 권력의 전례 없는 축적을 위한 수단으로 기능하는 현재 사회에서 이를 극복한 새로운 기술을 발전시키는 것이 가능할 것인가이다. 첨단 기술은 자본의 고도한 집중을 전제로 하고, 그럼으로써 독점적 자본과 근본적으로 착종된 기술은 자본과 권력을 더욱 더 집중시키는 수단으로 기능하기 때문이다.

디지털 자본주의의 근본적인 문제점은 그것이 자본과 권력의 과도한 집중을 통해 계급 간의 갈등을 심화시키고 독점적 자본의 관심을 한 사회 내에서 뿐만 아니라 전세계적 차원에서 관철시킨다는 점이다. 그에 따라 정보화와 디지털화를 선도하는 소수의 글로벌 기업들이 막대한 수익을 올리는 동안 전세계적으로 수십억 명의 사람들이 빈곤에 시달리고 있다. 이처럼 빈부의 격차가 극심했던 사회는 역사상 유례가 없다. 이러한 자본의 고도한 집중은 권력의 전례 없는 집중과 계급 간의 극심한 격차를 초래한다. 푹스가 지적하는 바와 같이 "21세기 디지털 자본주의에서는 한편으로는 디지털 자본과 디지털 노동이, 다른 한편으로는 유리한 위치에 있는 디지털 노동 귀족과 불안정한 디지털 노동자 사이가 분열되어 있다"(Fuchs, 2023b: 184). 그러므로 디지털 자본주의는 "깊게 분열된 계급사회"이며, 또한 계급간 격차가 전세계적으로 조직된 "글로벌 계급사회"이다(Fuchs, 2023b: 156).

그렇다면 디지털 자본주의와 기존의 자본주의는 어떤 차이가 있는가? 기존의 자본주의와 비교할 때 "전통적인 독점은 시장에서 작동하지만, 반면 디지털 자본주의의 선도기업은 시장"(Staab, 2021: 30) 자체라는 점을 지적할 수 있다. 디지털 자본주의는 주로 플랫폼을 통해 정보를 수집하고 개인화된 정보를 상업적, 정치적, 이데올로기적으로 이용하며 권력을 구축한다. 플랫폼은 시장 내에서 작동하는 특수한 메커니즘이라기보다는 시장 자체를 구성한다는 점에서 기존의 시장 경제형식과 구분된다. 그러므로 "신자유주의가 시장에 의한 새로운 분야의 정복이었다면, 디지털 자본주의는 소수의 민간 기업에 의한 시장 자체의 정복"(Staab, 2021: 50)이라고 볼 수 있다. "디지털 기업의 조직화를 주도하는 것은 플랫폼, 즉 시장"(Staab, 2021: 51) 자체이기 때문이다.

이러한 디지털 기술과 자본주의 사이의 관계는 결코 우연적이지 않다. 반대로, "디지털 기술의 부상은 자본주의 재편의 다양한 거시적 흐름과 밀접하게 연관되어 있다"(Staab, 2021: 50). 우선 자본주의 생산형태에서 기술은 근본적으로 "노동 절약 기술"(Dyer-Witheford et al., 2019: 141)로 기능한다. 마르크스가 말하듯, 기계는 "압도적인 경쟁자 역할을 하며 항상 노동자를 '불필요하게' 만들기 직전에 있다"(Marx, 1990: 562). 마르크스는 "노동자계급의 반란에 대항하는 무기를 자본에 제공하기 위한 목적으로 1830년 이후 이루어진 혁신의 전체 역사를 쓰는 것이 가능할 것"(Marx, 1990: 563)이라고 말하기도 했다. 마르크스가 지적하듯이 기술 혁신의 역사는 노동을 절약하고 노동자를 불필요하게 만들기 위해 고안된 기술의 역사이다. 기술 혁신을 단순한 과학기술 발전의 결과로 이해하는 시각은 기계 또는 기술이 임금보다 더 비싼 동안에는 기계로 대체

할 수 있는 작업이더라도 값싼 노동자를 고용함으로써 해결하고, 기계의 값이 노동임금보다 낮을 때 비로소 작업을 기계화하는 산업의 메커니즘을 간과한다. 자본의 관점에서 볼 때 노동자들은 한편으로는 필수적이지만 다른 한편 근본적으로 문제적이다. 그들은 노동조합을 결성함으로써 높은 임금을 요구할 뿐만 아니라 파업, 태업, 폭력 등의 방법을 통해 생산의 지속적 안정성을 위협할 수도 있기 때문이다. 자본은 주로 두 가지 방법을 통해 노동에 대한 생산의 의존성을 줄이고자 한다. 그 첫번째는 기계와 기술을 통한 노동의 대체이고, 두번째는 공급망의 전면적 관리와 전세계적 공급망의 형성을 통해 제1세계의 기술력과 제3세계의 값싼 노동력을 결합시키는 방법이다. 1980년대 이후 글로벌화라는 명칭으로 널리 알려진 전세계적 자본주의 생산양식은 정보화와 디지털화를 통해 비로소 가능하게 되었다. 이런 한에서 글로벌화를 식민주의의 현대적 양상으로 바라보는 시각이 의미를 갖는다.

미국의 페미니즘 철학자 낸시 프레이저(Nancy Fraser)는 자본주의가 계급관계와 권력관계를 다양한 차원에서 결합한다고 주장한다(Fraser, 2023 참조) 그에 의하면 자본주의 사회는 계급사회일 뿐만 아니라 가부장제와 인종주의 또한 특징으로 한다. 그는 자본주의가 계급관계 외에도 생태계 파괴, 재생산 및 돌봄 노동, 인종 차별, 제국주의, 폭력, 전쟁, 민족주의와 같은 다양한 현상과 관련이 있다고 지적한다(Fuchs, 2023a: 174). 이 같은 주장이 자본주의의 근본적 적대관계와 계급투쟁의 중심성을 약화시킨다는 지적이 가능하지만, 그럼에도 이 이론이 전세계 자본주의의 복합적 계급관계를 가부장제, 인종주의, 제국주의, 생태계 등을 포함하는 보다 포괄적인 지배의 문제틀 안에서 제시하고 있다는 점을 부인할 수 없다. 이런 의미에서 디지털 자본주의 이론의 중요한 질문은 "디지털 자본과 디지털 노동이 자연 파괴, 가부장제, 인종주의, 파시즘, 전쟁,

민족주의 또는 폭력과 같은 지배 현상과 어떻게 상호작용하는지를 이론화하고 분석하는 것"(Fuchs, 2023a: 174)이라고 할 수 있을 것이다. 비판적 매체이론의 관점에서 볼 때 이는 디지털 매체, 인터넷, 플랫폼의 자본주의적 성격에 의문을 제기하고, 이를 방어하고 공공적인 재화로 전환할 방법을 모색하는 것이다. 그리고 비판적 사회이론의 관점에서 볼 때 이는 정보화와 디지털화의 배후에 있는 자본의 근본적 전략을 비판하고 포스트자본주의적 대안을 구상하는 것을 뜻한다. 본연구의 전제는 비록 마르크스가 활동한 시대는 19세기이지만, 자본주의 극복의 일반적인 지평을 마르크스가 제시하는 것처럼 디지털 자본주의 극복의 특수한 지평 또한 마르크스에게서 찾을 수 있다는 것이다. 그렇다면 왜, 다시, 마르크스인가? 이 질문에 대한 답변은 마르크스의 기술과 자본주의 분석에서 찾을 수 있다.

2. 마르크스의 기술론

마르크스의 기본 전제는 기술 변화와 시장 역학이 상호 연관되어 있다는 것이다(Dyer-Witheford et al., 2019: 142). 마르크스는 『자본』 제1권에서 기계에 대한 주요한 분석을 전개한다. 그에 따르면 기계는 다른 장비, 건물, 원자재와 함께 "일정하고 고정된" 자본이다. 이는 인간 노동의 "가변적" 자본과 대조된다(Marx, 1990: 508-509; 1992: 237-248). 고정자본의 사회적 기능은 상대적 잉여가치를 생산하는 것인데, 이는 필요한 노동시간을 줄여 잉여노동시간을 증가시킴으로써 이루어진다. 그러므로 기계는 "압도적인 경쟁자 역할을 하며 항상 노동자를 '불필요하게' 만들기 직전에 있으며, 자본은 이 사실을 큰 소리로 그리고 의도적으로 선포하고 이를 이용한다"(Marx, 1990: 562). 기계화는 또한 경쟁 자본가들 간의 경쟁에 의해 추진되기도 한다.

그러나 마르크스에 의하면 기계화는 궁극적으로 자본주의의 위기를 낳는다. 그것은 자본의 "유기적 구성", 즉 가변자본(노동)에 비해 고정자본(기계, 건물, 원자재)의 비율이 증가하는 경향 때문이다(Marx, 1990: 762). 마르크스는 이를 "이윤율 하락 경향"(Marx, 1991: 317-338) 이론으로 설명한다. 그에 의하면 비록 기계가 노동시간을 절감해 상대적 잉여가치를 증가시키기는 하지만, 궁극적으로 상품의 가치를 생산하는 것은 인간의 노동이다. 상품의 가치는 생산에 필요한 사회적으로 필요한 노동의 양에 따라 달라지기 때문에 인간을 기계로 대체하면 상품의 가치가 낮아진다. 결과적으로 자동화는 노동시간을 절감해 상품을 저렴하게 만들기 때문에 자본가에게는 상품 하나하나의 수익성이 떨어진다. 더욱이 기계와의 경쟁은 임금을 하락시키기 때문에 노동자들의 소비력은 그만큼 더 떨어진다. 노동조합의 결성으로 달성된 고임금이 노동자계급의 소비력을 향상시킴으로써 결국은 자본의 증식에 기여한다는 인식은 복지국가의 성립과 중산층 확대의 기반이었다. 이는 노동자를 생산자 뿐만 아니라 소비자로서도 파악하게 된 의식 변화의 결과였다. 즉, 노동자는 상품을 생산할 뿐만 아니라 소비하기도 함으로써 자본의 증식에 기여한다. 자본의 입장에서는 노동자가 생산자일 뿐만 아니라 소비자로서도 기능한다면 일석이조인 셈이다. 생태계의 파괴와 기후변화로 인한 전지구적 위기를 가져온 과잉소비사회의 배후에는 고임금과 고소비의 결합이라는 자본의 논리가 놓여 있다.

요컨대 기계의 도입을 통한 자본주의의 위기는 세 가지 형태로 나타난다. 임금을 삭감함으로써 소비력을 감소시키거나, 상품을 저렴하게 함으로써 생산의 수익성을 낮추거나, 또는 두 가지 모두를 감소시킨다

(Dyer-Witheford et al., 2019: 18). 마르크스에 의하면 자본의 반복되는 위기는 고정자본(기계)을 가변자본(노동)으로 대체하려는 자본의 본질적인 욕구에서 비롯된다. 이처럼 마르크스 저작의 주요 구절은 자본주의는 노동과 가치의 청산으로 인해 붕괴한다고 예측한다. 자본의 강박적인 기술 발전이 결국 자본주의를 붕괴시킬 뿐만 아니라 사회주의가 계승하여 해방적으로 사용할 수 있는 기술 유산을 남길 것이라는 것이다. 그러나 많은 마르크스주의자들은 이러한 약속과 자본주의 기계의 지배적이고 삶을 짓밟는 힘을 강조하는 마르크스 저작의 다른 부분 사이에 긴장감이 있음을 발견했다(Dyer-Witheford et al., 2019: 147). 이를테면 젊은 마르크스는 1844년 『경제학 및 철학 원고』에서 "결국 비인간적인 힘이 모든 것을 지배한다"(Marx, 1975: 366)라고 말하며 기술에 의한 인간의 종속을 경고한 바 있다. 그러므로 기술에 대한 마르크스의 견해는 하나가 아니라 모순적인 여러 견해들로 이루어져 있다고 볼 수 있다.

기술에 대한 견해가 긍정적일 수만은 없는 또 하나의 이유는 자본은 이윤 증식이라는 자체 목적에 적합한 기술을 개발하고 채택하며, 이러한 요구는 기술의 설계 자체에 처음부터 내재되어 있다는 점에 있다(Dyer-Witheford et al., 2019: 149). 이것은 기술 자체가 결코 중립적이지 않으며, 이데올로기적으로 구성되어 있다는 것을 뜻한다. 그러므로 자본주의가 개발한 기술의 사회주의적 전유는 애초부터 한계가 있는 접근 방식이다. 문제는 자본주의에서 자본의 축적과 노동의 착취 및 통제를 목적으로 개발한 기술을 다른 사회 형식에서 전유하는 것이 가능할 것인가이다. 좌파 가속주의자들의 경우 이 질문에 긍정적인 대답을 하고 있지만, 그들이 간과하는 것은 기술 자체의 이데올로기적 성격이다. 또한 생태학적 관점에서 볼 때에도 기술 발전을 가속시킴으로써 자본주의를 극복할 수 있다는 이들의 시각은 적절하지 않다. 기술 발전은 자원 착취, 에너지

소모, 탄소 배출 등 다양한 문제들을 동반하기 때문이다.

3. 디지털 노동

디지털 노동이란 무엇인가? 그것은 우선 디지털 생산/작업 활동과 구분된다. 푹스에 의하면 디지털 생산/작업 활동은 "디지털 미디어를 제작하거나 이를 활용해 인간의 욕구를 충족시키는 디지털 이용 가치를 창출하는 모든 활동"이다(Fuchs, 2023b: 200). 이와는 달리 디지털 노동은 "소외된 디지털 생산/노동 활동"으로, 그것은 "그 자체로부터, 노동의 도구와 대상으로부터, 노동의 산물로부터" 소외되어 있다(Fuchs, 2023b: 200). 디지털 노동으로 인한 소외는 "주체의 자기 자신으로부터의 소외(노동력이 자본을 위해 사용되고 통제됨), 대상(노동의 대상과 노동의 도구)으로부터의 소외, 주체-대상(노동의 산물)으로부터의 소외"를 포함한다(Fuchs, 2023b: 200). 달리 말해 디지털 생산/작업 활동은 디지털 기술과 관련된 제반 활동의 기술적, 경제적 측면을 지칭하는 단순한 서술적 개념인 반면, 디지털 노동은 디지털 생산/작업 활동으로 인한 소외라는 실존적, 정치적 측면을 포함하는 비판적인 개념이다. 그러므로 디지털 노동 개념은 처음부터 디지털 자본주의 비판과 밀접히 결부되어 있다.

디지털 노동 개념의 장점은 무엇보다도 그것의 포괄성에 있다. 디지털 노동은 디지털 콘텐츠의 생산만을 설명하는 용어가 아니라 "디지털 미디어의 존재와 사용을 가능하게 하는 농업, 산업 및 비공식적 형태의 노동 네트워크를 포함하는 전체 디지털 생산 방식을 포괄하는 범주"이기 때문이다(Fuchs, 2023b: 283). 그러므로 "디지털 노동은 아프리카 분쟁 광산의 노예 노동자, 야금 노동자, 하드웨어 조립 노동자, 소프트웨어 엔지니어, 디지털 미디어 콘텐츠 제작자, 전자 폐기물 노동자, 상업용 디지털 미디어 사용자 등 다양한 조건에서 일하는 광범위한 노동자를 포괄한다"(Fuchs, 2023b: 289). 디지털 노동에 대한 이런 광범위한 이해는 디지털 콘텐츠의 생산과 소비에 집중하는 좁은 이해를 벗어나 디지털화가 초래하는 전세계적 권력관계와 생산관계를 이해하는데 도움을 준다. 최근에 논의 쟁점으로 크게 부상한 플랫폼 노동 개념은 플랫폼을 통해 상품과 서비스를 생산하고 제공하는 플랫폼 노동자에게 초점을 맞춘다는 점에서 디지털 노동에 비해 범위가 제한된 개념이다. 이에 반해 디지털 노동 개념은 광부, 노예 노동자, 조립 노동자, 소프트웨어 엔지니어, 정보 노동자, 플랫폼 노동자 등 디지털 생산 방식에 관여하는 모든 주체를 포괄한다는 장점이 있다.

나아가 디지털 노동 개념은 기존에 노동으로 인식되지 않았던 인터넷 사용자들의 콘텐츠 창출 또한 가치 창출 활동, 즉 노동의 일종으로 인식하게 해준다. 디지털 노동에 대한 논의의 한 부류는 소셜 미디어에서 가치 창출의 메커니즘을 이해하는 데 주목한다. 예를 들어, 소셜 미디어에서 사용자들이 보수 없이 창출해내는 콘텐츠 작업을 노동으로 이해할 수 있는가 하는 질문이 쟁점이 된다. 만약 이 작업이 노동으로 인정될 수 있다면 이것은 소외된 노동의 일종이다. 사용자들이 생산한 내용을 플랫폼 기업들이 무료로 사용하기 때문이다. 그렇다면 이것은 노동 착취로 이해되어야 하는가 아니면 자본주의의 최초 형성단계에서 자본의 축적을 위해 토지를 수탈한 것과 유사한, 일종의 수탈로 이해되어야 하는가? 달리 말해, 이것은 소외된 노동인가 아니면 자신에게 속하는 데이터와 지적 소유물을 플랫폼 기업에 의해 수탈당하는 것인가? 이 질문들은 종종 마르크스의 노동 개념과 연관되어 연구된다. 잘 알려져 있다시피 마르크스는 임금 노동만이 생산적 노동이며, 생산적 노동만이 가치를 창출한다고 주장한다. 그래서 그의 생산적 노동 개념은 가사 노동, 무급노동, 재생산 노동 등을 배제시킨다는 점이 다수의 학자들에 의해 지적된 바 있다. 특히 페미니즘 계열의 학자들은 여성의 재생산 노동을 제외시킨다는 점에서 마르크스의 노동 개념의 편파성을 비판한다. 그의 노동 개념은 여성의 재생산 노동의 가치를 제대로 인정하지 않음으로써 남성중심적, 가부장적인 지배 구조를 고착하는데 기여한다는 것이다.

이처럼 소셜 미디어 사용자들의 콘텐츠 창출은 소외 개념(Andrejevic, 2012; Fuchs, 2023b) 또는 수탈 개념과 연결되어 연구되거나, 마르크스의 노동 가치론(Fuchs, 2010; Arvidsson & Colleoni, 2012)과 관련하여 연구되기도 한다. 또한 소셜 미디어 사용자들의 활동을 댈러스 스미스(Dallas Smythe)의 "청중 노동" 개념과 연결시키는 연구들도 있다(Fuchs, 2012; 2014; 2021 참조). 스미스는 대중 매체의 청중들이 콘텐츠 창출에 적극적으로 기여한다는 점에 주목해 "청중 상품"과 "청중 노동"이라는 개념을 도입했다. 그는 청중과 독자층이 상업 미디어의 노동력이라고 보았다(Smythe, 1977: 3). 그의 청중 노동 개념은 광고로 자금을 조달하는 소셜 미디어 플랫폼에서 가치 창출이 어떻게 이루어지는지 설명하는 데 도움이 된다. 그 개념은 공장에서 임금을 받아야만 착취를 당할 수 있다는 생각에 도전했고, 착취 개념을 소비 문화의 시대로 확장했다. 그 개념은 또한 가정과 사적 영역이 착취로부터 격리되어 있다는 개념에 도전하며, 이는 1970년대 이후 재생산 노동을 가치 있는 것으로 보고 자본에 의해 착취될 수 있다고 강조해온 마르크스주의 페미니즘과 그 통찰을 공유한다(Fuchs, 2023b: 197).

근본적인 차원에서 소셜 미디어 사용자들의 콘텐츠 창출이 과연 노동인가 아니면 노동과는 구분되는 다른 형태의 활동인가 하는 질문도 제시되고 있다. 노동 개념이 육체적 노동 뿐 아니라 정신적 노동도 포함한다는 점, 사용자들의 콘텐츠 창출은 실제로 가치 창출에 기여하는 활동이라는 점에서 볼 때, 또한 무급노동은 노동 중에서도 가장 착취되고 소외된 노동이라는 점에서, 사용자들의 콘텐츠 창출은 생산적 노동이라고 보는 것이 적합할 것으로 보인다.

디지털 노동의 특징은 그것이 한 국가의 경계 내에서 머무르는 것이 아니라 국제적 분업을 처음부터 전제한다는 점, 그럼으로써 "전세계적으로 디지털 노동자와 디지털 자본주의 사이의 계급적 관계로 조직되어 있다"(Fuchs, 2023b: 297)는 점이다. 푹스의 설명에 의하면 국제 디지털 분업은 노예 광부, 포드주의 하드웨어 조립공, 실리콘밸리 기술 기업의 게임 작업장에서 스트레스를 많이 받고 고임금으로 일하는 귀족 노동자, 비숙련 디지털 작업을 하는 저임금 불안정 데이터 처리자, 디지털 및 문화 산업에서 고도로 숙련된 창의적이고 불안정한 자영 프리랜서, 비숙련 디지털 작업을 하는 저임금 데이터 노동자 등 다양한 형태의 노동 착취를 포괄한다(Fuchs, 2023b: 297).

이 구분은 전지구적 공간에서 조직되며, 로자 룩셈부르크가 자본주의에 대해 말한 것처럼 디지털 자본주의에서도 자본은 "전지구의 생산 수단과 노동력"(Luxemburg, 1913: 314)을 필요로 한다. 자본의 전지구적 조직은 공급망을 통해 구성된다. 닉 다이어-위더포드(Nick Dyer-Witheford)에 의하면 공급망은 "자본주의 기업이 각 요소를 인건비, 원자재 접근성, 시장과의 근접성을 최적화하는 지리적 위치에 분산시켜 상품화 과정을 조직한 다음 연속적이고 통합적인 순서로 사슬을 연결하는 과정"을 일컫는다(Dyer-Witheford, 2015: 83). 그는 "1980년대와 90년대에 자본이 산업 대중 노동자를 분해하여 제1세계, 제2세계, 제3세계로 나뉘고 지구를 가로지르면서 공급망이 글로벌 프롤레타리아의 기술적 구성의 핵심이 되었다"고 지적한다(Dyer-Witheford, 2015: 83). 여기에서 결정적인 역할을 하는 것은 디지털 기술이다. 그러므로 "공급망은 사이버네틱스를 통해 구축되었다"(Dyer-Witheford, 2015: 83). 리처드 볼드윈(Richard Baldwin)은 전지구적 공급망의 형성을 통해 일어난 가장 급진적인 변화는 정보 기술을 통해 "부유한 국가 기업들이 국내에서 개발한 첨단 기술을 해외의 저임금 노동자와 쉽게 결합할 수 있게 된" 방식이라고 지적한다(Baldwin, 2011: 6). 이처럼 공급망은 디지털 자본과 디지털 노동의 전세계적 구성을 가능하게 했다.

공급망을 통해 형성된 디지털 노동의 국제적 구분은 "디지털 미디어의 존재와 사용을 가능하게 하는 농업, 산업 및 비공식적 형태의 노동 네트워크를 포함하는 전체 디지털 생산 방식"을 포괄한다(Fuchs, 2023b: 297). 이처럼 전세계적 공급망에 기반하는 디지털 자본주의는 근본적으로 전지구적이고 복합적이다. 따라서 그것은 "디지털 노동, 가사 노동, 무급노동, 프리랜서 노동, 크라우드 소싱, 플랫폼 노동, 소비자 노동, 인터넷 사용자의 노동, 데이터 보호, 디지털 감시, 소비자 보호, 노예 노동 등"을 포함하는 포괄적인 이해를 요구한다(Fuchs, 2023b: 298).

디지털 자본주의에서는 임금노동 뿐만 아니라 무급노동도 중요한 역할을 한다. 무급노동의 가장 중요한 세 가지 형태는 소셜 미디어 콘텐트 창출 노동, 가사 노동, 노예 노동이다. 예를 들어 카일리 자렛(Kylie Jarrett)은 페이스북 사용자도 주부처럼 무급으로 일하는 디지털 노동자라고 주장한다. 또한 잭 키우(Jack Qiu)는 노예제도가 과거의 착취 형태가 아니라 디지털 자본주의에서 계속 존재하고 있음을 보여준다. 예를 들어 노예들에게 총구를 겨누고 컴퓨터와 통신 기기 하드웨어의 물리적 기반이 되는 광물을 채굴하도록 강요하는 아프리카 광산에서는 지금도 여전히 노예제도가 남아 있다(Fuchs, 2023b: 298).

디지털 자본주의가 창출하는 불안정 노동은 이외에도 다수의 문화와 창작 관련 노동을 포함한다. 문화, 매체, 디자인, 창작 분야 등의 디지털 노동은 육체 노동에 비해 덜 소외된 창의적 노동인 것처럼 보이지만, 실상 적절한 사회보장, 고용안정, 소득보장이 없는 불안정한 노동으로 조직화되는 경우가 많다(Fuchs, 2023b: 299). 그래서 디지털 산업과 문화 산업에서 고도로 숙련되고 창의적인 업무에 종사하는 이들은 불안정한 자영업 프리랜서로 근무하는 경우가 많다.

디지털 노동의 여러 형태들 중에서 가장 불안정한 형태로 나타나는 것이 플랫폼 노동이다. 그러므로 다음 장에서는 이 플랫폼 노동에 대해 고찰해 보기로 한다.

4. 플랫폼 노동과 알고리즘의 지배

플랫폼 노동은 플랫폼을 통해 상품과 서비스를 생산하고 제공하는 데 관련된 노동을 총칭하는 개념이며, 긱(gig) 노동, 미세작업(crowd) 노동 등 극도로 불안정한 노동을 특징으로 한다(김현강, 2024: 250). 플랫폼 노동자들은 대부분 전통적 고용 관계가 아닌 하청이나 외주의 형태로 일한다. 플랫폼 경제에서 정규직은 '일감'으로 해체되고, 정규 노동력은 필요에 따라 고용되고 필요가 없으면 해고되는 잉여 노동력으로 변화된다. 플랫폼에서는 "일용직 노동력이 사고 팔리는 공간인 이른바 '인력시장'의 작동 방식으로서 '고용 없는 노동'의 원리"(남중권, 2024: 21)가 실행된다. 이는 마르크스가 "산업 예비군"으로 자본의 필요에 따라 이용되는 "잉여 인구"라고 말한 것에 해당되는 노동 형식이다(Marx, 1867: 657).

플랫폼 경제는 노동자에 대한 착취와 통제, 데이터 수집과 독점의 문제, 알고리즘의 지배 등 근본적 문제들과 치밀히 결부된다(김현강,

2024: 249-250). 그러나 플랫폼을 통한 통제는 알고리즘을 통해 눈에 보이지 않는 교묘한 방식으로 진행되기 때문에 플랫폼은 외관상으로는 마치 자유로운 시장인 것처럼 나타난다. 그러므로 "외관상 또는 개념상 개방적이며 모든 정보가 교환될 수 있을 것 같은 매개 형식으로서 자유로운 시장처럼 보이는 플랫폼이 실제로는 디지털 알고리즘에 의해 통제 받는 시장"(남중권, 2024: 11)이라고 할 수 있다. 따라서 "플랫폼을 통해 시장에 참여하는 이용자, 특히 자신의 노동을 제공함으로써 참여하는 인간은 누구에게도 고용되지 않은 상태에서 플랫폼을 통해 매개되는 다른 이용자의 요구에 따라 스스로의 고용주가 되어 자신의 업무를 수행하는 것처럼 보이게 되지만 여전히 플랫폼을 규정하는 알고리즘의 지배를 받게 된다"(남중권, 2024: 12).

남중권에 의하면 플랫폼 노동 환경에서 인간 노동의 지위를 다음과 같은 네 가지 특성으로 규정할 수 있다.

비가시화

"플랫폼은 가시적인 목적 활동으로 전면에 드러나지 않는 모든 인간의 활동을 비가시화한다"(남중권, 2024: 16). 그러므로 플랫폼에서는 인간의 노동도 비가시화된다.

미세화

또한 플랫폼은 "노동의 미세화를 통해 플랫폼 노동자가 블랙박스에 갇혀 있는 거대한 정보와 지식을 알 수 없도록 비가시화한다"(남중권, 2024: 18).

모호화

플랫폼 경제에서는 "일과 쉼, 노동 시간과 휴식 시간 사이의 경계가 모호해지고 그 모든 시간은 플랫폼 시스템의 알고리즘에 의해 감시되고 통제된다"(남중권, 2024: 19).

비형식화

"특정 개인에게 고정된 일자리는 인간만큼 복잡한 업무를 수행할 수 있는 지능형 행위자(intelligent agent)에 의해 대체되거나, 고정된 일자리로 형식화되어 있던 일감들의 집합이 군집화한 개인들 중에 누구나 대신 담당할 수 있는 일감들로 해체됨으로써 비형식화한다. 즉, 정규적인 일자리는 줄어들거나 사라지고, 그 자리는 플랫폼 시스템에 그때 그때 접속 가능한 행위자들이 제공하는 임시 노동으로 충당할 수 있는 비정규적인 일감들로 채워진다"(남중권, 2024: 20).

이러한 비가시화, 미세화, 모호화, 비형식화에 의해 노동자는 기계와 인공지능에 의해 대체될 수 있는 미세화된 노동 형태로 대체된다. 마르크스가 이미 관찰한 바 있듯, 미세화는 노동자를 탈숙련화시키고 종국에는 기술에 의해 대체 가능하게 만들기 위해 고안된 방식이다. 마르크스는 『자본론』에서 어떻게 기계화된 산업이 기술의 미세화와 단편화를 도입함으로써 기존의 수공업적 방식을 벗어나 숙련된 노동자를 불필요하게 만들었는지 분석한 바 있다. 그는 숙련을 요하는 작업을 더 작은 단위의 일감으로 쪼개 비숙련 노동자와 기계로 구성된 시설에 배분함으로써 인간의 노동을 미세화하고 탈숙련화하는 자본의 메커니즘을 꿰뚫어 보았다. 이와 마찬가지로 플랫폼에서 인간의 노동은 비가시화, 미세화, 주변화되고 최종적으로는 기술에 의해 대체 가능해진다. 그러므로 플랫폼 자본주의 또는 디지털 자본주의의 최후 단계는 인간의 노동력이 디지털 기술과 인공지능에 의해 완전히 대체되고 불필요해지는 단계일 것이다.

제이미 우드콕(Jamie Woodcock)은 "플랫폼 경제에서 가장 중요한 역학 관계는 업무 프로세스의 재편이다"(Woodcock, 2023: 85)라고 지적한다. 그에 의하면 플랫폼 기업들은 기계 학습(machine learning)과 자동화된 의사 결정의 형태를 사용하여 디지털 방식으로 업무를 조직하고 지시하는 방법을 개발했고, 이를 "알고리즘 업무 관리"라고 부른다(Woodcock, 2023: 97). 그가 강조하는 것은 "이러한 새로운 형태의 업무 조직이 갖는 의미는 플랫폼을 훨씬 뛰어넘는다"는 점이다. "이는 사회적 의사결정에 알고리즘을 도입하는 보다 광범위한 변화의 일부이다. 일부에서는 이를 노동자의 행동의 자유가 제거되는 노동관계의 근본적인 변화로 보고 있다. 그러나 플랫폼은 다른 곳에 영향을 미칠 수 있는 변화를 테스트하는 실험실로 볼 수 있다"(Woodcock, 2023: 98).

테라노바(Terranova, 2014), 파스키넬리(Pasquinelli, 2014), 다이어-위더포드 등은 "알고리즘은 노동자의 지식이 먼저 일상화되고 성문화되어 가변적인 (인간) 구성 요소에서 고정된 기계적인 형태로 이전되는 소외 과정의 연장선을 나타낸다"는 점을 강조한다(Dyer-Witheford, 2015: 178). 따라서 "겉으로 보기에 쉽게 자동화되지 않을 것 같은 업무도 데이터 처리 기술이 이를 네트워크화된 소규모 노동자에게 아웃소싱하거나 완전히 자동화할 수 있는 더 작은 인지적 덩어리로 분해하면서 알고리즘적으로 변형될 수 있다"(Dyer-Witheford, 2015: 179).

킴 무디(Kim Moody)가 주장했듯이, '새로운' 노동 형태에만 집중하면 더 깊은 현실을 모호하게 만들 수 있다. 그는 새로운 노동 형태에 대한 배타적 초점은 "자본주의의 더 깊은 현실과 그 역학관계, 변화하는 노동계급 삶의 상태를 과소평가할 수 있다"(Moody, 2017: 69)고 지적한다.

대신 플랫폼 자본주의에 대한 이해는 노동과 자본주의의 역학관계에 대한 광범위한 분석에 통합되어야 하며, 또한 기술이 어떻게 자본을 위해 봉사하며 노동분야 뿐만 아니라 전사회의 통제를 위해 사용되고 있는지 분석할 필요가 있다. 이런 맥락에서 지몬 샤웁(Simon Schaupp)은 "소프트웨어에 대한 지침인 알고리즘이 컴퓨터 뿐만 아니라 사람까지 제어한다"(Schaupp, 2023: 326)고 지적한다. 그에 따르면 "알고리즘은 정치의 필수적인 부분이 되었다"(Schaupp, 2023: 326). 그러므로 디지털 자본주의의 분석은 "디지털, 즉 알고리즘의 정치적 본질을 드러내는"(Schaupp, 2023: 327) 작업을 필수적으로 포함한다.

5. 프레카리아트인가 프롤레타리아트인가

그렇다면 디지털 자본주의가 창출하는 불안정 노동자집단을 기존의 노동자계급인 프롤레타리아트로 보아야 할 것인가 아니면 새로운 계급의 등장으로 파악할 것인가? 일부 학자들은 새로운 형태의 불안정 노동자계급은 기존의 프롤레타리아트와 구분된다고 주장하며 프레카리아트(precariat)라는 신조어를 만들어냈다. 프레카리아트는 산업화 이후 사회에 나타난 불안정한 노동 형식을 지칭하기 위해 만들어진 새로운 개념이다. 그것은 불안정성을 뜻하는 프레카리오(precario)와 프롤레타리아트(proletariat)를 합성한 신조어로, 저임금, 저숙련 노동과 고용 형태의 불안정성을 특징으로 하는 집단을 일컫는 사회학 용어이다. 이탈리아의 정치학자 알렉스 포티(Alex Foti)는 "산업 사회에서 프롤레타리아트였던 것이 포스트산업 사회에서는 프레카리아트이다"라는 유명한 주장을 펼친 바 있다. 프레카리아트와 프롤레타리아트의 결정적인 차이점은 프레카리아트가 정치적으로 아무런 영향력이 없는 집단으로 나타난다는 점이다. 이들은 익명화되고 파편화된 집단으로, "부정적인 개인화"의 한 예이며 단지 "명성, 안전, 안전한 재화, 안정적인 관계의 결여라는 측면에서 해석될" 뿐이다(Castel, 2000: 404).

영국의 경제학자 가이 스탠딩(Guy Standing)은 산업의 정보화와 자동화로 인한 프레카리아트의 출현을 분석한다. 그는 프레카리아트를 프롤레타리아와는 구분되는 새롭게 부상하는 사회 계층으로 본다. 그에 의하면 프레카리아트는 "파편화된 지구적 계급구조"(Standing, 2014: 12)에 의해 출현하는 "형성 중인 계급"이다(Standing, 2014: x). 프레카리아트는 노동의 유연성이라는 신자유주의 이데올로기의 확산에 따라 노동보장, 고용보장, 직무 보장, 근로안전 보장, 숙련기술 재생산 보장, 소득보장 및 대표권 보장이 없는 사람들의 집단을 의미한다. 이러한 노동의 불안정화와 프레카리아트의 출현에 대한 대책으로 스탠딩은 모든 시민이 기본임금의 형태로 사회적으로 상속된 부를 누릴 권리를 가져야 한다고 주장한다.

스탠딩에 의하면 전통적 계급개념인 프롤레타리아와 프레카리아트의 차이는 불안정 노동자들에게 "노동에 기반한 정체성"(Standing, 2014: 16, 20), "직업 정체성"(Standing, 2014: 21) 및 공동의 이해관심이 부재한다는 데에 있다. 그는 프레카리아트를 출현시키는 구조화된 노동의 불안정 사태가 오히려 프레카리아트 내의 긴장과 경쟁을 유발시키기 때문에, 프레카리아트를 하나의 계급이나 신분으로 볼 수 없다고 주장한다(Standing, 2014: 42). 프레카리아트 출현의 원인은 언제 일자리에서 쫓겨날지 모르는 불안정 노동의 지속성에 있다. 그리고 이러한 불안정성은 경제적, 실존적 불안정성을 초래할 뿐만 아니라 계급상승의 가능성을 막음으로써 절망감, 소외, 분노, 두려움 및 사회적 가치와 실존적 가치의 부재

등을 가져온다. 스탠딩은 구조화된 불안정 임시노동과 실업의 위험 때문에 포퓰리즘 정치와 네오파시시트들의 유혹에 항상 노출된 집단이 프레카리아트이기 때문에 "위험한 계급"(Standing, 2014: 1)이라고 본다.

이상에서 살펴본 것처럼 프레카리아트는 계급개념이 아니라 신자유주의 이데올로기의 확산에 따라 형성된 불안정 노동자를 일컫는 사회현상학적 개념이다. 이 개념은 계급개념을 약화시키고 계급의식을 지닌 정치적 주체로서의 프롤레타리아 개념을 대체한다는 점에서 문제가 있다. 프레카리아트는 계급개념이 아닌 한에서 주체개념과 투쟁개념을 결하고 있기 때문이다. 이는 비정규 노동자, 플랫폼에 의존하는 자가영업자, 무보수 노동자 등을 포괄하는 광범위한 의미의 프롤레타리아트 개념으로 대체되어야 한다. 이것은 프롤레타리아트를 산업의 일부로서 생산에 종사하는 임금노동자로 이해하는 기존의 개념이 수정되어야 한다는 것을 의미한다. 그러므로 다양한 형태의 불안정 노동자, 무급노동자, 노예노동자, 실업자 등을 전세계적 자본주의 체계의 일부로서의 노동자 개념으로 통합하는 작업이 필요하다. 이를 위해 영국의 좌파 이론가 닉 다이어-위더포드는 "사이버 프롤레타리아트"(Dyer-Witheford, 2015)라는 개념을 제안한다. 그는 머레이가 주장했듯 컴퓨터 산업이 "대량 집단 노동자의 쇠퇴"에 주요한 기여를 했다고 본다(Murray, 1983). 그에 의하면 "컴퓨터 산업이 자체 네트워킹과 자동화 발명을 사이버네틱 기기 제작에 적용하면서 형성된 새로운 계급 구성은 글로벌 분업과 노동의 기술적 청산을 강화했다"(Dyer-Witheford, 2015: 80). 그는 이러한 현상을 "사이버네틱 프롤레타리아화"(Dyer-Witheford, 2015: 123)라고 부른다. 그에 따르면 1970년대부터 사이버네틱스가 급속히 도입된 이후 글로벌 불평등의 추세가 급격히 늘어났다(Dyer-Witheford, 2015: 142). 이후 1980년대와 90년대에 자본이 산업 대중 노동자를 분해하여 제1세계, 제2세계, 제3세계로 나누고 지구를 가로지르면서 공급망은 글로벌 프롤레타리아의 기술적 구성의 핵심이 되었다(Dyer-Witheford, 2015: 83). 그러므로 다이어-위더포드는 "자신을 착취하는 힘을 극복하기 위해 공급망, 인터넷 시장, 금융 알고리즘의 작동으로 분열된 프롤레타리아트는 자신을 구성하는 바로 그 분열을 파괴해야 하며, 그렇게 함으로써 자신의 정체성을 폐지해야 한다"(Dyer-Witheford, 2015: 167)고 주장한다. 이는 기존의 프롤레타리아트가 자신의 지역적 한계와 직업적 정체성을 벗어나 불안정 노동자, 플랫폼 노동자, 무급노동자, 난민 노동자 등 전세계의 프롤레타리아트와 연합하고 글로벌 프롤레타리아트를 형성했을 때 비로소 전지구적 자본주의에 대항할 수 있다는 것을 의미한다.

6. 생산적 노동에서 탈생산적 노동으로

이상에서 살펴본 디지털 노동과 플랫폼 노동의 문제에 대한 비판적 접근을 가능하게 해주는 것은 여전히 마르크스의 이론이다. 그의 이론은 19세기의 시대적 상황에서 나왔음에도 불구하고 다음과 같은 측면에서 여전히 시사적이다.

첫째, 그는 노동의 소외 문제를 쟁점화함으로써 디지털 노동이 초래하는 소외 문제를 이해하고 해결할 방향을 제시해 준다. 그는 자본주의 사회에서는 노동이 노동 생산물로부터의 소외, 노동 활동으로부터의 소외, 동료 인간으로부터의 소외, 유적 존재(Gattungswesen)로부터의 소외를 통해 최종적으로 인간 소외로 귀결된다고 주장한다.

둘째, 그는 노동의 불안정성을 쟁점화함으로써 디지털 노동이 창출하는 불안정 노동이 자본주의의 기본경향에 속한다는 점을 보여 준다.

그는 노동 생산력이 높아질수록, 즉 동일한 시간에 수행되는 노동이 더 많은 잉여가치를 생산할수록, 자본의 가치증식 수단으로서 위치가 오히려 불안정해질 것으로 본다.

셋째, 그는 노동의 자기실현적 성격을 강조함으로써 노동의 위기 시대에 노동의 가치를 다시 확인할 수 있게 도와준다. 헤겔의 관념론적 이해와는 달리 마르크스는 노동을 구체적인 신체노동으로 파악하고, 육체적이고 정신적인 힘의 자유로운 발현 수단으로서 노동의 자기실현적 성격을 강조한다(이하준, 2024: 135).

마르크스의 노동에 대한 이론 중 최근 가장 쟁점으로 부각되는 것은 그의 생산적 노동 개념이다. 마르크스는 잉여가치와 축적된 자본을 생산하는 임금노동자만이 생산적 노동이라고 주장한 바 있기 때문이다. 예를 들어 마르크스는 다음과 같이 말한다.

모든 생산적 노동자는 임금 노동자이지만, 그렇다고 해서 모든 임금 노동자가 생산적 노동자는 아니다. 노동이 사용가치로서, 서비스로서 소비되기 위해, 생활 요소로서 가변 자본의 가치를 대신하기 위해, 자본주의 생산 과정에 편입되기 위해 구매되는 한, 노동은 생산적 노동이 아니며 임금 노동자는 생산적 노동자가 아니다(Marx, 1863/1864: 110).

그러므로 생산적 노동은 자본으로서의 화폐와 직접 교환하는 노동, 또는 그 표현을 줄여서 자본과 직접 교환하는 노동, 즉 그 자체로 자본인 화폐와 직접 교환하는 노동, 자본으로서 기능할 운명을 지니거나 자본으로서 노동자본과 대립하는 노동으로 규정할 수 있다. 노동이 자본과 직접적으로 자신을 교환한다는 표현은 노동이 자본으로서의 화폐와 자신을 교환하여 자본으로 전환한다는 것을 의미한다(Marx, 1862/1863: 372).

이러한 마르크스의 생산적 노동 개념에 대한 두 가지 주요 반론은 페미니즘과 생태계 이론에서 나오고 있다. 앞에서 간략히 설명한 것처럼 페미니즘 이론가들은 마르크스의 생산적 노동 개념이 여성의 노동을 비생산적 노동, 즉 가치를 창조하지 않는 노동으로 간주한다는 점을 비판한다. 그러나 가사 노동, 재생산 노동, 육아 노동 등을 포함하는 여성의 노동은 생산적 노동의 기반을 제공하기 때문에 가치를 창조하지 않는 노동으로 볼 수 없다. 이처럼 페미니즘 이론가들은 마르크스의 노동 개념의 한계를 지적하고 그것이 가부장적 지배구조를 고착시킨다는 점을 비판한다. 그들에 의하면 마르크스의 사상은 기본적으로 정신과 물질, 주체와 객체, 남성과 여성 등의 이원론적 대립에 기반하는 근대 사상의 주류에 속한다. 페미니즘 이론가들은 프롤레타리아트의 혁명을 통한 자본주의 생산양식의 전면적 극복보다는 이분법적 사고의 근간에 놓여 있는 지배의 구조의 극복을 중요시한다. 즉, 그들은 물질적 토대의 극복보다는 정신적 토대의 극복이 더 핵심적이라고 본다. 이런 측면에서 페미니즘의 전통적 담론은 관념론적 토대에 근거한다고 할 수 있다. 반면, 마르크주의적 페미니즘 이론가들은 성별, 인종, 인간과 자연 간의 다양한 투쟁들을 계급투쟁을 중심으로 재조직할 것을 주장한다는 점에서 기존의 페미니즘 이론들과 구분된다.

노동 개념을 중심으로 볼 때 페미니즘의 성과는 생산적 노동 개념의 한계를 지적하고 노동 개념을 확장했다는 점과 무급노동을 가장 소외된 노동으로 볼 수 있는 가능성을 열어 주었다는 점에서 찾을 수 있다. 임금노동만이 생산적 노동인 것이 아니라, 가사 노동, 재생산 노동, 육아 노동 등을 포괄하는 케어(care) 노동이야 말로 돈으로 환원할 수 없는 높은 가치를 지닌 노동으로 인정되어야 한다. 이렇게 볼 때 임금노동을 유일한 생산적 노동으로 보는 관점은 가부장적 사고방식의 반복일 뿐 아니라 동시에 임금노동을 가치(자본) 생산과 동일시하는 자본주의적 관점을 반복하는 것이기도 하다. 디지털화와 인공지능의 도입으로 인한 노동의 종말 시나리오가 점점 더 현실로 다가오는 현재 시점에서 임금노동의 좁은 범위를 벗어나 노동을 새로운 의미로 파악하는 작업이 절실하다. 보수로 환산할 수 없는 정신적, 문화적, 정치적, 공동체적, 자의적 봉사 활동과 케어 노동이야 말로 진정한 가치를 창출하는 노동이며, 탈자본주의적 노동이라는 새로운 시각이 필요하다. 이러한 시각은 '임금노동 = 생산적 노동 = 가치 창출 노동'이라는 기존의 시각을 극복할 때 비로소 가능하다. 이 시각은 또한 임금노동에 의존할 필요가 없는 사회형태를 전제로 한다. 즉, 탈자본주의적 노동은 포스트자본주의 사회를 전제한다.

이러한 탈자본주의적 노동은 비생산적 노동이 아니라, 생산성과 비생산성의 이분법을 극복한다는 의미에서 '탈생산적 노동'이다. 탈생산적 노동 개념은 일과 노동 또는 노동과 임금노동의 동일시를 부정한다. 그것은 임금과 무관하게 정신적, 문화적, 사회적 가치를 창출하는 모든 활동의 의미를 인정한다. 또한 그것은 생태계와 기후의 위기의 시대에 적합한 새로운 개념이기도 하다. 자본주의 생산양식에서 생산적 노동은 과잉 생산, 과잉 소비와 직결되고 결과적으로 생태계와 기후의 위기를 초래했다는 혐의를 벗을 수 없다. 물론 자본주의적 노동은 소외된 노동이기 때문에 자본주의 생산양식의 주체는 마르크스가 말하는 것처럼 자본 자체이다. 자본주의는 자신의 영속을 위해 끝없는 자본의 축적을, 즉 축적을 위한 축적을 목표로 하는 자동적 주체이다. 이런 의미에서 마르크스는 자본이 "자동 주체"라고 말한 바 있다(Marx, 1990: 255). 미햐엘 하인리히(Michael Heinrich)의 설명에 의하면 "자본은 한편으로 생명이 없는 자동기계지만, 다른 한편으로는 '주체'로서 전체 과정을 결정하는 주체이다"(Heinrich, 2012: 89). 그러므로 "자본은 이른바 인간의 주체성과 영향력이 경제적 범주의 추상적 의인화로 환원되는 '자동 주체'다"(Dyer-Witheford et al., 2019: 139). 따라서 자본주의가 초래한 생태계 위기의 주범은 자본 그 자체이지, 소외된 노동에 종사하는 노동자가 아니다. 그럼에도 생산적 노동이 자본주의 생산양식의 일부로 기능한다는 점, 즉 그것이 자본주의 생산양식 내에서 이윤 생산을 목적으로 자원을 착취하고 생태계를 파괴하는 데 기여한다는 점을 부인할 수 없다. 그러므로 생산적 노동을 탈생산적 노동으로, 성장중심주의 사회를 탈성장 사회로, 자본주의 사회를 포스트자본주의 사회로 전환시키는 노력이 상호 연관되어야 할 것이다.

탈생산적 노동은 최근 여러 학자들에 의해 논의되고 있는 '탈노동'과 구분된다. 탈노동은 노동시간의 단축 테제와 더불어 노동에 대한 두 가지 유토피아적 사유를 형성한다. 노동시간의 단축 테제의 대표적 옹호자는 마르크스이다. 그는 기술이 노동시간의 단축을 가져오고 노동으로부터의 인간의 해방을 가능하게 하리라는 낙관론적 전망을 펼친 바 있다. 그리고 20세기의 대표적인 경제학자 케인즈는 2030년경에는 평균 노동시간이 주 15시간 정도로 줄어들 것이라는 긍정적인 전망을 내놓은 바 있다. 이보다 급진적인 방식의 이론들은 탈노동을 주장한다. 이하준은 약한 의미의 탈노동과 강한 의미의 탈노동을 구분하며 다음과 같이 설명한다.

약한 의미의 탈노동은 "진정한 일을 할 수 있는 권리, 다시 말해 개인이 일을 할지 말지 자유롭게 선택할 수 있는 권리"로 볼 수 있다. 이에 반해 앙드레 고르, 캐시 위크스, 폴 메이슨, 알렉스 윌리엄스 등의 강한 의미의 탈노동 논자들은 노동으로부터의 완전한 해방 모델을 제안한다. 탈노동 모델을 위한 정치 프로젝트를 제안하는 팀 던럽은 탈노동을 위한 규범적 토대로 노동 자체를 최고의 가치로 삼는 직업윤리의 전환과 로봇 등의 기술에 의한 완전한 노동대체를 제시한다. 두 가지의 규범적 태도가 탈노동의 전제조건이다. 그는 '완전히 자동화된 탈노동 경제체제로의 전환', 곧 완전 고용의 신화를 버리고 '완전 실업'정책을 요구한다. 완전 실업은 유급 노동의 해체를 의미하는 것이기 때문에 이를 주장하는 논자들은 동시에 기본소득 형태의 분배방식을 제안한다(이하준, 2024: 142-143).

던럽은 이러한 탈노동 사회를 "포스트 노동(post-work) 유토피아"의 실현으로 간주한다(던럽, 2016: 301). 그는 탈노동 사회의 실현이 노동문제에 국한되지 않은 정치의 영역에서 해결될 수 있다고 보며, 이를 위해 노동조합의 역할과 정치집단 및 정치가의 역할을 강조한다.

이하준은 탈노동 노동유토피아가 갖는 이론적 난점은 "노동 자체의 내재적 가치를 인정하지 않음으로써 노동과 탈노동이라는 대립구도 속에서 논의를 전개한다는 점"이라고 지적한다(이하준, 2024: 144). 그에 의하면 탈노동 담론은 "노동과 노동 이외 활동의 상호 긍정적 계기성을 배제"하고 "노동의 부정적 계기성"만을 논의의 출발로 한다는 문제점이 있다(이하준, 2024: 144). 그럼으로써 탈노동 이론가들은 "노동의 가치와 노동 활동이 삶의 의미를 구성하는데 중요한 요소임"을, 즉 "노동과 삶의 의미구성 관계, 노동 자체가 갖는 내재적 가치, 생명력의 표현으로서 노동 욕구를 간과한다"(이하준, 2024: 145). 탈노동 개념이 노동의 부정적 계기성을 강조하는 것은 그것이 노동을 임금노동과 동일시하기 때문이다. 이런 좁은 노동 개념을 극복하고 자기실현적 행위로서 노동을 이해하기 위해서 탈생산적 노동 개념이 필요하다. 탈생산적 노동 개념은 자기실현적 노동과 가치지향적 노동을 포함하고, 나아가 생태학적 관점과 양립 가능한 개념이라는 점에서 의미가 있다. 나아가 이 개념을 마르크스의 이론과 연결시켜 사유하는 것도 가능하다. 마르크스는 노동을 자연에 대한 지배로 이해하기 보다는 "인간과 자연 간의 신진대사"라는 포괄적인 개념으로 파악했기 때문이다. 그는 노동뿐만 아니라 토지도 부의 근원이라고 생각했고, 자연이 파괴되면 인간 사회도 지속될 수 없다는 사실을 직시했다. 또한 그는 "신진대사"라는 생물학적 개념을 사용함으로써 인간과 자연의 유기적 연관성을 강조했다. 그러므로 최근 생태사회주의자들이 주장하는 것처럼 마르크스에게서 인간 대 자연, 주체 대 대상이라는 이분적 사고를 벗어나 인간을 생태계의 일부로 파악하는 생태학적 사유의 단초를 찾아볼 수 있다.

마르크스가 생각한 진정으로 풍요로운 사회는 소외된 노동과 과잉생산, 과소비에 기반해 무한한 자본 축적을 추구하는 사회가 아니라, 누구나 필요한 만큼만 일하고 남은 시간은 자아실현을 위해 자유로이 쓸 수 있는 사회이다. 그러므로 진정한 풍요는 자유로운 시간에 있지, 물질적 풍요에 있지 않다. 마르크스는 진정으로 풍요로운 사회는 필요의 왕국 너머의 자유의 왕국이라고 말한 바 있다. 물론 자유의 왕국이 전제하는 것은 삶의 근본적 필요가 충족되는 사회, 물질적 풍요를 기반한 사회이다. 마르크스는 기계화와 자동화가 노동시간을 줄이고 생산력을 높임으로써 물질적 풍요와 시간적 여유를 가능하게 할 수 있다고 보았다. 물론 그 전제는 기계와 기술이 자본의 관심이 아닌 공공의 관심을 위해서 일하는 사회, 즉 공산주의 사회의 수립이다. 자본주의 사회 내에서 기술은 노동시간을 단축시키고 임금을 줄임으로써 단기적으로는 자본의 축적을 도와주지만, 장기적으로는 과다 생산과 상품 가격의 저하를 초래함으로써 상품의 수익성을 떨어뜨린다. 또한 기계에 의한 노동력의 대체가 초래하는 임금저하와 실업은 노동자의 소비력을 떨어뜨린다. 마르크스는 생산력, 소비력, 수익성 간의 이러한 모순이 결국 자본주의의 위기를 가져올 것이라고 보았다. 이러한 관점은 기술 결정론과 기술 낙관론이라는 문제점을 갖는다. 물론 마르크스는 기술이 역사 발전의 동력이라고 파악하지는 않았다. 이와는 반대로, 역사 발전의 동력은 계급투쟁이다.

그럼에도 그의 자본주의 분석은 자본이 투입하는 기술과 계급투쟁의 관계를 핵심적 요소로 보고 있고, 이런 한에서 기술 결정론적 경향이 존재한다고 볼 수 있다. 나아가 기술의 발전이 자본주의의 위기를 초래하고 결국 자본주의의 극복을 가져올 것이며, 자본주의의 높은 생산력이 발전시킨 기술을 공산주의가 전유하여 공공의 기술로 전환시키는 것이 가능하다는 관점은 지나치게 단순하고 낙관적인 전망이다. 자본주의의 기술은 애초부터 자본 축적과 자본주의 관심의 관철을 목적으로 만들어진 기술이다. 그러므로 소외를 근본원리로, 자본 축적을 최종목표로 하는 자본주의의 기술이 과연 포스트자본주의 사회의 탈자본주의적, 탈생산적, 생태학적 기술로 전환 가능할 것인가 하는 의문이 제기될 수 있다.

푹스는 노동 문제에 대한 마르크스의 성찰은 모순적이기 때문에 "생산적 노동과 비생산적 노동이 무엇인지에 대한 '진정한' 해석이 하나만 있을 수는 없다"(Fuchs, 2023b: 203)고 적절히 지적한다. 마르크스의 또 다른 노동 개념으로 총노동자 또는 집단적 노동자를 강조하는 개념을 들 수 있다. 마르크스는 『자본』 제1권과 『당면한 생산과정의 결과』에서 이 집단 노동자 개념을 제시한다. 여기에서 마르크스가 강조하는 점은 노동이 개별적인 과정이 아니라는 점이다. 자본주의의 기계화와 생산 지식의 증가로 인해 노동이 더욱 협력적이고 네트워크화 될수록 집단 노동자의 노동으로서의 생산적 노동이 더욱 중요해진다. 집단적 노동자의 개념과 실체는 자본과 생산성이 지속적으로 발전함에 따라 점점 더 중요해진다(『자본론』 Marx, 1857/1858: 590-637). 마르크스는 상품 생산에서 "총노동자의 기관"이거나 그의 "하위 기능"을 수행하는 모든 노동이 생산적 노동이라고 주장한다(Marx, 1867: 521). 그에 따르면 협동노동의 발전과 함께 "점점 더 사회적으로 결합된 노동력이 전체 노동과정의 실질적 기능이 된다"(Marx, 1863/1864: 109). 따라서 "점점 더 많은 노동력의 기능이 생산적 노동이라는 직접적 개념으로 분류되고, 그 소유자는 생산적 노동자, 즉 자본에 의해 직접 착취되고 활용과 생산 과정에 종속된 노동자의 개념으로 분류된다. 작업장을 형성하는 총노동자를 고려한다면, 그의 결합된 활동은 총상품인 동시에 상품 총량에서 직접적으로 실현되며, 따라서 이 총노동자의 한 구성원일 뿐인 개별 노동자의 기능이 직접적인 수작업 노동에 더 가까운지 더 멀리 떨어져 있는지는 전혀 중요하지 않다"(Marx, 1863/1864: 109).

이러한 총노동자 개념을 고려한다면 전지구적으로 조직되고 있는 디지털 노동 분업과 소셜 미디어 사용자의 콘텐트 창출도 총노동자의 기관에 속하는 활동으로 정의하는 것이 가능하다. 이 개념은 생산적 노동을 공장 내에서 행해지는 임금노동으로 보는 좁은 이해를 극복하고 디지털 자본주의에서 행해지는 다양한 활동을 노동으로 정의할 수 있게 해준다.

7. 맺음말

이 연구는 마르크스의 분석에 의거해 디지털 자본주의와 디지털 노동의 문제점을 분석하고, 나아가 마르크스의 기술론과 노동 개념의 유효성과 한계를 고찰해 보았다. 기술과 노동에 대한 마르크스의 견해는 일관적이라기 보다는 모순적인 여러 견해들로 이루어져 있다. 마르크스의 기술론은 기술의 발전이 자본주의의 위기를 가져오고 자본주의 극복의 계기를 제공하리라는 기술 낙관론에 기반한다. 마르크스의 이러한 전망은 좌파 가속주의, 포스트자본주의, 완전히 자동화된 화려한 공산주의(fully automated luxury commnism) 이론가들의 이론적 근거로 활용되고 있다. 그러나 이러한 낙관적 전망은 디지털 기술이 노동 해방의 수단이라기 보다는 착취와 통제의 수단으로 이용된다는 점과 기술이 초래하는 생태위기 문제를 간과한다는 점에서 문제가 있다. 나아가 이 전망은 계급투쟁이 역사 발전의 동력이라는 사실을 과소평가하고 기술, 즉 물적 토대의 변화에 의해 역사의 방향이 정해진다고 보는 기술 결정론적 경향을 나타낸다. 그럼에도 마르크스는 기술 변화와 시장 역학이 상호 연관되어 있다는 점을 밝힘으로써 기술과 자본주의, 나아가 디지털 기술과 디지털 자본주의의 근본적 연관성을 분석할 수 있는 이론적 틀을 제공해 준다. 나아가 그는 자본주의 사회에서 기술의 발전이 노동자를 대체하고 인간 노동자를 불필요하게 할 뿐 아니라 인간에 대한 치밀한 감시와 통제의 도구로 기능하리라는 것을 예견한 바 있다. 그는 기술에 의해 결국 자본에 의한 노동자계급의 지배와 인간에 대한 비인간적인 힘의 지배가 극심해지리라는 것을 경고한다.

그러나 마르크스가 기술을 통해 노동시간이 감소되고 그럼으로써 보다 많은 자유로운 시간을 누릴 수 있으며, 진정한 풍요는 단순한 물질적 풍요가 아니라 자유로운 시간을 갖는 데 있다고 본 점은 마르크스 이론의 또다른 면모를 보여준다. 또한 이 점은 마르크스가 생산적 노동 개념만이 아니라 정신적, 사회적, 공동체적 가치를 포함하는 폭넓은 노동 개념을 가졌음을 나타내 준다. 더욱이 생태계와 기후의 위기에 직면한 오늘날 우리가 필요로 하는 것은 생산적 노동 개념을 넘어서는 탈생산적 노동 개념이다. 마르크스는 노동을 인간과 자연 간의 신진대사로 파악함으로써 이미 생태학적 사유의 단초를 보여 주고 있다. 그리고 그는 기술이 보다 적은 노동을 가능하게 하는 수단으로 사용될 때 그것이 가지는 해방적 요소에 주목했다. 자본주의 사회에서 기술은 노동시간을 단축하는 수단으로 쓰이는 대신, 노동시간을 늘리고 노동의 강도를 강화하며 임금을 줄이는 수단으로 쓰인다. 달리 말해, 기술은 잉여가치의 축적과 노동자의 통제를 위한 수단으로 사용된다. 그러나 자본주의 극복 이후 공산주의 사회에서 공공의 이익에 봉사하는 수단으로 사용되면 기술은 노동시간을 줄이고 보다 많은 자유시간을 가능하게 할 것이다. 거기에서 생산은 더 이상 잉여가치의 생산이 아니라 사용가치의 생산일 것이다. 필요한 것만 생산하고 불필요한 과소비가 없는 생산양식으로의 전환은 잉여가치의 축적을 위해 끝없이 진행되는 과잉생산과 과소비의 순환을 제거할 수 있을 것이다. 이러한 생산양식은 생태계를 위해서도 계급 간 불평등의 극복을 위해서도 필수적인 전제이다. 생산적 노동을 탈생산적 노동으로, 성장중심주의 사회를 탈성장 사회로, 자본주의 사회를 포스트자본주의 사회로 전환시키는 노력은 상호 연관적이다. 우리의 정치적 과제는 사회, 경제, 노동의 변혁을 생태학적 관점과 연결시키는 것이다. 이를 위해 가장 가능성이 있는 사회형식은 탈성장적, 생태학적, 공동체적 이론을 기반으로 하는 포스트자본주의 사회일 것이다.

참고문헌

김현강. 2024. "플랫폼 자본주의에서 포스트자본주의로: 플랫폼 협동주의와 중국 플랫폼 사회주의를 넘어." 정성진 엮음. 『동아시아 포스트자본주의 대안: 평가와 전망』. 진인진. 243-276.
남중권. 2024. "플랫폼 노동 환경에서 일할 권리-'임금 없는 노동'과 '고용 없는 노동'에 관하여-." 『법학연구』 65(4): 1-39.
던럽, 팀. 『2016. 노동 없는 미래』. 엄성수 역. 비즈니스맵.
이하준. 2024. "AI 시대의 새로운 노동철학-노동의 종말과 노동 유토피아를 넘어서-." 『철학논총』 116(2): 131-153.
Adorno, Theodor W. 1968. "Spätkapitalismus oder Industriegesellschaft? In: Soziologische Schriften I. Gesammelte Schriften. *Band* 8. Suhrkamp, 354-370.
Andrejevic, Mark. 2012. "Exploitation in the Data Mine. In: Fuchs, Christian/Boersma, Kees/Albrechtslund, Anders/Sandoval, Marisol(eds.). Internet and Surveillance." *The Challenges of Web* 2.0 *and Social Media*. Routledge, 71-88.
Arvidsson, Adam/Colleoni, Eleanor. 2012. "Value in Informational Capitalism and on the Internet." In: *The Information Society* 28. H. 3, 135-150.
Baldwin, Richard. 2011. "Trade and Industrialization After Globalisation's 2nd Unbundling: How Building and Joining a Supply Chain Are Different and Why it Matters, National Bureau of Economic Research." *Working Paper* 17716. http://www.nber.org/papers/w17716
Bell, Daniel. 1974. "The Coming of Post-Industrial Society." *A Venture in Social Forecasting*. Heinemann.
Castel, Robert. 2000. "Die Metamorphosen der sozialen Frage." *Eine Chronik der Lohnarbeit*. UVK.
Dyer-Witheford, Nick. 2015. *Cyber-Proletariat: Global Labour in the Digital Vortex*. Pluto.

Dyer-Witheford, Nick/Kjøsen, Atle Mikkola/Steinhoff, James. 2019. *Inhuman Power: Artificial Intelligence and the Future of Capitalism*. Pluto.

Fraser, Nancy. 2023. "Der Allesfresser." *Wie der Kapitalismus seine eigenen Grundlagen verschlingt*. Suhrkamp.

Fuchs, Christian. 2010. "Labor in Informational Capitalism and on the Internet." *The Information Society* 26. H. 3, 179-196.

Fuchs, Christian. 2012. "Dallas Smythe Today – The Audience Commodity, the Digital Labour Debate, Marxist Political Economy and Critical Theory. Prolegomena to a Digital Labour Theory of Value. In: tripleC: Communication." *Capitalism & Critique* 10. H. 2, 692-740.

Fuchs, Christian. 2014. *Digital Labour and Karl Marx*. Routledge.

Fuchs, Christian. 2021. *Soziale Medien und Kritische Theorie*. Eine Einführung. UVK/utb.

Fuchs, Christian. 2023a. "Anmerkungen zum Begriff des digitalen Kapitalismus." In: Carstensen, Tanja/ Schaupp, Simon/Sevignani, Sebastian(eds.). *Theorien des digitalen Kapitalismus: Arbeit, Ökonomie, Politik und Subjekt*. Suhrkamp, 165-186.

Fuchs, Christian. 2023b. "Der digitale Kapitalismus." *Arbeit, Entfremdung und Ideologie im Informationszeitalter*. Beltz Juventa.

Heinrich, Michael. 2012. *An Introduction to the Three Volumes of Karl Marx's Capital*. Monthly Review Press.

Luxemburg, Rosa. 1913. "Die Akkumulation des Kapitals." *Gesammelte Werke Band* VI. Vereinigung Internationaler Verlags-Anstalten.

Marx, Karl. 1857/1858. "Grundrisse der Kritik der politischen Ökonomie." *Marx Engels Werke(MEW) Band* 42. Dietz, 15-768.

Marx, Karl. 1862/1863. "Theorien über den Mehrwert. Teil 1." *Marx Engels Werke(MEW) Band* 26.1. Dietz.

Marx, Karl. 1863/1864. "Resultate des unmittelbaren Produktionsprozesses. Marx Engels Gesamtausgabe(MEGA) Abteilung II." *Band* 4. Teil 1.

Dietz, 24-135.

Marx, Karl. 1867. "Das Kapital. Erster Band. Marx Engels Werke(MEW)." *Band 23*. Dietz.

Marx, Karl. 1975. *Early Writings*. Penguin.

Marx, Karl. 1990. *Capital*, Volume I. Penguin.

Marx, Karl. 1991. *Capital*, Volume III. Penguin.

Marx, Karl. 1992. *Capital*, Volume II. Penguin.

Moody, Kim. 2017. *On New Terrain: How Capital is Reshaping the Battleground of Class War*. Haymarket Books.

Murray, Fergus. 1983. "The Decentralisation of Production: The Decline of the Mass-Collective Worker?" *Capital and Class* 7(1): 74-99.

Pasquinelli, Matteo. 2014. "Italian Operaismo and the Information Machine. Theory, Culture & Society." published online before print. 2 February. http://preview.tinyurl.com/lqkqdjt

Schaupp, Simon. 2023. "Was ist Technopolitik? Aushandlungsarenen in der digitalisierten Arbeitswelt." In: Carstensen, Tanja/ Schaupp, Simon/ Sevignani, Sebastian(eds.). *Theorien des digitalen Kapitalismus: Arbeit, Ökonomie, Politik und Subjekt*. Suhrkamp, 326-343.

Schiller, Dan. 2000. "Digital Capitalism." *Networking the Global Market System*. MIT Press.

Smythe, Dallas. 1977. "Communications: Blindspot of Western Marxism." In: *Canadian Journal of Political and Social Theory* 1. H. 3, 1-27.

Staab, Philipp. 2021. "Digitaler Kapitalismus." *Markt und Herrschaft in der Ökonomie der Unknappheit*. Suhrkamp.

Standing, Guy. 2014. *The Precariat*. Bloosbury.

Terranova, Tiziana. 2014. "Red Stack Attack! Algorithms, Capital and the Automation of the Common." *EuroNomade*. http://www.euronomade.info/?p=1708

Qiu, Jack L. 2016. *Goodbye iSlave: A Manifesto for Digital Abolition*. University of Illinois Press.

Woodcock, Jamie. 2023. "Plattformarbeit." In: Carstensen, Tanja/ Schaupp, Simon/Sevignani, Sebastian(eds.). Theorien des digitalen Kapitalismus: Arbeit, *Ökonomie, Politik und Subjekt*. Suhrkamp, 85-101.

제5장

한국 사회와 극우주의: 연결된 쟁점들

한상원(충북대학교 철학과 부교수)

1. 들어가며

탄핵 국면을 거치면서 한국의 극우세력은 그 외연을 확장하고 대규모 집회를 개최하면서 세를 과시하고 있다. 뿐만 아니라 서울 서부지법 습격, 이화여대를 비롯한 대학가에 대한 습격이 보여주듯, 극우세력은 점차 행동주의적으로 변모하고 있다. 과격적인 선동과 폭력행위를 동반한 극우시위대의 성장은 한국사회에서 큰 위험으로 나타나고 있다. 왜냐하면 이들은 민주적 헌정의 기본질서를 부정하고 폭력과 혐오로 그 논리를 대체하고 있기 때문이다.

이들은 현재 극우 유튜브 채널들을 중심으로 세를 모으고 있다. 과격한 행동을 할수록 조회수가 높아지고 후원금이 많이 걷히기 때문에 이들의 행동은 점점 더 과격성을 띠고 있다. 서울 서부지법 습격에 영감을 얻은 극우세력들을 각 대학에 침투해 극우시위를 열고 이를 SNS에 게시하고 있다.

사실 현재 한국의 극우세력들은 상이한 집단들의 연합이다. 그 안에는 태극기 부대라 불리는 노년층과, 신남성연대와 같은 젊은 극우세력이 연합하고 있다. 극우세력의 확산과 더불어 세대를 초월한 결속이 이뤄지고 있는 셈이다.

이들의 행동은 트럼프 정부를 지지하는 미국 극우세력들과 유사하며, 미국에서 트럼프의 대선 승리로부터 고무된 것으로 보인다. 이를테면 서울 서부지법 침탈은 2021년 트럼프 지지세력들이 미국 국회의사당을 습격한 것을 모방한 듯하다.

이 글은 이러한 한국 극우세력의 성장이 어떤 담론적 근거를 지닌 채 이뤄지고 있는지를 분석하고자 한다. 각각의 쟁점들은 서로 연결되어 있으며, 반지성주의를 공통적 기반으로 가지고 있다. 이들 각각의 쟁점들을 분석하면서 이 글은 한국 사회의 민주주의가 연결된 쟁점들 속에 위기를 맞고 있다는 주장을 하고자 한다. 그러므로 극우 세력의 확산을 민주주의의 위기라는 관점에서 제기할 필요가 있다. 그렇다면 극우세력이 어떤 담론적 쟁점을 따라 조직화되고 있는지 살펴보자.

2. 음모론

12.3 계엄의 주된 명분 중 하나는 지난 선거들에서 부정선거가 있었고 선관위가 조직적으로 부정선거에 개입했다는 것이다. 2020 총선과 2024 총선에서 부정선거가 진행되었다는 의구심이 선관위 선거조작 음모의 핵심이다. 이후 대통령의 계엄선포를 지지하는 세력들은 이 선관위의 부정선거 의혹을 제기하면서 계엄을 지지한다고 밝히고 있다.

여기서 제기되는 음모는 사전투표에 대한 조작을 포함해 투표지가 조작되었다는 것이다. 그런데 이러한 음모를 뒷받침할 증거는 존재하지 않는다. 과거 미국에서 트럼프가 대선에서 패배하자 지지세력이 선거음모를 제기하며 'Stop the Steal' 구호를 제기했듯이 현재 극우세력도 같은 구호를 사용해서 선관위의 부정선거 의혹을 강화하고 있다.

이처럼 근거도 없는 음모론이 파생되는 데에는 SNS의 역할이 컸다. 유튜브를 비롯한 소셜미디어의 알고리즘은 이용자의 세계관을 형성하는 데 결정적인 영향을 미친다. 그 와중에 확증편향이 확산되면서 소셜미디어 이용자들은 특정 알고리즘에 따라 계속해서 유사한 세계관을 담고 있는 게시물을 클릭하게 된다. 문제는 탄핵당한 대통령을 비롯해, 고위공직자들이 이러한 반지성주의적인 극우 유튜버들이 퍼뜨리는 선관위 음모론을 수용해 계엄을 정당화하고 있다는 점이다.

음모론의 특징은 그것을 증명할 방법이 없다는 데 있다. 증명할 방법이 없으므로, 음모론은 자신의 주장이 옳다는 사실을 반복적으로 주장하게 된다. 즉 '증명할 방법'이 없다는 것이 음모론을 강화해주게 된다. 그래서 일종의 악무한 속에서 음모론은 광범한 대중에게 영향을 끼치게 된다. 문제는 이렇게 광범하게 퍼지는 음모론이 국가기관에 대한 근거없는 불신을 조장하고, 이를 제압할 권위적인 조치들(이를테면 계엄)을 정당화한다는 데 있다.

음모론자들은 자신들이야말로 숨겨진 정보를 파헤치는 정의로운 이들이라고 생각하게 된다. 이들은 음모를 증명하기 위해 방대한 논리적 근거들을 제시하고 이를 통해 의구심을 강화한다. 그러면서 자신들을 계몽된 존재, 자각한 존재라고 생각하고, 이를 믿지 않는 사람들을 지적으로 낮은 수준을 가진 이들이라고 폄훼하게 된다. 이러한 우월감이 음모론의 특징 중 하나다.

독일 철학자 아도르노는 "프로파간다는 무엇보다도 하나의 대중심리적 기술"이라고 말한 바 있다(Adorno, 2019: 41). 대중의 환심을 사기 위해 음모론자들은 프로파간다의 요소들을 차용한다. 거짓선동과 그로 인한 분열이 사회를 지배하게 된다. 그러나 이러한 분열은 비생산적인 것이다. 평행선을 달리는 분열이 정치공동체 구성원들의 상호신뢰를 무너뜨리기 때문이다. 음모론은 토론과 논쟁을 야기하는 것이 아니라, 그 자체로 지지세력을 규합시키는 담론장치로 기능하게 된다. 애초에 증거가 불충분한 음모를 주장하는 세력들은 확실성과 검증가능성을 추구하는 것이 아니라, 믿고싶은 것을 믿고 있기 때문이다.

선관위에 대한 음모론 역시 이러한 음모론의 일반적인 구조를 띠고 있다. 확실한 근거가 없는 채로 프로파간다를 통해 선관위에 대한 부정적 인식을 강화하고, 근거가 부족한 부정선거 논란을 제기한다. 이를 통해 선관위 음모론자들은 12.3 계엄과 서부지법 난입을 정당화하고 있다.

3. 중국인 혐오

이러한 음모론은 특정 집단에 대한 혐오와 밀접하게 관련을 맺는다. 이를테면 부정선거는 중국인 또는 북한 해커의 개입에 의한 것이라는 주장이 등장하며, '계엄군이 중국인 해커를 체포했다'는 가짜뉴스 역시 확산되었다.

이처럼 전통적인 보수 또는 극우진영의 담론과 다른 최근의 경향은 다름 아닌 중국 또는 중국인 혐오에 있다. 극우 성향의 네티즌들은 헌법재판소 재판관의 일부 역시 중국인으로 보고 있으며, 중국이 헌재뿐 아니라 한국사회 곳곳을 조종하고 있다고 주장한다. 이러한 혐중 세력은 정치권마저 포섭하여, 정치인들이 직접 중국 음모론을 제기하는데 성공을 거두었다.

시진핑 정부의 권위주의적 통치, 홍콩을 비롯한 자치권 요구에 대한 폭력적 탄압 등 일정한 쟁점을 통해 형성되었던 '반중' 키워드는 이제 중국인 전체를 혐오 대상으로 삼는 '혐중'으로 변화되었다(최윤경, 2023: 277). 이런 맥락에서 '혐중'은 새로운 형태의 인종주의라고 할 수 있을 것이다. 그리고 여기에는 미국 트럼프 정권의 재집권 이후 미국의 대중국 적대 전략이라는 국제적인 흐름 역시 영향을 미치고 있다.

중국인 혐오가 터져나온 결정적 계기는 코로나19 사태였다. 바이러스가 처음 발견된 곳이 중국 우한이었기 때문에 많은 네티즌들과 혐중 세력들은 중국인 입국을 금지해야 한다는 청원을 제출하고 거리에서 시위를 벌였다. 참여자들은 'No China'라는 내용의 팻말을 들었다. 이어 벌어진 '차이나 게이트' 파동에서는 중국 공산당이 한국어가 가능한 조선족을 이용해 대규모 댓글전을 펼쳤다는 내용이 회자되었다. 이는 앞선 선관위에 대한 음모론이 혐중 이데올로기와 결합되는 지점을 보여준다.

현재 극우 네티즌 사이에 '멸공페스티벌'이라는 이름의 행사가 펼쳐지고 주로는 중국 공산당이 규탄 대상이 되고 있다. 탄핵 반대 세력 역시 혐중 이데올로기를 수용했다. 그리하여 탄핵이 중국 공산당의 음모라는 논리가 곳곳에서 등장한다. 과거 북한을 대상으로 했던 '종북'이라는 키워드가 잘 먹히지 않자, 이들은 혐오의 대상을 중국으로 옮겨 혐중 이데올로기를 통해 지지를 확보하려 하는 것처럼 보인다.

이러한 혐중 정서와 혐오 표현은 어떠한 실체적 근거를 갖지 못한 채로 무작위로 쏟아지고 있다. 그러다 보니 이와 같은 혐중 이데올로기는 직접적인 피해자들을 양산하고 있다. 극우 시위대는 각 대학 앞에서 시위를 벌이며, 지나가는 중국인들을 향해 혐중 표현을 가하는 등 이들을 동료 시민으로 대하지 않고 적대심을 공공연하게 노출하고 있다. 지하철에서 중국인 동포에 대해 가해지는 무차별 폭력과 '너희 중국인이지?' 또는 '너희 조선족이지?' 라는 식의 혐오 조장에 직면하여 중국인 유학생들은 학교에 나가기가 힘들다고 진술한 바 있으며, 어린아이들도 유치원 등에서 혐중의 피해자가 될까봐 두려워하고 있다. 이렇듯 한국에 거주하고 있는 중국인들은 이러한 상황에 공포를 느끼고 있다. 게다가 인터넷 공간은 이보다도 훨씬 심각한 수준으로 혐오 발언이 폭발적으로 증가하고 있다.

이처럼 극우세력이 동원하는 혐중 이데올로기는 현실에서 씻을 수 없는 상처를 남기고 있다. 또 자칫 외교적 갈등으로 비화할 수도 있다. 그럼에도 중국에 대한 혐오 조장은 극우세력이 동원하는 이데올로기로서 폭넓은 지지를 만들어내고 있어, 문제가 심각하다 하겠다.

특정 세력에 대한 혐오는 그들을 동료 시민으로 인정하지 않으면서 차별과 배제를 양산한다는 의미에서 "집단 명예훼손"(월드론, 2017: 48)으로 묘사할 수 있다. 현대 사회에서 민주주의는 오로지 다양성 속에서 가능하다. 동료 시민의 존엄 자체를 파괴하는 이같은 혐오표현들은 따라서 그 자체로 반민주적이다. 민주주의 사회라면 다양성 속에서 시민들의 차이들이 조화를 이루는 정치공동체를 만들어야 할 것이다. 이와 같은 혐중 표현들은 그에 정확히 대립한다. 아도르노와 호르크하이머는 이렇게 말한 바 있다. "반유대주의적 행동방식은 눈이 멀어버린, 주체성을 박탈당한 인간이 주체로서 내던져진 상황 속에서 촉발되었다."(Adorno, Horkheimer, 2003: 195) 혐오는 일종의 분노와 절망을 배출하는 기능을 맡고 있다. 사회적 불만을 분출하고 낙인찍는 희생양의 존재는 그 사회가 건강하지 않고 병들어 있다는 사실을 보여준다. 이와 같은 혐오와 낙인의 메커니즘은 다양하게 표출될 수 있다. 그중 하나는 여성혐오다.

4. 여성혐오

대통령 탄핵반대 시위에서 두드러진 특징으로 보도된 것은 청년층의 참여가 늘었다는 사실이다. 특히 청년층 남성들의 참여가 상당히 증가했다. 서울 서부지법 습격 당시에도 주축을 이루는 것은 청년세대 남성들이었다. 혹자는 이러한 현상을 보면서 청년 세대와 노년 세대의 결속과 연대가 만들어지고 있다고 말하기도 한다. 그러나 여기에 참여하는 청년세대는 대부분 남성들이다. 그리고 여기서 알 수 있는 사실은 청년층, 특히 남성들 사이에 우경화가 존재한다는 점이다.

물론 오늘날 모든 남성 청년들이 우경화되었다고 말할 수는 없다. 그러나 우경화 또는 심지어 극우화 경향이 청년층 남성들에게 발견된다는 사실은 분명하다. 그리고 그러한 우경화의 쟁점 중 하나가 바로 여성혐오다.

중국인 혐오에 이어 여성혐오에서도 유사한 메커니즘이 나타난다. 그것은 독일 파시즘과의 유사성이다. 물론 현재 진행중인 중국 혐오와 여성 혐오를 그 자체로 파시즘으로 규정하는 것은 과장일 것이다. 그러나 여기에는, 특히 여성혐오의 메커니즘에는 일정한 유사성이 존재하는 것 역시 사실이다. 그것은 '주체의 호명'이다. '내가 20대 남성이었구나' 하는 자각은 결코 자연발생적으로 나타난 것이 아니다. 하나의 담론이 수많은 청년세대 남성을 하나의 집합적 주체로 호명하는 것이다. 그때 이러한 담론은 청년세대 남성들의 울분과 기성세대에 대한 그들의 반항심을 주체적 호명을 위한 원동력으로 사용하는 것이다. 그리고 정치인들이 나와서 여성가족부 폐지를 공약으로 내걸고 '20대 청년들의 목소리에 귀 기울여라'라고 하면서 혐오에 정치적 정당성을 제시했을 때, 소위 '이대남'은 하나의 주체로 호명되는 것이다. 그러나 그것은 여성이나 소수자들에 대한 공격성과 원한 감정을 통한 주체화를 일컫는다. 즉 자신들이 느끼는 불만의 구조적 원인에 대한 모색을 차단하고, 타자에게 분노를 전가하는 방식의 주체화를 말한다.

물론 다시 한번 말하지만, 이런 분석에는 조심성이 필요하다. 지금 한국에서의 이대남 현상과 독일에서의 나치즘을 직접적으로 동일시하면서 비교할 수는 없다. 둘째로 이 세대적인 분석은 항상 신중해야 한다. 세대 전체를 일반화하거나 다른 세대에는 없는 특정 세대만의 문제가 있다는 식의 오류를 범하면 안 될 것이다. 즉 세대 정치의 함정에 빠지면 안 될 것이다. 그러나 동시에 실재하는 현상에 대해서 그것이 존재하지 않는다고 말할 필요도 없을 것이다. 분명히 청년세대의 우경화 내지 심지어 극우화 경향은 존재하는 것이고 그것은 한편에서는 철저한 개인화, 개인주의화 성향과 맞물려 있고, 다른 한편에서는 다른 한편에서는 공정 담론과 결부된 약자 혐오 정서로 표출되고 있다. 그래서 이 현상을 과장할 필요도 없고, 그것을 청년세대들이 전부 다 그렇다는 식으로 일반화할 필요는 당연히 없지만, 동시에 마치 그런 현상이 존재하지 않는 것처럼 볼 필요도 없는 것이다. 실재하는 현상을 잘 파악하고, 분석하고, 어떻게 이 추세에 맞설 것인지, 새로운 형태의 주체화전략을 어떻게 실현할 것인지에 관한 진지한 고민이 필요한 시점이다.

극우화된 청년세대 남성들의 시각을 단적으로 보여주는 단어는 '역차별'이다. 이들은 사회적으로 벌어지는 여성우대 정책에 의해 오늘날 남성들이 역차별당하고 있다고 주장한다. 그러나 어떠한 통계를 찾아보더라도 오늘날 남성들의 삶이 여성들보다 열악하다는 근거는 존재하지 않는다. 그러나 역차별론은 왜곡된 개념인 '공정'과 결합하여 청년층에게서 반향을 내고 있다. 여성들을 위한 정책이 남성에게 피해를 주므로 '불공정'하다는 것이다.

이러한 역차별론이 청년세대 남성들에게 일종의 보상심리와 배제감을 야기하면서, 그에 상응하여 여성혐오 이데올로기 역시 강화되고 있다. 자신을 '박탈당한' 존재로 여기게 되면서 느끼는 불만과 좌절이 페미니즘과 여성 우대 정책 때문이라는 식의 논리가 청년 세대 남성들을 하나의 주체로 묶어주고 있다. 그리하여 이들은 탄핵반대 시위에 참여할 뿐만 아니라 대학가를 순방하면서 탄핵반대 시위를 개최하면서 학생들과 충돌을 빚기도 했다. 특히 이화여대에서는 극우 시위대가 아예 길바닥에 드러누우면서 난동을 벌이기도 했다. 이것 역시 이 새로운 청년 세대 남성들이 가진 여성혐오 의식을 보여준다.

5. 어떻게 맞설 것인가?

한국 사회에서 극우세력의 발언권이 커지고 세대를 아우르는 극우 연대가 펼쳐지는 상황에서, 우리는 어떠한 대안적인 정치가 필요한지 검토해봐야 할 것이다. 음모론과 혐오를 통해 조직되는 극우세력에 맞서 '평등과 연대의 정치'를 강화해야 한다는 것이 필자의 주장이다. 음모론을 통해 재생산되는 혐오에 맞서기 위한 대안적인 광장의 정치가 필요하다. 12.3 계엄 이후 많은 시민들이 내란종식을 위한 광장의 정치를 보여준 것, 그리고 남태령에서 농민들과 연대하는 밤샘 시위를 벌인 시민들이 그 사례라 할 수 있다.

달리 말해, 극우세력의 광장의 정치에 맞불을 놓을 수 있는 그러한 광장의 정치가 필요하다. 그리고 그러한 광장의 정치가 극우화의 힘보다 더 큰 헤게모니를 얻게 될 때 비로소 사회 전체적인 민주주의가 강화될 수 있을 것이다. 결국 두 광장의 정치는 모두 헤게모니적인 힘을 발휘하려 하고 있다. 이럴 때 동요하는 중도세력을 자신의 편으로 끌어들일 수 있는 헤게모니 정치에 성공하는 세력이 비로소 정치적 주도권을 갖게 될 것이다. 12.3 계엄 이후 모습을 드러낸 응원봉 시위와 거대한 광장의 정치는 그러한 헤게모니 정치를 실현할 수 있는 잠재력을 가지고 있다.

동시에 그러한 '왼쪽'의 광장의 정치는 평등과 연대를 몸소 실현함으로써 반대편 광장의 정치가 보여주고 있는 반지성주의적 음모론과 차별, 혐오의 논리에 맞서고 있다. 탄핵 촉구 시위에는 수많은 소수자들이 참여하고 있고, 이들은 그들 자신의 목소리를 내면서, 광장의 정치에 다채로움을 선사하고 있다. 그러한 다양성의 목소리는 더욱 커져야 한다. 탄핵 국면이 끝난다 할지라도, 양극화된 정치적 세력들 사이의 '불화'는 계속될 것이다. 이때 평등과 연대의 정치를 통해 국가기구와 사회제도들을 민주화하려는 세력이 더욱 커다란 헤게모니를 행사하는 것이 필요하다. 그러한 방식으로 우리는 극우화에 대한 맞불로서 광장의 정치를 상상하고 기획할 수 있어야 한다.

6. 마치며

한국 사회에서 극우세력의 확장은 세계적인 흐름과도 관련이 있다. 트럼프 정부가 2기를 맞은 미국을 비롯해, 유럽 전역에서도 극우파 또는 우익 포퓰리즘 정당들이 크게 약진하고 있다. 그리고 이들의 주요 쟁점은 이민 문제다. 해외의 극우 세력은 음모론에 입각해 이민자에 대한 적대를 노골적으로 드러내면서 인종주의적인 관점을 공공연해 표현하고 있다. 한국의 극우 시위대도 이러한 유럽 극우세력과 유사한 현실인식을 갖고 있는 것으로 보인다. 선관위 음모론에 이어 혐중과 여성혐오 이데올로기는 현재 한국 극우 세력이 보여주는 세계관을 상징하는 키워드들이다.

그렇다면 우리는 한국 사회에서 진행되는 극우화와 극우 세력의 급부상에 어떻게 대응해야 할까? 12.3 계엄 이후 광장에 등장한, 탄핵을 촉구하는 시민들의 목소리에서 그 희망을 발견해야 할 것 같다. 극우 시위에 맞서기 위해서는 그에 맞불을 놓기 위한 대항적인 정치적 운동이 필요하다. 민주주의 정치는 무엇이 공동선인가를 놓고 벌어지는 투쟁과 갈등을 불가피하게 야기한다. 투쟁과 갈등이 없는 사회는 존재하지 않는다. 그렇다면 우리가 직시해야 할 것은, 오늘날 벌어지는 정치적 양극화가 어떤 갈등의 장을 만들어내고 있으며, 그것이 어떠한 방식으로 민주주의를 강화하고 있는가를 살펴봐야 할 것이다. 민주주의를 강화한다는 것은 헌정의 파괴와 내란을 옹호하는 극우세력에 맞서, 민주주의를 지키기 위한 목소리들이 커져야 한다는 사실을 의미한다. 그리고 그 안에서 상호 연대를 통해 혐오의 정치에 맞서 평등과 연대의 정치를 만들어가야 할 것이다.

극우세력은 중국인 혐오와 여성혐오를 비롯한 갈라치기를 통해 자신들의 입지를 굳히고 지지세력을 규합해 나가고 있다. 그들이 이처럼 특정한 집단, 그것도 사회적으로 차별받고 열악한 지위에 있는 사람들에게 분노의 정념을 투사할 때, 우리는 이들의 분노가 허위적인 적대를 만들고 있다고 말할 수 있을 것이다. 즉 그것은 민주주의 정치에 필요한 적대, 곧 기득권을 가진 자들과 빼앗기고 배제된 사람들 사이에 벌어져야 할 적대와는 거리가 멀다. 오히려 타자에 대한 혐오는 그러한 민주주의 정치의 갈등의 장을 봉쇄하고 불가능하게 만든다는 점에서 허위적 적대라 할 수 있다. 그렇다면 그에 대항하는 정치는 진정한 적대를 통해 허위적 적대에 맞서야 할 것이다. 진정한 적대, 곧 보편적 연대를 통해 기득권에 저항하는 정치를 만들어내기 위해서는 '키세스 시위대'와 같은 불굴의 용기와 저항 의지가 필요하다고 말할 수 있다.

참고문헌

최윤경. 2023. "한국 사회 혐중(嫌中) 현상에 대한 통시적 분석." 『동서인문』 23: 275-309.

월드론, 제러미. 2017. "혐오표현, 자유는 어떻게 해악이 되는가?" 홍성수·이소영 옮김. 이후.

Theodor W. Adorno. 2019. *Aspekte des neuen Rechtsradikalismus*, Berlin: Suhrkamp.

Theodor W. Adorno, Max Horkheimer. 2003. *Dialektik der Aufklärung*, Gesammelte Schriften Bd.3.

제6장

초국적 연대로서의 5.18민주화운동:
윤한봉과 재미한인사회[1]

김미경(경상국립대학교 SSK연구단 연구원)

1. 서론: 재미한인사회 속의 5.18 찾기

2024년 12월 3일, 한국에서는 현직대통령이 주도한 사상 초유의 친위쿠데타가 발생하였고, 그 여진으로 사회는 극단적 이념분열과 진영대립의 내홍을 겪고 있다. 내란을 주도한 대통령의 탄핵재판이 진행되던 2025년 2월 15일, 광주의 금남로에서 열린 탄핵반대집회는 예상보다 훨씬 더 심각한 이념적 균열을 노정시켰다. 극우세력에 의한 광주시위는 민주화를 위한 시민의 희생과 열망을 폄훼하고, 한국 민주주의의 역사성을 부정한다는 의미에서 또 좀 더 깊은 층위에서 충격을 던진 사건이었다.

---

[1] 이 글 작성에 많은 도움을 주신 박노자, 김원, 최용주, 김덕민, 정구현, 정성진 선생님께 감사를 드린다.

5.18광주가 현대 한국사에서 가지는 의미는 그만큼 심오하다.

광주는 한국 국내의 민주화뿐만 독재와 권위주의에 저항하는 국제사회의 다른 지역에 던지는 함의 또한 크다. 2019년 홍콩행정부가 중국정부의 뜻에 따라 추진하던 '범죄인 인도법안'에 저항하던 시민운동이 5.18 광주항쟁과 그 성격이나 전개양상이 비슷하다고 하여 홍콩-광주 사이의 국제적 연대 가능성이 주목을 받았다. 홍콩의 시민단체들은 한국의 주요 일간지에 초국적 연대를 호소하는 광고물을 게재하기도 했고 서울 시내와 국내 대학 캠퍼스 곳곳에서는 홍콩시민들의 저항을 지지하고 같이 연대하자는 움직임도 있었다.

이러한 '고통의 연대'는 시공을 초월하여 나타난다. 시점은 다르나 내용은 비슷한 역사적 사건들(예: 남아프리카 공화국의 아파르트헤이트정책과 미국의 인종차별 정책), 그리고 거의 동시대에 발생한 사건들(예: 독일의 히틀러와 소련의 스탈린이 주도한 유대인 학살)은 공감과 연상을 통한 초국가연대를 가능케 한다. 또한 같은 사건에 관한 상이한 역사적 평가(예: 미국의 히로시마-나가사키의 원자탄 투하) 내지는 같은 사건의 상이한 정치적 시각(예: 남북한의 한국전에 관한 인식) 등으로 '고통의 연대'는 맥락, 위치, 관점상의 다양한 결을 갖게 된다. 이렇게 다양하고도 내밀한 결들 속에서 피해자를 논의의 중심에 두고 고통의 보편적 의미를 찾으려는 노력은 한국의 5.18광주와 재미교포사회의 5.18을 연결하는 중요한 단초가 된다.

그럼에도 불구하고 선험적 전제로서 '고통의 연대'가 성립될 수는 있지만 재미한인사회라는 구체적 공간에서의 5.18운동의 시작, 전개 그리고 계승이라는 경험적 현상은 제대로 설명되지 못한다. 도덕적 공감만으로는 1980년 5.18 당시 재미교포사회의 반응과 그 이후 조직화를 향한 추동의 기제를 체계적으로 설명하기는 어렵기 때문이다. 본 연구는 재미한인 사회에서 촉발된 5.18 민주화 운동을 지지하고 연대한 집단행동은 윤한봉이라는 운동가의 노력으로 조직적 사회운동으로 전환했다고 진단하면서 그 전환의 기제로써 그와 같이 활동한 재미교포 운동가들의 행동동기에 초점을 맞춘다. '같이 아파한다'는 도덕적 공감과 '무엇인가를 한다'는 것으로 표출된 행동은 단선적인 인과관계로 연결될 수 없기에 '의식의 행동화'를 설명할 수 있는 집단행동의 동기생성 기제를 중점적으로 살펴보고자 한다.

2. 기존연구와 트랜스내셔널 광주

5.18 민주화운동에 관한 기존연구의 대부분은 일국적인 관점에서 접근하고 있다. 관점이 국가와 시민사이의 상호작용으로 한정되면서 1980년의 광주에 직, 간접적으로 목격, 관여되고 또 영향을 받은 소위 '시민의 범주'에 속하지 않는 타자들의 시각이 배격, 소외되었고 5.18 광주의 역사적 의미와 보편적 함의를 찾으려는 노력 또한 보편성을 결하는 결과로 이어졌다. 기존연구들을 좀 더 구체적으로 나눠보면 국가폭력, 민중의 저항, 인권침해, 트라우마 등의 주제들이 주를 이루고 있다. 시대별 구분도 가능한데 1980년대는 주로 혁명이나 봉기 등 민중항쟁의 관점에서, 1990년대는 민주화운동(학술단체협의회, 1999), 그리고 2000년대 이후에는 국가폭력, 트라우마 그리고 인권침해라는 분석틀로 주류를 이루었다. 이런 연구지향과 더불어 5.18에 대한 폄훼와 왜곡을 바로 잡으려는 작업도 꾸준히 진행되어 왔다.[2]

---

[2] 국가 차원의 진상규명은 1988-89년 5공화국 청문회와 광주민주화운동진상조사특별위원회의 활동, 1995-97년 동안의 검찰 수사와 사법부의 판결, 2005-07년 동

2000년대부터 현재까지의 연구를 특히 주목해보면 크게 다섯 가지의 흐름이 보인다. 첫째는, 5.18 진상규명에 집중한 연구(예: 노영기, 2020, 안길정, 2017)와 5.18 관련 왜곡과 폄훼를 비판하고 교정하기 위한 연구(예: 김희송, 2016; 2017; 2020)들이 있다. 둘째는, 5.18 참여자와 관련자의 구술(예: 5.18기념재단, 2006; 노성만 외, 2017)과 여성들이 보고 겪은 광주를 다룬 노력들이(예: 광주전남여성단체연합, 2012) 있다. 셋째는, 개인들이 5.18을 기억하고 재현하는 방식, 또는 이를 문학적으로 형상화하는 과정에 대한 연구(예: 전흥남, 2015; 심영의, 2016; 배하은, 2017)들을 꼽을 수 있겠다. 넷째로는, 5.18 당시 국가폭력과 학살을 경험한 개인들의 정신적 상처와 트라우마를 성찰하고 치유를 모색하는 연구(예: 박영주·최정기·정호기, 2014; 심영의, 2017)가 있고, 마지막으로, 실험적인 철학적 접근을 통해 5.18의 새로운 의미를 탐구하는 연구들(예: 김정한, 2013; 김상봉, 2015)을 꼽을 수 있겠다.

지난 20여 년간 다각화, 세밀화 되어온 연구 성과에도 불구하고 5.18 광주에 관한 해외 자료들의 경우 어떤 자료들이 공개되어 있으며, 여기에 어떤 내용들이 담겨 있는지, 이 자료들을 어떻게 연구에 활용할 수 있는지 등 체계적인 수집과 해제 작업이 거의 없다고 해도 과언이 아니다. 해외 자료는 5.18에 대한 미국의 개입과 책임, 한미 외교 등을 제한적으로 다루어질 뿐이다(정문영, 2018; 최용주, 2017a; 2017b; 2017c; 2017d; 한국기자협회·무등일보·시민연대모임, 1997). 이에 5.18 민주화운동이 일국적 접근방식에 묶여지면서 국제적 연대라는 좀 더 복합적인 시각에서 본

안의 국방부 과거사진상규명위원회의 조사 등이 있었고, 그 완결편은 2014년 발간된 5·18민주화운동진상규명조사위원회의 『5·18민주화운동진상규명조사위원회 종합보고서 I, II』을 들 수가 있다.

작업은 거의 전무하다(최용주, 2020). 그 이유는 5.18 관련 해외 자료들이 체계적으로 정리되고 해제되어 있지 않고, 주요 주제와 쟁점에 따라 해외 자료들을 어떻게 활용할 수 있는지에 대해서도 기초자료 정리 및 연구가 부족하기 때문이다. 초국적 접근법으로 5.18을 이해하여 국민국가의 틀에서 벗어나는 외국인, 이민자 내지 비국민이라는 제 3자적 관점에서 광주의 5.18이 어떻게 내면화되었고 또 대응했으며, 이로부터 5.18이라는 폭력적 사건이 어떤 보편적 함의를 가지게 되는지를 고민해 볼 필요가 있다. 다시 말해서 본 연구는 초국적인 관점에서 5.18 민주화운동을 바라봄으로써 국가와 국민이라는 제한적인 관념의 틀에서 벗어나 5.18의 의미와 가치를 새롭게 모색하고, 나아가 국경과 정체성의 경계를 초월하여 국민과 비국민을 아우르는 5.18의 보편적 함의를 탐색하기 위한 노력이다.

3. 분석 자료와 방법

본 연구는 구술 자료의 질적 분석을 방법론으로 사용하며 자료는 사단법인 합수 윤한봉기념재단(이하 합수기념재단)이 수집한 총 37개의 구술면담과 윤한봉의 자서전, 전기, 기고문, 관련 언론기사 등이다. 주요 자료인 37개의 구술면담은 크게 두 종류로 나눌 수 있는데, 먼저 15개는 2014년에 합수기념재단이 미국의 LA, 일리노이 주의 시카고와 글렌뷰 그리고 뉴욕과 필라델피아 현지에서 합수 윤한봉과 함께 5.18 관련 운동에 직접 참가한 운동가들과 주요관련 인사들을 중심으로 진행한 심층면담자료이다. 면담은 2014년 11월 5일부터 16일 사이에 합수 윤한봉이 조직을 만들어 활동을 한 거점도시들에서 각 평균 2시간동안 이루어졌다. 구술 자료는 총 461쪽에 달하며 합수기념재단의 사이트에 보관되어 있다.[3] 〈표 1〉은 면담정보를 정리한 것이며, 다양한 삶의 역정을 가진 면담자들 사이의 공통분모는 조국의 민주화를 향한 열망과 합수 윤한봉과의 직, 간접적인 인연으로 압축될 수 있겠다.

나머지 22개의 자료는 구술의 내용이나 형식에 일관성이 없는 합수의 미국 내에서의 활동에 관한 회고들로서[4] 개인 에세이와 길고 짧은 면담 구술 자료의 형식으로 보존되어 있다. 일부 면담자는 합수와의 인연과 활동에서 개인적으로 배우고 느낀 점들을 현재적 관점에서 서술하고 있고 다른 활동가들은 한국청년연합(이하 한청련, YKU: Young Koreans United), 한겨레 그리고 민족학교의 활동을 사실관계중심으로 증언하고 있다. 앞의 15개의 면담자료와는 달리 개인의 신상정보가 없는 경우가 대부분이고 주제에 일관성이 없어 자료 속에 나타나는 키워드를 직접 인용하는 방식으로 〈표 2〉를 정리하였다.[5] 키워드는 합수와의 운동 경험이 각각의 활동가들 개인의 삶에서 가지는 의미, 운동참여의 동기와 상황 그리고 사후 의미부여를 단편적으로나마 보여주고 있다.

---

[3] http://habsoo.org/community/assets?board_name=assets&order_by=fn_pid&order_type=desc&vid=1, 2019년 10월부터 12월까지 수차례 접속.

[4] 사단법인 합수 윤한봉 기념재단 사이트에는 모두 28개의 '한청련 회고'가 있으나 그 중 6개는 재미인터뷰의 내용과 동일하여 22개의 구술 자료를 분석하였다.

[5] 키워드는 정리되어 있지 않지만 사료로서의 가치를 가진 자료들을 읽고 선별했으며 키워드들 사이의 일관성이 없는 이유는 자료 자체의 성격에서 기인함을 밝힌다.

표 1 5.18 관련 재미활동가 심층면담

사례	이름 (면담장소,시간)	출생 년도	고향	도미 연도	도미 경위	이민한 도시/직업	도미 전후의 사회운동/의식화 경험
1-1	최영준 (LA, 2014.11.5)	1962	대구	1989	가족 이민	시카고/ 중고전자 제품수리	군대제대와 복학 후 '87항쟁 경험
1-2	김상일 (LA, 2014.11.6)	1941	만주 길림성	1975	유학	LA/교수	70년대 초 군대에서 삼선개헌에 반대. 흥사단 활동. 이대 강사시절 정보부의 사찰을 받음. 삼선개헌 반대, 유신 반대 데모를 학업과 병행.
1-3	김준 (LA, 2014.11.6)	1966	광주	1990	이민	LA 근처 토렌스/목수 일을 배움	박정희 서거 시 슬펐음. 5.18을 겪은 이후 85학번으로 전남대 농대에 들어갈 때 의식화에 대한 열망이 있었고 대학에서도 그런 동아리 활동을 함. '87항쟁을 겪고 88년에 전남대 농대 학생회장을 함.
1-4	이길주 (LA, 2014.11.6)	1945	만주 길림성	1970	일본계 미국인과 결혼	바루스 거주 1년 후 LA로 이주	고등학교 때 4.19가 발생했으나 활동은 없었음. 대학 때는 모두가 하니 데모에 참가했지만 정치에 관한 관심은 없었음. 정의감과 '깡'이 세다고 자평.
1-5	차철 (LA, 2014.11.7)	1942	여수	1970	유학	LA	초등학교 입학 전 6.25 경험. 당시 친척들이 공산당에게 처형당함.
1-6	은호기 (LA, 2014.11.8.)	1939	전라도 고부	1970 (32세)	유학	LA/잡일	도미 전 사회운동, 학생운동 경험 없음. 박정희 정권에 비판적이었음
1-7	조재길 (LA, 2014.11.8)	1943	일본 큐슈	1974	유학	나성/LA카운티 전산국 오퍼레이터, 부동산 영업	대학시절 함석헌 선생과 같이 활동. 유신체제 반대 등의 저항기질이 있었음
1-8	육길원 (시카고, 2014.11.10)	1940	서울	1973	이민	멤피스, 디트로이트, 시카고/철공장, 한국일보 시카고 지부 기자	4.19 데모 참가, 전직 조선일보 기자.
1-9	이병헌 (일리노이주 글렌뷰, 2014.11.11)	1947	전북 임실	1976	이민	시카고/나사못 공장 헬퍼	고등학교 때 청년적십자봉사활동 경험. 박정희 시대 반정부 시위 참가.
1-10	조철규 (일리노이주 글렌뷰, 2014.11.11)	1940	전라도 해남	1976	이민	하와이-77년 부터 시카고/ 세탁소 운영	신앙생활과 사업, 장사.

사례	이름 (면담장소,시간)	출생 년도	고향	도미 연도	도미 경위	이민한 도시/직업	도미 전후의 사회운동/의식화 경험
1-11	유일룡 (일리노이주 시카고, 2014.11.5)	1942	전북 고창	1973	유학	저지 스테이트/ 종합병원 인턴	6.3대모 주동.
1-12	임용천 (뉴욕, 2014.11.14)	1957	종로구 소격동	1984.6	가족초청 이민	필라델피아/ 학생	중학교 때 10월 유신반대 시위,
1-13	김수곤 (뉴욕, 2014.11.15)	1933	경북 영일군	1967	이민	뉴욕/의사	선친께서 민족주의자였음. 76년에 한국학교를 만듦.
1-14	김희숙 (뉴욕, 2014.11.15)	미상	미상	미상	유학	LA/학생	자료에 나타나지 않음.
1-15	장광선 (필라델피아, 2014. 11.17)	1946	전라도 장흥	(1970) 1976	(농업 연수) 이민	(1970, 미조리주 컬럼비아/ 화훼농장 연수) 미조리주 캔사스 시티/ 연수 시절의 직장	5.16 당시인 중3때 교장이 담임에 게 폭력행사를 하는 것을 목격함. 1979년 동일방직 사건에 분노하여 한인신문구독 시작.

표 2 윤한봉과 한청련 활동에 관한 회고에서 나타나는 키워드 정리[6]

사례	이름	키워드, 회고적 의미부여 표현
2-1	이종록	'89 국제평화대행진, 평생 잊지 못할 큰 감동, 역사적 대사건, 큰 깨우침, 행복, 조국 을 위해 무언가를 하려고 한다는 자각, 진지, 헌신, 열정, 의미, 행복, 감사
2-2	권종상	'비밀조직,' 호기심, 두려움, 실체, 허탈, 감동, 합수 형님의 정신, 노력
2-3	노선길	흥분, 공부, 큰 감화
2-4	홍 찬	한국의 민주화, 조국의 평화 통일, '6.15 공동선언 실천 운동'
2-5	김형중	대단했어요, 속이 뻥 뚫림, 정신이 번쩍 듦, 고마움, 행복, 그리움
2-6	익명	책임감, 명예가 아니고 멍에구나, 어떻게 해 나갈 건가 중요, '해외운동에서 해외동 포운동'으로

6 (사) 합수 윤한봉 기념사업회 사이트, 한청련 회고(http://habsoo.org/overseas?mode=list&-category_old1=한청련회고&board_name=overseas&order_by=fn_pid&order_type=desc&category1=한청련회고&category2=&category3=&search_field=fn_title&search_text=, 2019년 12월 4일 접속)부분을 발췌해서 작성했음.

사례	이름	키워드, 회고적 의미부여 표현
2-7	김진숙	(합수 망명뒤 시애틀에서 숙식제공) '그 때 더 잘 해줄 걸 그랬다'
2-8	신소하	(본명 신경희, 합수의 처)
2-9	이재구	'한 손에는 동포사회, 한 손에는 조국을'이라는 슬로건
2-10	김남훈	정체성, 친근감, '굳세게 살자' '바르게 살자' '뿌리를 알자' '더불어 살자' '니네 마음이 둥글어야 된다' 지신밟기도 미국에서 최초로 조직한 이벤트, '일과 누리'도 그렇고 '한누리'도 그렇고 '사람은 어떻게 살아야 한다' 신이 났어요.
2-11	장광민	너무나 감동적, 열정적, 공감, 재밌게! 막 힘을 얻고 힘을 얻어가지고, '운동은 분노로 해서는 안 되고 사랑으로 해야 한다,' 윤선배님이 여기 계속 있었으면 하는 그리움
2-12	서혁교	우리는 하나의 삶, 큰 지도자, 큰 형님. 절대적 역할, 활동한 거에 대해서는 좋은 추억도 많아요. 그거는 변함이 없고. 아직도 서로 만나면 추억이 남아있죠.
2-13	최용탁	"조국은 하나," 감격, '조국에서 피를 흘릴 때 우리는 여기서 땀을 흘리자,' 헌신성
2-14	유정애	변화의 계기, 자각들이 이미 존재, 조직화, 삶의 방향을 정리, 굉장히 충격적, 인생의 많은 것을 빚, 독단적인 측면, 사람에 대한 애정, "가부장적인 태도," 사람들의 가슴을 충만하게 만드는 비범함, 그 사람의 결벽증, 값진 삶, 내 삶에 녹아나는 이상
2-15	임경규	매력, 열정, 생동감, 생기, 좋은 공동체 분위기, 한글이 익숙하지 않은 1.5세대도 이해할 수 있는 언어와 학습내용, 우리 역사, 우리 문화 우리 겨레.. '우리'라는 말이 굉장히 좋았음, 우리 민족을 이야기한다는 그 자체가 좋았음, "날 좀 보소 하지마라. 묵묵하게 살아라."
2-16	강완모	정보수집, 팩트 정리, 호치민 스타일이에요, '살아있는 예수'
2-17	정승진	좋은 모임, "아, 이렇게 세상이 돌아가고 있었구나. 퀘스천 마크가 풀린 거죠. 아 한국에서 내 친구가 이래서 그런 일을 했던 거구나," 양심의 가책, 뜻있는 일, 존경심, 경이로움, 놀라운 리더십, 존경
2-18	이종국	필라델피아 한청년 조직과 활동에 관한 사실적 서술
2-19	김갑송	다 맞는 말, 민족학교에 반함
2-20	이종록	순수함, 적그리스도, 실천 운동가, 행복, 감사
2-21	심인보	1989년 [코리아의 평화와 통일을 위한 국제평화연대행진] 참가기, 북한에서의 활동과 추억
2-22	임용천	행운, 세상을 알은 기분, 잘 살았다고 생각

4. 1980년대 재미한인사회: 비 정치화된 소수민족

1980년 5.18 당시 미국 내 한인 이민자의 인구수는 약 5십만 명 전후로 추정된다. 1965년 이민법 개정으로 이민자 수를 제한하는 쿼터제도가 폐지되면서 재미한인의 수는 1960년대 초반의 11,200명에서 20년 사이에 약 오십 배 정도로 급증하였다. 1965년 전까지는 미군과의 국제결혼과 한국전쟁 고아입양 등을 중심으로 이주가 이루어졌으나 그 이후부터는 미국의 자유주의적 정치제도, 개방적인 문화, 경제적인 성공 등을 위해 이민을 선택한 도시 중산층 전문직 이민자들의 수가 증가했다.

19세기 하와이 수수농장의 노동력으로 시작된 미국 이민은(Patterson, 1988) 서부의 로스앤젤레스와 샌프란시스코, 중부의 시카고 그리고 동부의 뉴욕 등의 대도시로 집중되었고, 최근에는 동남부의 아틀란타도 주요 한인 거점도시로 떠올랐다. 이런 특정 지역으로의 이민자 인구의 집중은 현지에서 가족과 지인들을 중심으로 기존사회관계망의 활용이 용이하기 때문이고, 또 시간이 흐르면서 익숙해진 환경과 관계망에서 벗어나 또 다시 낯선 곳에서 재정착하기가 쉽지 않기 때문이다.

이민자들의 자금동원력과 함께 대도시 슬럼가에 한인 자영업자들의 진출이 높아진 점도 주목할 만하다. 라이트와 보나시치(Light & Bonacich, 1988)의 연구가 보여주듯이 1980년대 다수의 한인 이민자들은 미국 사회의 대표적인 '중간상인 소수민족(middleman minority)'로서 대기업들이 보안 등의 문제로 진출하기를 꺼리던 흑인거주지역에서 소규모 자영업에 종사하며 주류 기업과 소외된 계층사이에서 중간자 역할을 하는 대표적인 이민자 그룹이었다(Min and Kolodyn, 1994). 1992년 4월 29일 LA에서 발생한 로드니 킹(Rodney King) 사건의 시작은 흑백갈등이었으나 곧 인종적, 경제적 약자들인 한국인 중간상인들과 슬럼 거주 흑인고

객들이 직접적으로 충돌, 갈등하는 구도를 노출시켰다(Abelmann and Lie, 1995; Kim, 2001). 이런 약자간의 대립은 한인들의 주 고객층이 흑인과 히스패닉 계였음에도 불구하고 이민 전 고국에서 형성된 백인 중심의 인종적 편견을 상당부분 내면화시킨 문화적 이방인의 성격을 노정시켰다(Abelmann and Lie, 1995; Kim, 2001).

동시에 1980년 당시의 교포들은 미국의 주류문화에 적극적으로 동화, 참여하기보다는 하부문화의 일부를 이루는 주변인적 성격을 갖고 있었다. 다음 세대들은 완벽한 영어를 구사하며 백인 중심의 주류 사회로 진출해서 사회적, 정치적으로 성공한 전문직에 종사하기를 바라며 교육투자에 열을 올렸지만(Kim, 1993), 이민법 개정 이후 도미한 이민 1세대들의 절반 이상이 영어사용에 익숙하지 않았고, 70퍼센트 이상이 한인교회를 중심으로 사교, 사회봉사활동을 하며(Min, 1992), 절대 다수가 아시아계 식료품점을 이용하는 등 이민 1세대, 1.5세대 그리고 2세대 사이의 세대적, 문화적 괴리를 가진 채 살아가고 있었다. 인구 분포 상으로도 미국 이외의 지역에서 태어난 이민 1세대가 전체 한인 이민자들의 74퍼센트에 달하여 비주류로서의 한계인적 위치에 있었다(Lee and Han, 2019).

단시간 내에 경제적으로 성공한 '모범적 이민자 집단(model minority)'이라는 칭송 뒤에는 노동집약적 자영업 종사로 인한 장시간 노동, 누적된 피로로 인한 건강문제, 가정폭력, 높은 이혼율, 아동방치, 2세 청소년들의 마약중독과 갱단 활동 등의 문제들도 많았고(Light and Bonacich, 1988, Min, 1990) 한인 이민자 어린이 다섯 명 중 한 명은 빈곤층에 속하며 전체 한인 인구의 네 명 중의 한 명은 의료보험이 없는 취약계층으로 나타났다(Lee and Han, 2019).

5.18당시 한인 이민자들은 다른 아시아계 이민자들과 비교했을 때 정치운동이나 정치의식화의 수준이 낮고 투표참여율도 저조하게 나타났

다. 또한 지역사회나 공동체 내에서 자원봉사 등과 같은 시민 활동의 참가율은 낮았지만 가족이나 친지들과 정치에 관한 대화를 나누는(73퍼센트) 등의 집단 내 정치의식은 다른 아시아계 이민자 집단보다 높게 나타났다(Lee and Han, 2019).

5. 재미동포들이 겪고 참여한 5.18: 미국 속 변방의 국지적 사건

백인중심 사회인 미국에서 소수유색민족이자 상대적으로 뉴커머(New Comer)그룹인 재미한인들이 겪어낸 5.18은 어떤 모습이었을까? 그들에게 5.18이 가진 의미는 무엇이었을까? 이 질문들에 대한 대답하기 위해 두 가지의 노력을 해보았다. 첫째는 그들이 겪은 5.18이 전라남도 광주에서, 한국 국내에서 그리고 미국 정치에서 어떤 내용과 비중으로 다루어졌는지 비교하기 위한 연표의 정리였다(표 3). 여기서 1977년부터 1993년까지로 시기를 한정한 이유는 1980년 광주사태가 발생하기 전의 전조를 살펴보고 재미한인사회의 5.18논의에서 중요한 역할을 한 합수 윤한봉의 활동도 정리할 필요가 있었기 때문이다. 합수의 활동과 평가에 관하여는 상당한 논란이 있음에도 불구하고[7] 그가 5.18의 마지막 수배자이자 한국 최초의 미국 망명자라는 역사적 사실을 고려하면 합수가 조

---

[7] 흔히 '윤한봉 신화'로 표현되는 합수에 관한 여러 논란과 그가 비교적 현대를 살은 인물(1948-2007)이라는 이유 등으로 윤한봉에 관한 체계적 연구는 거의 없다. 자서전(『운동화와 똥가방』, 1996)과 전기(안재성, 2017; 황광우, 2017)를 제외하고는 합수의 자신의 인터뷰 기사나 짧은 에세이 등이 있기는 하나 체계적인 연구로서는 이종인(2012)이 합수와 윤상원의 대미관을 비교한 연구논문이 유일하다.

직한 한청련, 한겨레, 민족학교의 활동이 '트랜스 내셔널 광주'를 이해하는데 중요하다고 판단했기 때문이다.

1) 변방의 국지적 사건

재미동포사회가 겪은 5.18은 광주와도, 모국인 한국과도, 새로운 삶의 근거지인 미국와도 상당한 괴리가 있었다. 5.18 당시 미국의 주요 뉴스 매체를 통해 실시간으로 민간인 학살이 이루어지던 현장을 목격한 재미동포들과 잔혹한 실상을 알고 있던 광주시민들 사이의 심리적 거리가 가장 가까워 보이는 반면 언론 통제 속에서 정보의 차단을 겪고 있던 한국 사회와 헤게모니의 정점에서 국익을 최고의 가치로 여기던 미국 정부와의 거리가 동포들 사회와 가장 먼 듯하다. 정보의 흐름이 광주와 재미한인사회를 엮었다면 정보 통제 하의 모국과 무관심한 미국에서는 소외된 변방이 미국 속 한인사회였다(부록 〈표 1〉 참조).

5.18이 국제사회의 국지적 사건으로 무시되다가 미국 주류사회의 주목을 받게 된 계기는 반미운동의 뿌리가 5.18에 있다는 자각이 생기면서 부터였다. 1980년 1월 1일부터 1989년 12월 31일 사이에 NYT에 보도된 5.18 민주화운동 관련 기사는 총 366건이다. 같은 시기 동안 각각 '한국(Korea, 8,846건),' 그리고 '남한(South Korea, 7,105건)'을 키워드로 검색한 기사들의 빈도수와 비교했을 때 관련 보도의 상대적 비중은 각각 4.14퍼센트와 5.15퍼센트로 나타나 한국의 정치, 경제 등의 다른 사안들과 비교했을 때 5.18광주에 관한 관심은 현저히 낮게 나타난다. 아시아 국가의 중소도시에서 발생한 인권침해 사건 정도로 다루어지던 5.18광주가 1987년을 전후로 발생한 미국대사관 점거시도, 미국의 독재정권 옹호 규탄 등의 반미감정으로 표출되자 미국 내 언론에서 5.18광주를 다룬 빈도수도 급증했다.

〈표 3〉은 미국의 주요 일간지 중 광주사태 관련 기사를 가장 많이 실은 뉴욕 타임즈(New York Times)지의 보도를[8] '광주 폭동(Kwangju riot),' '광주 반란(Kwangju uprising),' '광주 학살(Kwangju massacre),' 그리고 '광주 사태(Kwangju incident)'의 네 가지 키워드로[9] 검색하여 연도별로 빈도수를 정리한 것이고 〈그림 1〉은 그 내용을 시각화한 것이다. 기사 보도에 쓰인 주요 어휘들은 특정 사건에 대한 언론사의 프레임을 노

8 월드아틀라스의 2018년 통계에 의하면 미국국내의 주요일간지 구독률은 *USA Today*(2,301,917부), 뉴욕타임스(2,101,611부), 월스트리트저널(1,337,376부), LA 타임스(467,309부), 시카고트리뷴(384,962부) 그리고 워싱턴포스트(356,768부)의 순으로 나타난다(https://www.worldatlas.com). 주요일간지 전부 내지는 일부가 아닌 뉴욕타임스만을 분석 자료로 삼은 이유는 자료의 타당성(validity), 접근성(accessibility)과 비교가능성(comparability) 때문이다. 미국의 주요 데이터제공 서비스인 프로퀘스트(ProQuest)의 검색결과 LA타임스는 1985년부터, *USA Today*는 1987년부터, 월스트리트저널은 1984년부터 그리고 워싱턴포스트는 1987년부터 현재까지의 기사가 데이터화되어 있는 반면 뉴욕타임스는 1980년부터 전체기사가 데이터화되어 '미국 속의 광주'를 추적하기가 상대적으로 용이했다. 또한 광주사태 관련 기사의 빈도수로는 LA타임스는 357건, 월스트리트저널은 105건, 워싱턴포스트는 179건으로 총 442건의 관련기사를 개제한 뉴욕타임스의 자료가 분석에 가장 적합하다는 판단을 하였다.

9 이 네 가지 영어 표현들은 각각 다른 어감과 의미를 가지는데 메리암 웹스터사전(Merriam Webster Dictionary)은 폭동(riot)을 '세 명 또는 그 이상의 사람들이 같은 의도를 가지고 모여서 하는 집단행동에서 기인하는 공공의 평화를 파괴하는 선동적인 무질서,' 반란(uprising)은 '정부 권력에 저항하는 국지적인 대중폭력,' 학살(massacre)을 '저항할 수 없는 무기력한 다수의 사람들을 살해하는 만행 또는 잔혹행위,' 그리고 사태(incident)는 '별개의 경험으로 묶을 수 있는 행위나 상황' 또는 외교적으로 중대한 결과로 이어질 수 있는 행위'라고 정의하고 있다.

표 3 1980년대 NYT 5.18 광주 관련기사 검색어별 빈도수(1980년 1월 1일-1989년 12월 31일)

	폭동	반란	학살	사태	계
1980	23	37	1	6	67
1981	7	5	0	3	15
1982	3	7	0	5	15
1983	1	2	0	2	5
1984	5	4	0	3	12
1985	8	10	2	8	28
1986	16	6	0	4	26
1987	44	24	14	18	100
1988	23	19	15	14	71
1989	8	3	11	5	27
계	138	117	43	68	366

그림 1 1980년대 NYT 5.18관련 기사 검색어별 빈도수(1980년-1989년)

정시키는 동시에 국제적, 외교적 사안에 전문가적인 정보와 지식을 가지지 못한 일반 독자들의 사안 인식을 어느 정도 정형화하는 결과로 이어진다. 특히 한미 양국 시민들 사이에 존재하는 상호인식의 비대칭성을 고려해보면 뉴욕타임스와 같이 전국적인 영향력을 가진 주요언론사가 취사선택한 개념적 어휘사용을 통해 5.18 광주에 부여한 의미는 재미 한인사회가 겪은 5.18 광주를 이해하는데 중요하다. 한미 양국 시민들의 상호인식의 온도차에 관하여 스트라우브는(Straub, 2015: 3) 다음과 같이 설명한다: "대부분의 한국인들은 미국에 대해 잘 알고 있다고 믿고 있으며 그중에는 미국에 대해 강한 의견을 가진 사람들도 있다 … 하지만 미국인들의 절대 다수는 한국에 대해 거의 알지 못한다 … 한국은 미국에게 우방으로 여겨지는 많은 국가 중의 하나에 불과하다(번역-저자)." 이렇게 한국에 관한 미국인들의 낮은 관심도를 고려했을 때 NYT보도에 사용된 어휘의 빈도수와 그 변화의 추적은 각각의 용어가 지니는 상이한 개념과 의미를 효과적으로 노정시킨다고 판단된다.

〈그림 1〉은 1980년 당시의 총 67건에 달했던 보도보다 1987년 민주화운동 시기의 광주관련 기사가 87건 그리고 1988년도의 관련기사가 71건으로 더 많았던 흥미로운 사실을 보여준다. 여기에는 세 가지 해석이 가능하다. 첫째, '사태' 전후 시기 동안의 군부 권력에 의한 언론 장악과 그에 따른 소위 '불온'기사 검열과 삭제 등을 통한 보도통제와 취재의 원천봉쇄로 인하여 국내언론의 기사가 미국 언론사로까지 연동될 가능성 자체가 낮았으며[10] 둘째, 미국 언론사 편집국의 내재적 입장에서 보

---

10 미국의 *AP*(Associate Press)와 *UPI*(United Press International), 영국의 *Reuters*, 독일의 공영방송 *ARD-NRD*, 일본의 아사히신문, 교도통신 등은 독자적인 취재에 성공한 예외적인 경우로 볼 수 있다. 그러나 세계적인 영향력을 가진 프랑스의

앉을 때 세계 각지에서 발생하는 인권유린, 폭동, 진압 관련 소식은 미국의 국익이나 시민의 희생 등과 같이 체감, 공감될 수 있는 소식으로서 가치가 떨어진다고 판단했을 확률 또한 높았을 것이며, 마지막으로 한국의 지방 도시 광주에서 발생한 군민 사이의 유혈 충돌 사건은 1980년 당시의 미국 국내적 관점에서는 게재할 만한 뉴스거리가 되지를 못했으나 범사회적 민주화운동의 맥락에서 미국 책임론의 등장과 함께 반미감정이 외교 문제화되자 6-7년이라는 시차를 두고 5.18광주가 재조명되기 시작한 것으로 보여 진다.

한국이 미국에게 변방이었다면 한인사회 또한 미국 속의 변방이었고 이 두 지형에서 광주학살은 변방의 국지전 그 이상도 그 이하도 아닌 하나의 불행한 사건에 불과했던 것 같다.

2) 재미한인들의 5.18 집단행동, 의식화 그리고 조직화

5.18 광주가 미국 속에서는 비록 변방 속의 국지적 사건으로 치부되었다고 해도 동포들에겐 큰 역사적 중요성을 가지고 있음이 구술면담자료에서 나타나고 있다. 총 37명의 면담참가자들 중 1980년 전에 이민을 한 구술자들은 거의 예외 없이 5.18 당시의 충격을 생생히 기억, 구술하고 있다. 면담자 1-2(김상일)의 경우는 당시 한인 신문이었던 미주한국일보와 신한민보 그리고 미국 뉴스 매체를 통해 5.18을 알게 되었고 LA지역의 대학생들을 중심으로 LA적십자 병원에서 5.18 부상자들을 위한 헌혈운동을 벌였으나 한국적십자사가 수령을 거부한 일을 지금도 가슴 아프게 생각하고 있었다. 면담자 1-5(차철)은 다음과 같이 증언한다:

AFP(Agence France-Presse)에서 생산하고 배포한 5.18관련 기사는 2018년 11월 말 현재까지 찾을 수 없었다.

그때는 제가 세탁소를 할 때에요. [중략] 근데 손님이 아침에 인제 7시에 와요. 7시에 문 여니까. 7시에 많이 와요 출근하면서 옷 맡겨놓고 가는데. 너 코리안 뉴스 봤냐? 이래요. 나는 못 보고 오잖아요. 뭐냐 이랬더니 한국에 난리 났다 이거야. 군인들이 막 민간인을 죽이고. 난린데. 육안으로 봐도 너무한다 이거야. 그래 당장 집에 가서 봤죠. 집에 가서 뉴스를 틀어서 봤죠. 봤더니 개머리판으로 치고 대검으로 찌르고 질질 시체를 끌고 다니고. 이게 선명하게 총천연색으로, 아침 라이브 뉴스로 쫘악 나오는 거에요. [중략] 그때 한국 동아일보 중앙일보가 나오고, 나왔거든요. 그때 LA에. 근데 거기에는 일체 뭐 단 한마디도 없는 거야. 한 일주일 지나니까. 동아일본가 어딘가 밑에 한 오단 밑에 가니까 쪼그마한, 다섯 줄 정도로, 광주에서 약간의 소요사태가 있었습니다. 우리는 다알죠. [중략] 그 텔레비로 칼라 텔레비전으로 생생하게 중계해준 그 모습은 광주 현장에서 보는 그 모습보다 더 비참할 수도 있을꺼에요. 왜냐면 현장에서는 자기가 직접 찔르고 때리는 걸 보지 않는 한은 모를 꺼 아니에요. 근데 우리는 텔레비가 가서 관이 대학병원인가, 전남대학병원인가 수십 개가 관이 쫙 늘어서 있고 그 어린애가 사진 들고 이렇게 관 앞에서 한 서너 살 난 꼬마가 이렇게 울고 있고. 그 비참한 건 말로 형용이 안되요. 미국 사람도 그러고. 어떻게 같은 동족이 전쟁도 아닌데. 어떻게 자기 자국민을 저렇게 총칼로 무자비하게 학살시킬 수 있느냐고. 미개인들이라고. 야만인들이라고. 말로 형용이 안 되죠, 그때 그 상황은.

구술자료에서 공통적으로 자주 등장하는 단어들은 '충격,' '매우 놀람,' '분노,' '경악,' '비참,' '불쌍'으로 감정이입을 통한 자발적 집단행동의 동기가 드러난다. 구술자 2-12(서혁교)도 당시의 상황을 '충격'이라는 단어로 표현한다.

광주학살 그 때 제가 콜롬비아 대학을 다녔는데 충격 받아가지고 '뭔가를 행동으로 해야 되겠다' 마음먹었죠. 정의와 민주 관심을 가지고 연대활동도 하고 그리고 남아프리카 문제, 남미 문제, 중미문제 등등 관심을 두고 했지만 한반도 문제에 집중적으로 관심을 안 뒀어요. 그러다가 광주가 터지니까 "정말 이거는 현실이구나. 우리 조국 한반도에 이런 어두운 현실이 있구나 우리가 행동하지 않으면 재발할 가능성이 있으니까 우리가 해외에서 뭐라도 해야겠다."싶었어요 그 때는 개인적으로 학교에서 글 써가지고 동료들한테 '광주를 잊지 말자'고 뿌렸어요.

재미동포들이 겪어낸 5.18이 이론적으로 중요한 이유는 초기의 집단행동(collective action)이 사회운동(social movement)으로 전환되는 과정을 잘 보여준다는데 있다. 기존의 논의에서는 집단행동(예; Gurr, 1970; Olson, 1965; Smelser, 1962)과 사회운동(예: McAdam, 1982; McCarthy and Mayer, 1977; Meyer, 2004)이 거의 별개의 영역으로 다루어지지만[11] 트랜스 내셔널 광주의 재미동포의 사례는 예상치 못한 충격이 있은 초기단계에는 조직화되지 않은 집단행동으로 반응하고 그 이후 자원을 동원하고 모국과 미국의 정치적 맥락을 읽고 운동에 적용하려는 체계적인 사회운동의 행태로 옮겨감을 보여준다. 따라서 재미한인의 5.18은 두 가지의 이론이

---

11 집단행동은 심리적, 경제적 결핍 등의 부정의에 항거하는 화난 군중들의 저항 내지는 분노의 표출로 정의되는 반면 사회운동은 자원동원력, 정치적 기회구조 등의 사회적 환경에 방점을 둠으로써 각기 다른 이론틀로서 발전해왔다.

상호 절충, 보강될 수 있는 이론적 가능성을 열어주고 있다.

5.18 당시에 LA에서는 헌혈과 모금운동, 뉴욕에서는 소규모 가두시위의 형태로 집단행동이 나타났고 1980년 후반기에 이르러서는 LA에서는 한인회, 호남향우회 그리고 1981년 시카고에서는 5.18기념동지회가 결성됨으로서 운동이 탄력을 받게 된다. 이런 맥락에서 1981년 미국으로 밀항한 합수의 한청련, 한겨레, 민족학교 등의 조직 활동도 집단행동에서 사회운동으로 진화한 중요한 기제로 보여 진다. 집단행동이 사회운동으로 전환하기 위해서는 운동원들의 의식화라는 동기부여가 필요한데 면담자 1-2(김상일)은 5.18 당시 매우 급박한 상황에서도 개입하지 않았던 미국 정부에 대한 반감으로 의식화를 체험한다.

> 뭐 무작정, 무작위로 막 전화한 거예요. 인제 이게 중요한 거예요. 뭐라 한줄 아세요? "We are still watching." 무슨 말인 줄 알겠죠? "We are still watching"이에요, 뭐 우리는 그냥 정말 다급해가지고 도와달라 너희들이 전화한통만 하면, 이 전두환 정부에 전화 한 통화만 하면 지금 학생들이나 시민들이 죽지 않는다. "We are still watching 이에요. 그런 사이에, 그런 사이에 공수부대는 쳐들어간 거예요, 그러니까. 이게, 이게, 이게 광주 항쟁을 경험한 사람하고 안 한 사람하고 달라지는 게 있어요. [중략] 아 그때 우리가 [LA]적십자 병원에서 이 인제, 5월 28일 아침에 말이죠, 전화통을 붙들고. 그땐 휴대전화도 없었죠. 전화통을 붙들고 이렇게 막 미국 정부의 관료 각계에다 호소를 할 때, 호소할 때, 모든 반응은 한마디로 냉담인거예요, 미국 정부가. 그 이후부터 적어도 유신에서부터 광주 5·18까지 계속 지속적으로 투쟁해오다가 바로 이, 이런 걸 경험한 사람들은 그 다음부터는요, 그 다음부터는 머리를 꽝 치면서 깨달은 것이 있어요. 절대로 우리가

이 외세에 의존해서는 안 된다는 거, 절대로 외세는 우리를 도와주지 않는다는 것. 이건 그러니까 체험해봐야 알아요. [중략] 내가 경험한 바로는 그 다음부터는 뭐냐 하면 이, 예, 반미라면 반미를 할까 고 다음에 미국에 대한, 미국에 대한 확실한 체험적인 확신이 생겼어요. 절대 그 다음부터는 미국에 뭐 전화하고, 미국정부에 전화하고 미국에 편지해가지고 하는 이런 것이 그걸로 끝났어요. 5월 28일날 아침으로 끝난 거예요, 그러니까. 절대 그런 짓 안 해요. 지금도 그런 거 하는 사람들이 있으면 뭔가 이 5·18 같은 경험을 체험으로 해보지 않은 사람이기 때문에 그런 소리 하는 거예요.

제 2의 조국인 미국의 냉담함을 체험하면서 김상일의 의식화가 이루어진 것처럼 5.18은 상당수 교포들의 관점을 바꾸어 버린 큰 깨달음의 순간이었음에 틀림이 없다. 면담자 1-10(조철규)는 개인적이고 내밀한 영적인 깨달음에 관해 다음과 같이 진술한다.

내가 신앙생활 한 것도 광주사태가 나서 내가 다시 교회 가고 신앙생활 한 거예요. 어. 예수님이 따로 없더라고. 광주에서 죽은 사람들이 예수님이지 예수님이 우리를 위해서 십자가에서 죽었다고 그러는데 광주에서 죽은 사람들이 뭐에요 예수님이지. 내가 그래서 이 광주사태 이후로 신앙생활을 한 겁니다.

반미주의자로 정체성이 바뀐 면담자 1-2(김상일)은 1980년 8월 LA에서 호남향우회가 결성된 후 1982년 1월 말 전두환의 LA방문 시 펼친 조직적인 시위에 관해 다음과 같이 상세하게 기억한다.

81년도에 전두환이 1월 24일에 여기 나타났잖아요. 1월 24일에. LA 공항에 내린다는 소식을 듣고 바로 대학생 그룹들이 공항으로 몰려간 거예요. 공항으로 몰려가니깐 이 전두환이 인제 영빈 치레로 제대로 나오지 못하고 뒤차 카고(cargo), 인제 그 저기 화물로 글로 빠져나와가지고서는 빠져나가 버린 거예요. 그러니깐 정보가 우리한테 들어왔잖아요, 이게 전두환이 벌써 빠져나갔다, 그러면 전두환이 빠져나갔으면 여기 국우장이라는 식당이 있었어요. 국우장에 와가지구서 교포들하고 점심식사를 하도록 이렇게 계획이 돼있는데 [중략] 우리가 그 소리를 듣고 그냥 막 속도위반을 하면서, 전두환을 막아야 하니까, 전두환이를 막아야되니깐 오는데, 인제 그 여기 바로 여기 올림픽까지 내려오면 김방앗간이라고 아직 푯말이 남아있어요. 그러니까, 옛날 그대로 있어요. 그 앞에다가 인제 관을 갖다가 인제 노르만디에서 꺾어지는데 우리가 정말 이거는 간발의 차이에요. 거 와가지고는 관을 갖다가 인제 또 갖다가 열다섯 개를 깔아놓고 거기다 관에다가 시뻘건 피를 묻혀가지고 해놓으니까 그 전두환 차가 오다가, 그 전두환이하고 이순자가 타고 그 다음에 인제 그 이, 저기, 이석, 그 저 저기 아웅산 가서 죽은 패거리들, 그 다음부터 외무장관, 뭐, 비서실장 쭉. 우리가 성공적으로 그걸 막았죠. 그걸 완전 차단했죠, 그러니깐. 해가지고 심지어는 전두환 차 위에 올라가가지고 피켓 가지고 막 차를 찍어 내릴 정도였으니깐.

이런 저항의 노력과 동시에 한국의 민주화를 미국 정치의 관심사로 만들기 위한 조직적인 움직임들도 나타나기 시작했다. 면담자 1-11(유일용)은 다음과 같이 구술한다.

그래서 인제 뭔 일을 한 것이냐면 정치인들, 미국 정치인들. 어, 그때 상원의원인 그때 폴 사이먼[12]이 처음 나왔어요. 인제 그, 저, 그 사람 그 내가 펀드 레이징을 내가 주도하고, 우리 한인회에서요. 인제 그 사람으로 하여금 한국 민주화 운동에 대해서 관심을 가져달라. 꼭 우리가 뭐 돈을 주며는 해주며는 그 사람이 내가 바라는 것이 뭐 있느냐고 꼭 물어본다고요, 미국 사람들은. 내가 바라는 것은 단지 한국 민주화 운동에 대해서 상원, 상원에 가며는, 이 사람은 연방 상원의원이니까 상원에 가며는 거기에 대해서 힘써주라.

이렇게 1980년 광주의 5.18은 재미동포사회와 개인들을 크게 변화시킨 사건이었다. 의도치 않았던 그들의 의식화는 모금에 동참하고, 헌혈을 하고, 시위를 하고, 정치로비를 하는 절박함으로 이루어진 노력들이 결국 미미할 수밖에 없던 변방의 처절함으로 기억되고 있다.

6. 재미동포들의 한청련 운동: 동원과 참여의 기제

광주에서도 미국에서도 5.18을 직접 겪지 않았던 5.18의 마지막 수배자 윤한봉이 미국에 밀항한 이후 각지에서 주도한 활동에 초점을 맞추어 트랜스 내셔널 광주의 또 다른 중요한 면을 살펴보고자 한다. 2017년 서거 10주년을 맞아 (사단법인)합수 윤한봉 기념재단이 설립되고 전기 형식의 책 두 권이 출간되었지만 그가 역사에 남을 위인이라거나 소위 '모범적인' 삶을 산 전형은 아니라는 공감대는 어느 정도 형성되어 있는 것 같

---

12 시카고 출신인 Paul Simon 씨는 1985-87년 미국 상원의원으로 활동했다.

다.[13] 앞서 서술했듯이 그에 관한 체계적 연구가 거의 전무한 현실도 엇갈리는 평가에서 기인하는 것으로 보인다.[14]

윤한봉이 1980년 5월 27일 내란음모죄로 지명수배당한 뒤 1981년 4월 29일 마산항에서 표범호를 타고 6월 3일 미국의 시애틀 항에 밀항하기 전까지의 경위들을 살펴보면 합수는 구체적인 활동계획을 가지고 미국 망명을 결심한 것 같지는 않다. 1980년 8월에는 서울에서 독일망명을 계획했으나 실패했고(안재성, 2017: 39-41; 윤한봉, 1996: 62-64) 일본으로의 망명도 고려했었고(안재성, 2017: 43) 시애틀 항에 무사히 도착하지 못할 경우 캐나다로 행선지를 바꿀 생각도 했기 때문이다. 윤한봉의 미국 망명은 우연과 필연이 함께 작동한 결과로 보여 지며 그의 미국 활동도 현지에 도착한 이후 계획, 추진된 것으로 보인다.

구술자 2-7(김진숙)은 합수가 1981년 6월부터 10월까지 시애틀의

---

13 구술자 2-20(이종록)은 합수가 '적그리스도(anti-Christ)'라고 평가되었다고 구술한 반면 구술자 2-16(강완모)는 합수의 밀항과 관련된 소문을 들은 동포 교인들이 그를 '살아있는 예수'로 불렀다는 상반된 진술을 하고 있다. 시카고에서 합수와 같이 한청련 활동은 한 구술자 2-11(김남훈)은 합수를 "친근감 있었어요. 위대한 사람이라는 생각은 못 느꼈어요."라고 표현한 반면에 구술자 2-17(정승진)은 "그래서 '역사의 위인은 이러한 분이구나.' 하는 생각을 하게 되었어요. 제가 그 분을 신격화하자는 게 아니고요."라는 상반된 평가들을 내놓고 있다.

14 그렇다고 해서 윤한봉의 노력과 공헌이 평가와 분석의 대상에서 제외되어야 한다는 주장은 신중하게 할 필요가 있어 보인다. 일예로 식민지 시대동안 노동혁명과 해방공간에서 대중적 노동운동에 전념한 이재유도 식민시대와 해방공간에서의 소위 유명한 인물들(예: 여운형, 김두봉, 허헌, 김일성, 박헌영, 조봉암 등) 사이에서 주목받지 못하다가 1990년대가 되어서야 뒤늦게 평가를 받기 시작했기 때문이다(김경일, 1993; 박태균, 1994; 정근식, 1994).

자신의 집에 머무르면서 수백 장의 신문 등을 읽으며 정세분석을 했다고 밝히고 있고[15] 4개월 뒤 LA로 옮겨 활동을 시작할 당시도 낯선 곳에서 이방인이 겪을 만한 막막함은 없었을 것이라고 구술자 2-23(이종록)은 밝히고 있다.

> 윤한봉이 나성에 도착해서 본격적으로 활동을 시작하는 데에는 생각보다 그리 큰 어려움은 없었던 듯 보입니다. 왜냐하면 적어도 맨땅에 헤딩하듯 그자신의 존재를 애써 알려야할 만큼의 최악의 조건은 아니었기 때문이었습니다. 그가 나성에 오자마자 그의 출현은 모든 소문이 그러하듯 더러는 과장되고, 때로는 무슨 무용담처럼 왜곡되고 하면서 알 만한 사람들 사이에서 입에서 입으로 퍼져 나가게 된 것입니다. 미국 나성의 한인커뮤니티는 말 그대로 서울시 나성구라고 합니다. 여기는 서울을 그대로 옮겨 놓은 것처럼 십년 이십년을 살아도 영어가 필요없는 그냥 한국 그대로 입니다.

이렇게 LA에서 본격적인 재미활동을 시작한 합수는 1983년 2월 5일 LA에서 민족학교를 설립하고 그 다음 해인 1984년 1월 1일에 재미한국청년연합(한청련)을 조직하게 된다. 그렇다면 누가 그리고 왜 그와 같이 활동을 했는지에 관해 알아볼 필요가 있다. 5.18 직후 재미동포사회에서 나타난 집단행동이 분노, 경악 등의 감정으로 광주시민들과 고통을 같이 나누려는 연대의식에서 기인했다면 합수의 조직화된 운동에 참가한 교민들의 활동 동기는 사뭇 다를 것이라는 추정이 가능하기 때문이다.

여기서 한 가지 짚고 넘어가야 할 점은 합수가 조직 활동을 시작한

---

15 "우리 남편이 신문을 모아요. 신문이 수백 장이 있지 그걸 다 읽더라고."

1983년이라는 시점에는 5.18 직후의 집단행동은 거의 사라지고 향우회, 한인회 등이 중심이 된 조직화가 어느 정도 진행된 상황이었다는 것이다. 면담자 2-14(유정애)는 합수의 활동 초기의 환경을 다음과 같이 설명한다:

> 물론 합수형님이 있어서 변화를 주는 계기가 되었지만, 거기에는 벌써 이런 것들에 대한 자각들이 있었다는 걸 말씀 드리고 싶은 거에요. 광주민중항쟁을 보고 거기서 충격을 받은 상태에서 합수형이 나타난 거죠. 흩어져서 아픔을 삭이고 있을 때 이 사람이 나타나서 조직으로 묶어 준 거죠.

구술 자료에서는 각 지역 한청련의 회원 규모가 작게는 3-4명에서 많게는 30-40명 정도로 나타나고 있고 미국의 주요 10개 도시들(LA, 샌프란시스코, 시애틀, 시카고, 덴버, 댈러스, 뉴잉글랜드, 뉴욕, 필라델피아, 워싱턴DC)에서 조직이 되었으나 텍사스 주 달라스 시, 콜로라도 주 덴버 시, 뉴잉글랜드의 조직은 곧 와해되었고 그가 영구 귀국한 1993년 직후에 필라델피아의 한청련도 와해되어 지금은 LA민족학교, 뉴욕민권센터 그리고 시카고 하나센터만이 그 명맥을 유지하는 것으로 파악된다.[16]

또한 '조직'이라는 의미도 맥락에 따라 다르게 나타나고 있는데 구술자 1-14(김희숙)은 1990년 당시 LA소재 전문학교에서 '풀빛'이라는 독서모임을 하고 있었고 한청련이 활동을 같이 하자고 하면서 자연스레 한

---

[16] 한청련이 10대 말과 20대 청년들 중심이었다면 한겨레는 30대, 40대 장년층들을 위한 조직이었는데 한청년의 멤버들이 한겨레로 소속이 자연스레 바뀌는 형태였다. 한청련 활동의 연령 상한은 35세였다.

청련의 멤버가 된 경우다. 즉 '풀빛'같은 기존의 모임이 한청련화되는 사례도 있었고 한청련 때문에 기존 조직이 분열되는 경우도 있었기에 '조직화'라는 개념도 각각의 예에 따라 상이하게 나타나고 있다.

합수의 모집활동은 몇 가지 이유들로 가능했다고 보여 진다. 첫째는 리더로서의 그의 능력이 출중했고, 둘째는 미국 속에서 정체성의 혼란을 느끼던 교포들에게 민족적 자긍심을 높이는 학습내용이었으며, 셋째는 주류 사회에 속하지 못하고 소외되어있던 이민자들의 소속감을 높였으며, 넷째는 의식화가 구체적인 성과로 연결될 수 있도록 활동의 장을 만들었다는 것이다.

1) 카리스마적인 리더, 합수

대부분의 구술자들은 합수의 설득력, 분석력, 인간적인 매력에 끌렸고 '존경했다'는 증언을 하고 있다. 구술자 2-5(김형중)은 합수가 한청련을 조직할 당시 청년들을 모아놓고 한 강연을 들을 당시의 기억을 다음과 같이 구술하고 있다:

> 야! 대단했어요. 우린 그냥 광주얘기며 시국 얘기를 들을 줄 알았는데 그게 아니었어요. 그런 정도가 아니고 국제정세며 한국의 현실, 군부독재, 한반도의 평화통일 그런 얘기를 굉장히 쉽지만 깊이 있게 구체적으로 풀어 놓는데, 속이 시원하게 뻥 뚫리면서 귀에 쏙쏙 박히는 거라...숨도 제대로 못 쉬겠더라구. 정신이 번쩍 들었어요.

구술자 2-13(최용탁), 구술자 2-11(김남훈)도 합수의 소통능력에 매료되었음과 구술자 2-14(유정애)도 합수의 범상치 않음에 충격을 받았다고 증언하고 있다.

다들 알겠지만, 반하게 만들잖아요. 모임에서 보면 상말을 잘 하시는데, 제가 우리말을 잘 못하는데도 정치적인 이야기를 해주면 귀에 쏙쏙 들어오더라고요. 저 분은 사람을 흡수하는 능력이 있구나 하는 생각이 있었습니다. 아는 사람들 집에서 숙박했는데, 그 때 처음으로 합수형을 만났어요. 충격이었어요. 저는 한국 사람들과 교류가 없었는데, 갑자기 시골 사람 같은 남자 하나가 나타나서. 백팩 하나 들고 나타나서 말을 청산유수처럼 잘 하는 거예요. 그래서 굉장히 충격적이었어요. 그때까지 저 같은 경우는 접해온 사람과 틀린 분류의 사람인 거죠, 모든 게.

이렇게 카리스마적인 합수에게 끌린 교포들은 그와 같이 활동을 하면서 '존경심'을 느꼈다는 소회를 거의 공통적으로 남기고 있다. 구술자 2-1(이종록)과 구술자 2-17(정승진)도 그러했다.

저는 한청련 식구들의 그 진지한 자세와 헌신성에 정말로 감동받았습니다. '89년부터 '93년 까지 매년 대표위원 회의와 전국대회에 참석했는데 그때마다 거듭거듭 감화되어 돌아 왔어요. 한청련 안에는 공부 많이 한 전문직도 있고 막일하는 젊은이도 함께 있지만, 나서서 아는 체 하거나 '날 좀 보소' 잘난 체 하는 사람은 별로 없어요. 모두가 똑같이 진지하고 헌신적으로 열정적으로 일해요. 말하자면 합수형을 몸으로 배운 게 보여요.

제가 나이가 들면 들수록 그 분이 더 존경스러워 지는 것이 그 분도 분명히 내적인 갈등이 있었을 것이고 힘든 것도 있었을 터인데, 본인이 흐트러질 수 도 있고 무너질 수도 있었을 텐데 그 싸움을 매일매일 한 거요. 주무실 때도 혁대를 안 푸시고. 침대에서 안자고 항상 땅바닥에서 자고. 옷 입은 그대로, 자기는 수배자고 도망자다 이것을 잊지 않기 위해서 항상 치열하게 싸우신 거 아니예요. 저도 나이가 들고 활동을 해보다 보니까, 이분이 치열한 자기와의 싸움을 하셨구나 하는 생각이 들어요.

전라도 광주에서 지명수배를 받은 도망자가 미국까지 망명을 와서 모두 각자의 삶 속에서 바쁜 교포들을 감동시키고 조직의 멤버로 참여시키는 일이 가능했던 것은 합수라는 리더가 가진 인간적인 매력과 카리스마 때문이었다.

2) 민족자긍심

합수는 한청련의 학습과 활동을 통해 이민자들의 민족적 자긍심을 높임으로써 멤버들의 동원과 충성심을 유지하려는 노력을 기울인 것으로 보인다. 이는 사회운동 이론에서 자원동원력이 운동의 성패를 결정한다는 주장을 일견 뒷받침하는 듯이 보이지만 시간, 물질 그리고 인력이라는 자원이 동원될 때 이념 또는 신념과 같은 상부구조가 자원의 투자와 배분에 영향을 끼친다는 과정상의 역학을 잘 보여주고 있다. 구술자 2-5(김형중)의 경우 학습을 통한 관점형성이 현재적 의미부여로 이어짐을 보여주는 사례이다.

그러면서 [합수가] 당부하더군요. 작게나마 몇몇이 모여서 근현대사 공부부터 시작하라고. 그래서 한청련과 함께 하게 된건데, 정말 너무 너무 고마웠어요. 덕분에 사람답게 산 것 같아 정말 행복했습니다.

구술자 2-2(권종상)도 '품성'이라는 자격요건에 매료되어 한청련 활동을 시작한 사례이다. 소위 '날 좀 보소'하지 않는 반 개인주의적 문화 코드는 미국문화에 동화되지 않으려고 의식적으로 노력한 합수의 신념을 반영했고 이런 코드가 한청련 활동의 민족적 자긍심으로 인식되며 동원의 동력이 되었다.

홍 찬 형님으로부터 한청련의 운동방향, 한청련이 회원들에게 요구하는 품성론 등을 듣고 바로 부탁했습니다. 저도 거기 좀 넣어 달라구요.

구술자 2-11(김남훈)과 구술자 2-15(임경규)의 구술도 이를 구체적으로 뒷받침하고 있다.

지신밟기도 미국에서 저희가 최초였어요. '일과 누리'도 그렇고 '한누리'도 그렇고 '비나리'도 그렇고. LA에서 지신밟기를 처음으로 했죠.

잘 모르지만, 우리 역사, 우리 문화 우리 겨레…'우리'라는 말이 굉장히 좋았고 모여서 우리 근대사를 되돌아보면서 오늘날 우리 민족을 이야기한다는 그 자체가 좋았어요.

3) 이민자들의 울타리

낯선 공간으로 삶의 터전을 옮긴 이민자의 삶은 외롭고 고달플 수밖에 없다. 말하지 않아도 공유되는 상식이 지켜지고 자신과 비슷한 타인들과 함께 할 때 느낄 수 있는 연대의 안도감을 합수의 한청련이 제공하며 울타리가 되어 준 것도 재미동포사회에서 전개된 5.18운동의 중요한 동원

기제로 보인다.

구술자 2-6(익명)에 의하면 한청련은 그냥 단순한 조직이 아니라 회원들의 공동체였고 그 연대 또한 끈끈했던 것 같다.

> 왜냐면 저희는 그냥 무슨 행사나 조직 활동을 해서 된 게 아니라 활동과 생활을 같이 하면서. 일종의 공동체를. 마당집을 만드셔서 거기서 먹고 자고.

이민 1.5세대인 구술자 2-11(김남훈)도 자신의 뿌리를 찾기 위해 회원이 되기로 결심했고 정체성을 확인시켜준 한청련 활동의 추억을 다음과 같이 구술한다.

> 여기서 살다 보니까 내 정체성을 까먹었어요. 성숙해지면서 내가 누군가, 김남훈이 누군가 의문이 들었어요. 제 이름이 남훈인데, 남녘 남(南)에 공 훈(勳)이에요. 할아버님이 이름을 주셨는데, 남쪽에 공을 세워야 한다는 거요. 그래서 시카고에 살면서 내가 뭘 좀 해야겠다 해서 주변에 있는 형님들을 만나기 시작했죠. [중략] 전태일 열사를 다루는 마당극을 통해서 감명을 깊이 받았죠. 그래서 내가 누군지 찾기 위해서 그때 청년 교육 문화원이었거든요. 거기에서 북도 치고 연극도 하고 역사 모임도 하고 그러면서 윤한봉 선배님을 그때 뵀죠.

구술자 2-15(임경규)의 경우도 그렇다. 미국 속에서 자신의 뿌리를 다시 찾기 위해 한청련에 관심을 가지게 되었고 합수에 매료되어 공동체 생활을 하면서 삶의 의미를 찾았다고 밝히고 있다.

그때 미국에서 10년 살면서 우리말 실력이 부족했고 그런데도 그분 말씀은 이해가 되었고 그 열정이 느껴지니까 언어의 장벽을 무너뜨리는 뭐가 있었어요. 그 분 말씀이 길어요. 근데 지루하지 않아요. 내용을 다 이해는 못하지만 뭔가가 있다. 매력이 있다. 생동감이 넘치는 언어로, 육두문자 섞어가면서. 그 우울한 시절을 살면서 생기를 느낀 거에요. 그리고 공동체 분위기도 좋았고.

구술자 2-11(장광민)은 무보수로 자원봉사를 하면서 전 가족이 회비까지 지원할 정도로 한청련 활동에 열심을 기울인 경우이다.

무보수하면서 회비를 내요. 온 가족이 다 도와준 거죠. 어머니도 그렇고 형님도 그렇고 생활비를 보내주시고....형님은 한청련 활동이 중요하다 생각했고, 저희 어머니도 자식들이 하니까. 어머니는 정부에서 연금 받은 거, 꼬불쳐 모아놨다가 내가 한 번씩 가면 용돈 써라 하면서 주고(웃음)

다른 구술 자료를 보면 장광민처럼 물질적 대가를 바라지 않고 공동체 생활을 하면서 중고 전자제품 판매, 깡통 줍기, 가두 꽃 판매 등의 방식으로 한청련의 운영을 지원한 사례가 상당수 나온다. 정부 지원과 펀드 레이징을 통해서 운영경비를 충당하는 통상적인 NGO와는 다른 교포들의 울타리가 되어준 공동체가 한청련이었다. 이는 미국의 제도와 영어에 익숙하지 않던 합수가 운동의 '투명성'내지는 '결벽성'을 강조하며 실행한 독특한 활동 방식이었고 이것이 참여를 독려하는 또 하나의 효과를 가졌던 듯하다.

4) 구체적 활동의 장

학습을 통한 의식화는 활동을 통해서 구체적으로 표현, 집결되었다. 미국이라는 거대한 공간에서 대중들 앞에서 당당히 꽹과리를 치면서 풍물놀이를 하고, 수도 워싱턴까지 가서 백악관 앞에서 항의 데모를 하고, 뉴욕의 UN에서 시위를 한 경험들을 구술자들은 매우 행복한 순간으로 기억하며 합수에게 감사를 하고 있다.

> 그러다 '89년에 'Korea의 평화와 통일을 위한 국제평화 대행진'에 홍찬, 김갑동과 함께 참가하면서 평생 잊지 못할 큰 감동을 얻게 되었지요. 평화 대행진은 한반도의 분단 상황과 평화의 염원을 국제사회에 외친 역사적 대사건입니다(구술자 2-1, 이종록).

> 그때는 새내기였으니까 풍물 같은 경우 남훈 형한테 북을 배웠고, 5.18행사하면 도와주고, 그런 일을 했어요. 그러다가 92년도에 LA 나성에서 해외동포대회가 있었거든요. 각 지역에 있는 한청년, 한겨레 선배들 같이 2년에 한 번씩 열었죠. 92년도에 LA 나성에 처음 가게 됐어요. 아는 선배들이랑 또래 친구들이랑 함께 갔죠. 92년도 8월 달에 해외동포대회를 했었을 거예요(구술자 2-9, 이재구).

> 필라델피아에서 워싱턴 디시까지 행진을 할 때 백악관에서 미 의회를 갈 수 있었거든요. 제가 거기에 참여한 게 뿌듯했죠(구술자 2-11, 김남훈).

> 구미에서 오시는 분들 있으면 같이 백악관 앞에서 시위도 하고 FTA 같은 문제도 시위하고. 89년도에 우리가 큰 시위를 했었죠. 북한에

가서 평화행진한 것도 한청련이 같이 한 거고. 더불어서 미국서도 했거든요. 동부를 횡단해가지고 뉴욕에서부터 워싱턴까지 걸으면서 행진해서 반핵 서명지를 받아 의회에 전달하는 활동도 하고. 여러 가지 그런 활동을 했어요(구술자 2-12, 서혁교).

정부가 자국민을 해치려 군대를 동원할 것이란 상상조차 하지 못한 재미동포들이 겪은 5.18도, 합수의 미국 활동도 어쩌면 자신들의 계획이나 의도와는 거리가 있던 우연과 필연의 산물이었다.[17] 태극기를 흔들며 우방인 미국이 자신들을 구해주러 올 것이라 믿었던 광주시민들이 겪은 5.18이 그랬던 것처럼.

미국의 뉴스매체를 통해 5.18을 접하게 된 교포들의 자발적 집단행동이 곧 조직적 사회운동으로 발전, 변화한 데는 5.18의 마지막 수배자 합수 윤한봉의 노력이 있었다. 동창회, 동호회, 향우회를 중심으로 만들어졌던 민주화 모임들은 한청련의 조직화로 세력을 잃었고 한청련의 초청강연회, 토론회, 모금행사, 크고 작은 시위 주도로 트랜스내셔널 광주는 미국 땅에 뿌리를 내려갔다.

합수 윤한봉이 뿌린 민주화의 씨앗이 성장하여 1989년에는 평화행진을 조직하고 1983년부터 1993년까지 3만 불에 달하는 성금을 광주에 전달했으며 한반도 비핵화 서명운동은 11만 명의 호응을 얻을 정도였다. 하지만 국내정치 상황과 합수의 영구귀국으로 재미동포사회의 5.18은 분열하고 완성되지 못한 채 그 잔재만 남아있다.

---

[17] 1980년 5월 15일 합수가 민중항쟁을 예견했다고는 하나(윤한봉, 1996: 52-54; 황광우, 2017: 241) 5.18광주는 그의 상상을 훨씬 초월한 폭력성으로 전개된다.

7. 결론: 작은 씨앗, 성장, 분열, 미완의 계승

5.18이후 군부정권이 들어서면서 한청련에게는 '빨갱이' 프레임이 씌어졌고[18] 1987년을 전후로 국내의 민주화운동이 전개, 확장되면서 재미동포 사회의 민주화운동의 목표가 흔들리는 위기를 맞게 된다. 한국 민주화의 과정 속에서 국내 조직들과의 교류는 활발해졌으나 노태우, 김영삼 정권의 등장으로 동포사회는 통일과 민주화라는 핵심가치를 두고 대립, 분열한다. 이에 한청련 운동의 과제도 한국의 민주화에서 조국통일과 동포의 권익향상으로 중심이동하면서 타 소수민족과의 연대도 이루어졌고 이민자들의 권익향상 활동도 늘어나게 되었다.

카리스마적 리더였던 합수의 1993년 영구귀국으로 한청련은 조직와해의 내리막길을 걷게 되었다. 통일운동이 활동의 주요과제가 되어야 한다고 주장한 세력들로 인해 균열이 생겼고 10여 개에 달하던 지부조직은 현재 LA, 시카고, 뉴욕 등 세 곳에 남아 그 명맥을 이어가고 있다.

트랜스내셔널 광주의 큰 획을 그은 합수 윤한봉의 재미활동은 이국 땅에 뿌려진 광주 정신의 씨앗이 성장, 변화, 쇠락하는 경로를 보여주며 서구에서 태동한 사회운동 이론을 발전시킬 수 있는 중요한 경험적 단초를 제공하는 것으로 보인다. 그렇다면 현재의 한청련은 어떤 상태인가? 구술자 2-4(홍 찬)의 말을 빌려보면 "그게 당장 이루어 지지 않더라도 통일환경을 조성하고 남북이 화해 협력하는 일에 도움의 역할을 하고자 한청련을 만드신거 아닙니까. 형님이 가시고 한청련이 없어졌다고 해서 그

---

[18] 반공정신이 투철하고 6.25를 겪은 이북출신 이민자들 사이에서 '빨갱이' 프레임이 강하게 작동했으며 전두환 정권 시절에는 현지 공관들이 앞 장을 서서 프락치들을 포섭하기도 하고 한청련을 감시하기도 했다.

정신마저 없어진 건 아니지요."

미국 속의 변방이라는 메마른 광야에 떨어진 광주민주화의 씨앗은 지난 40년 동안 영고성쇠를 겪으며 변해왔고 그 족적은 역사 속에 분명히 남아 어떤 동력으로 작용을 하고 있음은 분명하다. 그 어떤 동력이 바로 트랜스내셔널 광주이지 싶다.

참고문헌

5.18기념재단. 2006. 『(구술생애사를 통해 본) 5.18의 기억과 역사 1-8』. 광주: 5.18 기념재단.
광주전남여성단체연합. 2012. 『광주, 여성: 그녀들의 가슴에 묻어둔 5.18 이야기』. 서울: 후마니타스.
김경일. 1993. 『이재유 연구-1930년대 서울의 혁명적 노동운동』. 창작과 비평사.
김희송. 2016. "1980년 5월 광주, 그리고 북한 : '북한 개입설'에 대한 비판적 고찰." 『민주주의와 인권』 16(4): 33-74.
김희송. 2017. "5·18민주화운동의 재구성 : 계엄군의 사격행위를 중심으로." 『민주주의와 인권』 17(2): 5-58.
김희송. 2020. "군 기록물 분석을 통한 5·18민주화운동 연구 : 국보위 '광주사태' 보고서를 중심으로." 『민주주의와 인권』 20(1): 5-52.
노성만 외. 2017. 『5.18 10일간의 야전병원: 전남대학교병원 5.18민주화운동 의료활동집』. 광주: 전남대학교병원.
노영기. 2020. "왜 『그들의 5·18』을 썼나-'기록의 역사, 사실의 공백 그리고 책임'에 답하며." 『사회와 역사』 126(6월): 261-270.
박영주·최정기·정호기. 2014. "1960~80년대 민주화운동 참여자의 외상 후 스트레스 장애 : 광주광역시 거주자들을 중심으로." 『민주주의와 인권』 14(1): 73-108.
박태균. 1994. "서평 근현대 인물연구의 주관성과 객관성-김경일, 〈이재유연구〉; 심지연, 〈허헌연구〉; 염인호, 〈김원봉연구〉." 『역사와 현실』 14(12월): 266-280.
배하은. 2017. "재현 너머의 증언: 1980년대 임철우, 최윤 소설의 5.18 증언-재현 문제에 대하여." 『상허학보』 50: 13-31.
심영의. 2016. "살아남음과 살아있음의 간극 : 5·18소설들의 경우." 『민주주의와 인권』 16(2): 141-71.
심영의. 2017. "5·18 가해자들의 기억과 트라우마 : 5·18소설을 중심으로." 『민주주의와 인권』 17(1): 5-38

안길정. 2017. "1980년 5월 시위대의 선제무장설 비판." 『역사학연구』 68(11월): 147-173.

안재성. 2017. 『윤한봉. 5.18 민주화운동 마지막 수배자』. 창작과 비평사.

이종인. 2012. "5.18 광주민주화운동 관련인물의 미국에 대한 인식: 윤한봉과 윤상원을 중심으로." 『社會科學硏究』 36(2): 91-147.

윤한봉. 1996. 『운동화와 똥가방』. 서울: 한마당.

전흥남. 2015. "'5.18광주민주화운동'과 '기억'의 방식 : 문순태의 5·18 관련 소설을 중심으로." 『현대소설연구』 58: 73-104.

정근식. 1994. "이재유 연구-1930년대 서울의 혁명적 노동운동." 『한국사회학』 28(12월): 211-217.

정문영. 2018. "5·18 광주민중항쟁 시기 '광주폭격계획' 의혹과 미국인의 광주 소개(疏開) : 쟁점에 대한 비판적 검토." 『민주주의와 인권』 18(2): 5-52.

최용주. 2020. "광주항쟁과 초국적 네트워크." 『한국학』 43(1)(통권 158): 49-83.

최용주. 2017a. "카터 행정부의 대한(對韓)정책 프레임 전환과 5.18-주한미대사관과 미국 국무성 간 전문 분석을 중심으로." 5.18기념재단 5월 과제 보고서.

최용주. 2017b. "안보우선의 경로종속성-1979∽1980년 5월까지 미국의 대한(對韓)정책 분석." 5.18기념재단 6월 과제 보고서.

최용주. 2017c. "두 미국 관료의 한국 정세 인식과 광주항쟁: 윌리엄 글라이스틴과 존 위컴의 회고록 분석." 5.18 기념재단 9월 과제 보고서.

최용주. 2017d. "미국의 주류언론에 투영된 광주항쟁: 비판적 검토." 5.18기념재단 10월 과제 보고서.

한국기자협회·무등일보·시민연대모임. 1997. 『5.18특파원 리포트』. 서울: 풀빛.

학술단체협의회. 1999. 『5.18은 끝났는가』. 서울: 푸른숲.

황광우. 2017. 『임을 위한 행진: 윤한봉 전기』. 서울: 오월의 봄.

Abelmann, Nancy and John Lie. 1995. *Blue Dreams: Korean Americans and the Los Angeles Riots*. Cambridge, Mass: Harvard University Press.

Gurr, Ted. 1970. *Why Men Rebel*. Princeton: Princeton University Press.

Kim, Eun-Young. 1993. "Career Choice among Second-Generation Korean-Americans: Reflections of a Cultural Model of Success." *Anthropology & Education Quarterly 24(3)(September): 224-248.

Kim, Mikyoung. 2001. "'This Is Not the America We Dreamed About'vs. 'You Don't Treat Us Right.'" *Korea Journal of Cultural Anthropology* 34(1): 223-259.

Lee, Eunsook and Hahrie Han. 2019. "Engaging Korean Americans in Civic Activism."(http://habsoo.org/overseas?vid=117, 합수 윤한봉 기념사업회, 이은숙 리포트, 2019년 8월 31일 접속).

Light, Ivan and Edna Bonacich. 1988. *Immigrant Entrepreneurs: Koreans in Los Angeles, 1965-1982*. Berkeley: University of California Press.

McAdam, Doug. 1982. *Political Process and the Development of Black Insurgency, 1930-1970*. Chicago: University of Chicago Press.

McCarthy, John D. and Zald N. Mayer. 1977. "Resource Mobilization and Social Movements: A Partial Theory." *American Journal of Sociology* 82(6): 1212-1241.

Meyer, David S. 2004. "Protest and Political Opportunities." *Annual Review of Sociology* 30: 125-145.

Min, Pyong Gap, Andrew Kolodny. 1994. "The Middleman Minority Characteristics of Korean Immigrants in the United States." *Korea Journal of Population and Development* 23: 179-202.

Min, Pyong Gap. 1992. "The Structure and Social Functions of Korean Immigrant Churches in the United States." *International Migration Review* 26: 1370-1394.

Min, Pyong Gap. 1990. "Problems of Korean Immigrant Entrepreneurship." *International Migration Review* 24: 436-455.

Olson, Mancur. 1965. *The logic of collective action: public goods and the theory of groups*. Cambridge, Massachusetts: Harvard University Press.

Patterson, Wayne. 1988. *The Korean Frontier in America: Immigration to Hawaii, 1896-1910*. Honolulu, HI: University of Hawaii Press.

Smelser, Neil J. 1962. Theory of Collective Behavior. London: Collier-Macmillan.

Straub, David. 2015. *Anti-Americanism in Democratizing South Korea*. Stanford, CA: Shorenstein Asia-Pacific Research Center.

부록

표 1 **5.18광주 관련사건, 한국 국내의 주요관련사건, 미국 국내의 주요국제/외교사건, 윤한봉과 재미동포들의 5.18 관련 활동(1977-1993)**

연도	5.18광주관련사건	한국국내의 주요관련사건
1977		
1978		
1979		*10월 26일: 김재규 중앙정보부장 총격으로 박정희 대통령 피살, 전국 비상계엄령선포 *12월 12일: 12·12쿠데타, 전두환 등 신군부세력이 정승화 계엄사령관 강제연행 총격전
1980	*5월 18일(오전 9시) 광주학생과 시민들과 7공수부대와 접전;(오후 7시) 계엄사령부, 광주지방 통행금지시간이 저녁 9시로 앞당겨졌다고 발표 *5월 19일(오전 9시 30분)시민들이 계엄군의 무자비한 탄압에 맞서 임동, 누문동 파출소 방화;(오후 8시경) 수만 명의 시민들 "전두환 타도" 외침 *5월 20일(오전 8시) 고등학교 휴교조치;(오후 9시 50분) 계엄 하에서 군부의 검열을 받던 언론이 과잉진압 행위를 제대로 보도하지 않자 시민들이 광주MBC방송국건물 방화;(오후 11시)가장 치열한 공방전이 벌어진 광주역 광장에서 무자비한 유혈 진압에 항의하던 비무장 시민들을 향해 발포, 사망자 다수 발생 *5월 21일(0시 35분)노동청 방면에서 군중 2만여 명이 계엄군과 공방전;(오전 2시 18분) 시외전화 두절;(오전 4시 30분) 시민들 광주KBS 건물 방화;(오후 1시)도청 스피커에서 애국가 울려 퍼지면서 공수부대 사격 시작 *5월 22일(오전 9시)도청광장과 금남로에 시민들 집결;(10시 30분)군용헬기 공중선회하며 "폭도들에게 알린다"는 내용의 전단 살포	*5월 15일: 서울시내 30개 대학 7만 여명 밤늦게까지 도심거리 계엄령 해제 요구 시위 *5월 22일(오후 9시 30분) 박충훈 신임국무총리, "광주는 치안 부재상태"라고 방송 *5월 25일(오전 11시) 김수환 추기경의 메시지와 광주항쟁 구호대책비 1천만 원 전달;(오후 5시) 재야 민주인사들, 김성용 신부의 4개항 수습안에 대해 만장일치 채택 *9월: 국가보안법 위반으로 175명 기소: 김대중 내란선동죄로 사형선고 *12월: 김대중 구명운동에 미국개입

---

1 5.18관련 재미동포들과 윤한봉의 활동을 연대별로 정리, 기록한 최초의 자료이다.

2 http://www.518.org/sub.php?PID=010102의 정보를 바탕으로 정리, 재구성하였다. 5.18 민주화운동 관련 일지는 1982년까지만 소개되어 있기에 청문회나 특별법 관련 등의 추후 관련 사안으로 구성된 일지를 재정리, 재구성하였다. 사이트에 관해 조언을 주신 최용주 선생님께 감사를 드린다.

3 https://ko.wikipedia.org/wiki/%EC%A0%84%EB%91%90%ED%99%98과 네이버 검색 등을 통해 여러 문헌과 자료에서 정리하였다.

4 https://americasbesthistory.com/의 정보를 바탕으로 정리, 재구성하였다. 이 사이트는 역사적인 전문지식이 없는 학생들과 일반인들도 이해할 수 있는 평이한 서술로 역사 관련 정보를 소개하고 있다. 따라서 뉴욕타임스의 독자들과 비슷한 눈높이의 역사 관련 지식과 정보를 소개하고 있다고 판

미국국내의 주요국제/외교사건	재미동포들과 윤한봉의 활동
	*시카고 호남향우회 결성
	*(윤)4월: 함평고구마사건 단식투쟁지원 *(윤)11월: 전국 농민쌀생산자대회, 800명 농민들의 숙식지원 *(윤)12월: 송백회 결성, 양심수, 양심수 옥바라지
*11월 4일: 호메이니를 추종하는 학생들에 의한 주 테헤란 이란 미국대사관 인질사건 발생	*(윤)6월 4일: '현대문화연구소 설립, 초대 소장 취임 *(윤)10월 23일: 부마항쟁 발발 후 '긴급조치9호 위반' 등으로 구속 *(윤)12월 9일: 긴급조치9호 해제후 석방
*1월 4일: 카터 행정부가 소련의 아프가니스탄 침공을 규탄하는 엠바고 시작. *4월 12일: 소련의 아프간 침공에 항의하기 위해 미국 올림픽 팀의 모스크바 올림픽 불참 결정. *4월 24-25일: 주이란 미국대사관 인질구출 작전의 실패로 인질 8명 사망, 5인 부상. *5월 18일: 워싱턴주의 세인트 헬렌 화산 폭발. 히로시마에 투하된 원자폭탄의 500배 위력으로 추정됨. *5월 19일: 마이애미 인종폭동 *11월 4일: 로널드 레이건의 차기 미국 대통령으로 압승 당선.	*(윤)1월: '전남민주회복구속자협의회'를 '전남민주청년협의회'로 전환, 책임자로 활동. 극단 '광대' 창립, 운영지원 *(윤)5월 15일: 민중 항쟁 발발 예감(예견) 5월 27일: 광주항쟁 주동인물로 '내란음모죄'로 현상수배 *(미국 각지의 동포들) 5.18 당시 교회, 대학, 친목모임 등을 중심으로 자발적 모금, 헌혈 운동, 반독재 시위에 동참, 미국 정치인들에게 전화호소 캠페인 등을 펼침 *(LA 동포들) 6월 1일 호남향우회라는 이름으로 첫 시위 *(LA 동포들) 6월 8일 총 30개(예: 백범기념사업회 등)의 조직들이 함께 대규모 집회 그리고 최초의 통합단체인 민주화운동 협의회를 결성 *(LA 동포들) 8월 정식으로 호남향우회 조직 *(뉴욕 동포들) 5.18 당시 뉴욕시립도서관 계단에서 시위 *(시애틀 동포들) 인권옹호협회 결성

단된다. 참고로 잡학적 지식과 정보의 습득을 위해 자주 이용되는 위키피디아에서는 '1980년대 미국에서 일어난 중요한 역사적 사건,' '1987년 미국의 주요 역사적 사건' 등으로 검색이 불가능하였다. 그 이유는 역사적 사건이 사안별로 매우 구체적으로 정리되어있기 때문이다.

5 황광우(2017); 윤한봉(1996); (사) 합수윤한봉 기념사업회 사이트, 삶의 여정(http://habsoo.org/habsoo/history, 2019년 11월 29일 접속); 한청련(Young Korean United of USA, 한청년, https://keywiki.org/Young_Koreans_United, 2019년 8월 31일 접속); 한민족문화대백과[https://terms.naver.com/entry.nhn?docId=2458630&cid=46615&categoryId=46615; http://encykorea.aks.ac.kr/, 2019년 8월 4일 접속] 등에서 정리하였다.

연도	5.18광주관련사건	한국국내의 주요관련사건
1980	*5월 23일(오전 10시)시민 5만여 명이 도청광장에서 집회;(오전 10시 15분) 학생수습위 자체 특공대 조직하여 총기 회수작업 시작 *5월 24일(오후 2시 50분) 제2차 민주수호 범시민 궐기대회 개최 *5월 25일(오후 3시) 제3차 민주수호 범시민 궐기대회 개최 *5월 26일(오전10시)제4차 민주수호 범시민 궐기대회 개최;(오후 3시) 제5차 민주수호 범시민 궐기대회 개최;(오후 5시) 학생수습위원회 대변인 윤상원, 외신기자들에게 광주상황 브리핑;(자정) 시내전화 일제히 두절 *5월 27일(오전 3시) 탱크를 앞세운 계엄군 시내로 진입하기 시작과 시내 가두방송;(오전 4시) 도청 주변 완전 포위, 금남로에서 시가전 전개;(오전 4시 10분) 계엄군 특공대, 도청 안에 있던 시민군들에게 사격; (오전 5시 10분) 계엄군, 도청을 비롯한 시내전역 장악하고 진압작전 종료;(8시 50분)시내전화 통화 재개	
1981		*1월: 김대중 사면; 한국군의 5.18민주화운동 폭력진압에 관한 미국의 책임론 등장 *1월 28일 전두환 대통령 레이건 미대통령 초청으로 방미 *2월 25일 전두환 민정당 후보 제12대 대통령으로 당선
1982	*10월 12일: 5·18 당시 전남대학생회장 박관현 광주교도소에서 투옥 중 사망	*3월 18일 부산미문화원방화사건 발생, 문부식 등 반미 유인물 살포하고 방화 *4월 8일 최기식 신부 등 5명, 부산미문화원방화사건 김현장씨 은닉혐의로 구속 *4월 16일 한국천주교주교회의상임위원회(의장·김수환 추기경), '최 신부의 행위는 사제로서 최선의 길'이었다는 담화문 발표 *8월 10일 부산미문화원방화사건 관련, 문부식, 김현장에 사형 선고 *10월 23일 김대중씨 형집행정지로 석방 *12월 13일: 김대중 치료차 도미 탄원서 제출, 전두환 승인
1983		*9월: 대구미국문화원 폭발사건 *10월 9일: 아웅산 테러 사건 *11월: 미국레이건 대통령 방한

미국국내의 주요국제/외교사건	재미동포들과 윤한봉의 활동
*1월 20일: 로널드 레이건이 제40대 미국대통령에 취임. *1월 미국이 동결한 10억불에 달하는 국내 이란자산의 동결해제를 조건으로 52명의 억류미국인 석방 *3월 30일: 레이건 대통령 암살기도, 입원	*2월(각지의 동포들): 전두환 방미 반대 데모에 참가 *(윤): 4월 29일: 마산에서 표범호에 승선해 밀항. *(윤)6월 3일: 시애틀에 도착 *(윤)6월 12일: 김일민이란 가명으로 시애틀 동양식품점에서 일하며 미국에 정치망명신청 *(윤)10월 10일: 노동허가서 받은 후 로스앤젤레스(나성)로 이동 *(시카고동포들) 5.18 기념사업동지회를 결성, 1984년까지 활동/1985년에 상원의원이 된 폴 사이먼 씨의 정치활동을 한국 민주화를 위해 지원
*11월 13일: 워싱턴 D.C.에서 베트남전쟁 기념관 개관	*(윤)6월: 나성에서 '광주수난자돕기회' 결성 *(윤)10월: 박관현 열사 옥사에 항의해 10일간 단식농성
*3월 23일: 레이건 대통령이 미사일방어체제 개발계획 발표 *10월 23일: 베이루트 레바논에서 폭탄테러 공격으로 241명의 미국평화군 살상 *10월 25일: 미국의 그라나다 침공	*(윤): 2월 5일 나성 민족학교 설립*(윤)5월: 나성 프레스 클럽에서 기자회견, 5.18 민주항쟁의 진상과 밀항 탈출 과정 등을 밝힘 *(윤)나성 한청련 설립 *(윤)빈센트 친 살인사건 관련 시위 조직

연도	5.18광주관련사건	한국국내의 주요관련사건
1984		*민청학련 사건 관련자 특별 복권
1985		*5월: 서울미국문화원 대학생 농성사건
1986		*11월 5일: 김대중 대선 불출마 선언
1987		*6월 29일: 6.29선언 *7월: 이한열 사망 *12월: 노태우 대통령 당선
1988		*2월 25일: 노태우 대통령 취임 *5월 17일: 노동자 조승문 자살 *5월 21일: 대학생들 미국대사관 불법침입 시도 *6월 10일: 6.10항쟁 시작 *7월:광주민주화운동 진상조사특별위원회 *11월: 전두환의 사과 성명 발표와 백담사 은둔, 대통령의 대국민 특별담화 발표 *12월: 양심수의 석방
1989		*11월: 5공화국 청문회; 전두환 5.18 민주화운동 관련 재판회부 *12월 31일: 전두환 국회증언
1990		
1991		
1992		
1993		

미국국내의 주요국제/외교사건	재미동포들과 윤한봉의 활동
*11월 6일: 레이건 대통령 재선	*(윤) 나성에서 한청련 결성. 이후 샌프란시스코, 시애틀, 시카고, 덴버, 댈러스, 뉴잉글랜드, 뉴욕, 필라델피아, 워싱턴DC 등 10개 지역에 지부 결성, 캐나다, 호주, 유럽에도 지부결성 *(시카고동포들) 호남향우회에 대항할 시카고 한인회 결성 *(시카고동포들) 반김대중노선인 합수에 대항하기 위해 친DJ그룹이 5.18을 기념하기 위해 청년연합을 결성 *(시카고동포들) 5.18 기념사업동지회가 와해되고 친DJ노선인 '인권연구소'설립 *(윤)12월 시카고 한청련 결성 *(윤)뉴욕한청련 결성
*11월 19일: 6년만에 소련의 고르바쵸프와 미국의 레이건 정상회담	*(윤)11월: 뉴욕 문화패 '비나리 결성' 나성 '한누리,' 산호세 '새누리' 등으로 확대 *(윤)필라델피아한청련 결성 *(윤)토론토한청련 결성
*9월 18일: 미소 중거리미사일 개발계획 중단 합의 *11월 3일: 이란 무기 수출에서 발생한 이익을 니카라과 반군 지원금으로 사용한 스캔들로 레이건 행정부 위기 맞음	
*8월 12일: 이란-반군 스캔들 청문회 거의 막바지. 레이건 대통령 정책의 실패 인정, 사전 인지와 지시는 부인 *12월 8일: 미소 중거리 미사일 폐기합의	*(윤)4월 17일: 미국 정부로부터 정치망명 허가 받음
*2월 3일: 하원, 레이건 대통령의 나카라과 반군지원 자금 지원 거절 *11월 8일: 부시 대통령 당선	*(윤)5월: 핵무기 철거 요청 10만명 서명운동 시작 *(윤)6월: 광주수난자돕기회 해체(1982년 6월 설립 이후 3만 불을 광주로 송금)
*11월 9일: 베를린 장벽 붕괴	*(윤)7월: 핵무기 철거요청 서명 운동 11만명 서명받아 미국 의회에 전달 *(윤)7월 20일: 백두산에서 판문점까지 7일에 걸쳐 국제평화대행진 주도 *(윤)유럽한청련 결성
	*(윤)10월: 캐나다, 호주, 유럽, 미주 한청년을 결합해 해외한청년 결성
	*(윤)9월: 문화선전대 '해방의 소리' 유럽, 호주, 미주 순회공연
LA에서 로드니 킹 사건으로 대규모 방화, 약탈 발생	
	*(윤) 5월 19일: 일시 귀국 *(윤)8월 18일: 영구귀국

제3부
한국자본주의의 역사

· · · ·

제7장

한국에서 자본의 원시 축적, 1876-1960[1]

정성진(경상국립대학교 경제학부 연구석좌교수)
안잔 차크라바티(Anjan Chakrabarti 캘커타대학 경제학과 교수)

1. 서론

금세기 들어 마르크스의 원시 축적론(이하 원시 축적[2]은 원축, 원시 축적론은

---

[1] 이 장을 쓰는 과정에서 귀중한 정보와 자료를 제공해 준 堀和生, 박환무, 임지현, 김정주 교수께 감사드린다. 또 한국사회경제학회 학술대회(2025.5.22.)에서 발표된 이 글의 초고에 대해 논평해 주신 류동민, 김종현, 김영용, 이재현 교수께도 감사드린다.

[2] 마르크스가 1867년 『자본론』 독일어 초판(Marx, 1983)과 1872년 독일어 개정판(Marx, 1987)에서 사용한 용어인 'ursprüngliche Accumulation'은 '본원적 축적', '시초 축적'으로도 번역되지만, 이 장에서는 '원시 축적', 즉 원축으로 번역한다. 만년의 마르크스는 1872-1875년 『자본론』 프랑스어판(Marx, 1989b)과 1881년 '베라 자술리치에게 보낸 편지(초안)'(Marx, 1985b)에서 'ursprüngliche Accumulation'

원축론으로 약함)은 서유럽은 물론 글로벌 사우스의 진보 진영에서도 활발하게 연구되면서 글로벌 자본주의와 각국 자본주의의 모순과 위기 분석 및 대안 모색 작업에서 새롭고 중요한 성과들을 낳고 있다. 이들에 따르면 마르크스의 원축론의 핵심은 자본주의적 생산양식의 전제조건의 형성과 재생산에 관한 이론이며, 마르크스의 접근은 후기로 갈수록 중기의 체계변증법적·논리적 전개로부터 역사에 대한 구체적 연구로 진화했다.[3] 또 최근의 연구들은 마르크스에서 원축은 前자본주의에서 자본주의로의 이행기의 일국적·경제적 과정이 아니라 자본주의 전시기에 걸친 과정이며, 국가 폭력을 필수적 요소로 하는 글로벌 과정임을 확인했다. 금세기 들어 마르크스의 원축론은 신자유주의, 신제국주의, 젠더, 전쟁, 생태위기 등 오늘날 자본주의의 다양한 모순적 양상들의 비판적 분석과 포스트자본주의 대안 모색 작업에 널리 적용되면서, 21세기 자본주의에 대한 다양한 좌파적 접근들이 공유하는 기본 패러다임으로 부상하고 있다. 이는 무엇보다 자본주의가 "단순한 추상"이 아니라 "인종화되고 가부장제적이며 식민적으로 구체화된 자본주의"로서만 존재할 수 있으며, "계급은 단지 이윤이나 자본이 아니라 이런 구체적인 자본주의를 생산하는 다양한 관계들의 통일"이기 때문이다(Ferguson, 2016: 47).

을 'primitive accumulation'으로 번역했는데, 이 'primitive accumulation'에 가까운 한국어 번역은 원축이다. 마르크스가 『자본론』 프랑스어판에서 'ursprüngliche Accumulation'의 프랑스어 번역어로 '본원적 축적', '시초 축적'을 뜻하는 'original accumulation', 'initial accumulation'이 아니라 'primitive accumulation'을 선택한 것은 만년의 마르크스가 원축의 경제외적 폭력성과 역사성을 더 중시하게 되었기 때문이다. 후기 마르크스 사상에 대한 우리의 논의로는 정성진(2021), Chakrabarti and Dhar(2023)를 참조할 수 있다.

3 이에 대한 우리의 검토로는 Chakrabarti and Dhar(2010), Chakrabarti and Dhar(2023), 정성진(2025)를 참조할 수 있다.

유감스럽게도, 한국의 진보 학계는 이러한 글로벌 연구 흐름에서 동떨어진 갈라파고스이다. 한국에서 마르크스의 원축론 연구는 지난 세기말 '마르크스주의의 봄' 시기(1987-91) 한국사회구성체 논쟁 국면에서 일시 분출했다가, 1991년 옛소련 붕괴와 함께 자취를 감춘 후 한국경제사 분야에서는 거의 실종되었다. 옛소련 붕괴 이후 대부분의 한국경제사 연구자들은 마르크스주의를 폐기하고 '뉴라이트', '식민지 근대화론'으로 전향했다. 반면, 진보적 한국사 학계는 이에 대해 '수탈론'으로 즉자적으로 대립하면서, 1980년대 사회구성체 논쟁 이전의 민족주의 역사학으로 후퇴했다.[4] 잔존한 소수 마르크스주의 경제학 연구자들도 연구 관심을 한국의 구체적 역사 현실로부터 가치론, 전형논쟁 등과 같은 추상적 이론으로 이동했다. 오늘날 한국 현대경제사에 관한 대표 연구들에서는 마르크스의 원축론이 자취를 감추었을 뿐만 아니라 원축이라는 용어 자체가 거의 사용되지 않는다. 1980년대까지만 하더라도 마르크스의 원축론이 민족경제론과 같은 비판적 한국경제론과 당시 한국의 진보 진영을 풍미했던 한국사회구성체 논쟁에서 핵심적인 이론적 자원의 하나였던 것을 상기하면, 격세지감이 있다.[5] 하지만 기존의 한국 원축 연구들은 대부

---

4 '수탈론'에서도 마르크스의 원축론을 비롯한 '자본주의 역사'의 문제설정은 '식민지 근대화론'과 한통속으로 기각된다. 이유는 후자는 전자와 마찬가지로 식민지에서 '발전'을 인정한다는 것이다. 예컨대 허수열(2005: 25)은 "'개발론'에서는 근대화, 자본주의화, 경제성장, 문명화 등과 같은 발전적인 모습들이 전면에 등장"한다며 자본주의 발전론을 근대화론, 경제성장론, 문명화론과 한 세트로 동일시하여 비판한다. 한편 '수탈론'의 교과서 격인 강만길 엮음(2000)은 책 제목이 『한국 자본주의의 역사』라고 되어있지만, 원축은 별도의 항목으로 논의되고 있지 않으며, '자본주의의 역사'의 문제설정은 '방법론적 민족주의'로 대체되어 있다.

5 1980년대 한국사회구성체 논쟁에서 마르크스의 원축론에 대한 이해와 적용에 관한 논쟁의 대표적 문건으로는 이진경(1986)을 참조할 수 있다.

분 마르크스의 원축론을 봉건제에서 자본주의로의 역사적 이행에 관한 선형적·목적론적 서술로, 또 그것도 일국자본주의 즉 민족자본주의의 성립사로만 보았다. 기존의 한국 원축 연구들은 마르크스의 원축론을 자본주의 그 자체에 관한 이론으로, 즉 자본주의적 생산양식의 전제조건, 자본관계의 형성과 재생산에 관한 이론으로 파악하지 못했다. 또 이들은 원축을 애덤 스미스적 의미의 화폐적 부의 초기 축적, 선행적 축적과 동일시해서, 선진자본주의의 '정상적'·'본래적' 자본축적과 구별되는 한국의 후진적·파행적 축적 방식, 즉 '매판자본', '관료자본', '정경유착', '저차적 독점' 등을 유형적으로 대비하고, 전자를 진보적 대안으로 간주한다는 한계를 갖고 있었다. 지난 세기말 이후 한국 진보 학계에서 마르크스의 원축론이 폐기된 것은 마르크스의 원축론에 대한 목적론적·역사결정론적·유형론적·일국론적 해석에도 기인한다.

21세기 세계 진보 진영에서 마르크스의 원축론이 글로벌 자본주의의 비판과 대안의 새로운 패러다임으로 거듭 나고 있는 것과 대조되는 한국 근현대사 연구에서 마르크스 원축론의 부재는 오늘날 한국 사회의 위기의 비판적 분석과 대안 모색에 심각한 장애가 되고 있다. 이 장은 1876-1960년 한국 근현대사에서 원축의 주요 계기들을 식별하고 그 의미를 재해석하는 것을 통해 한국에서 원축 연구의 재출발에 기여하고자 한다. 먼저 마르크스의 원축론에 대한 최근의 국제적 연구성과를 바탕으로 마르크스의 원축론을 재해석하고(2절), 이에 기초하여 한국의 원축에 관한 기존 연구들을 비판적으로 검토할 것이다(3절). 이 장의 본론인 4절에서는 마르크스의 원축 개념의 5가지 요소들(프롤레타리아트화, 초기 자본축적, 자본관계의 창출, 국가 폭력, 글로벌 맥락)을 기준으로 하여 1876-1960년 한국 근현대사에서 원축의 7가지 주요 계기들('19세기 자본주의 맹아: 글로벌 맥락에서 '자생적' 원시 축적', '토지조사사업: '식민지·반봉건적' 원시 축적', '일

본의 자본수출: 글로벌 원시 축적의 개시', '귀속재산 접수 및 불하: 국가자본의 강제 창출과 사유화', '농지개혁: 토지 소유의 자본으로의 강제 전환', '한국전쟁: 자본우위 계급 힘관계의 창출, '미국 원조: 글로벌 원시 축적의 재개')로 식별할 것이다. 이를 위해 '식민지 근대화론'과 '내재적 발전론' 혹은 '수탈론' 간의 논쟁 및 장기경제통계 구축 등 최근 한국경제사 분야의 주요 성과들을 마르크스적 관점에서 비판적으로 활용할 것이다.[6] 1876-1960년 한국의 근현대의 역사를 **원축의 역사**로 읽는 이 장이 지난 세기말 이후 한국 진보 진영에서 잊혀졌던 '자본주의의 역사'라는 관점[7]과 마르크스의 원축론의 문제 설정을 21세기 조건에서 새롭게 되살려 확장하는 계기가 되길 기대한다.

---

[6] 장기경제통계 구축을 비롯한 '식민지 근대화론'의 연구성과로는 안병직 편저(2024), 이영훈(2016), 김낙년 편(2006), 김낙년 편(2012), 김낙년(2023), 김두얼(2017), 차명수(2023), Cha et al., eds.(2022) 등이 있다. '수탈론'의 주요 성과로는 정태헌(1995), 강만길 엮음(2000), 허수열(2005) 등이 있다. 장기경제통계 구축 등 '식민지 근대화론'의 연구성과의 수용 필요성에 대해서는 조석곤(2006)을, '식민지 근대화론'과 '수탈론' 간의 논쟁에 대한 마르크스주의적 비판으로는 Song(2021)을 참고할 수 있다.

[7] 이병천(1987: 45)은 이 관점을 다음과 같이 요약했다: "1930년대의 자본주의 발전에 대한 이해는 종래와 같이 그것이 식민지적인 것, 제국주의 지배를 위한 것이었다는 것, 그 때문에 전후 이러저러한 '왜곡'되고 '파행'적인 식민지 유제를 낳았다는 관점에 머무르는 것이 아니라 … 전후 한국자본주의의 역사, 그 내적 모순의 전개과정과의 연관이라는, 한국 근현대사를 자본주의 역사의 관점에서 통일적으로 파악하는 관점으로 이어져야 한다." 이병천이 강조한 "자본주의 역사의 관점"은 1980년대 한국사회구성체 논쟁 당시 이른바 'PD'의 일부였으며, 이는 자신의 물질적 토대였던 옛소련의 해체와 함께 한국 진보 진영에서 폐기되었다. 하지만 'PD'에 고질적인 단계론적·목적론적·파국론적·일국적 스탈린주의 편향을 정정한다면, "자본주의 역사의 관점"의 '합리적 핵심'은 오늘날 비판적으로 재활용될 수 있다.

2. 마르크스의 자본의 원시 축적론의 재해석

마르크스 이후 마르크스의 원축론은 다양하게 해석되어 왔다. 여기에서는 마르크스 원축론에 대한 최근 해석들이 한국에서 원축을 이해하는 데 제시하는 시사점들을 중심으로 요약해 보겠다.

 1) 마르크스가 원축을 "이른바 원축"이라고 냉소적·비판적으로 언급한 것을 중시하여 마르크스의 원축론은 실은 원축이라는 애덤 스미스류의 부르주아 이데올로기('개미와 베짱이의 우화')에 대한 비판적·역사적 부록일 뿐이라는 해석도 있다(Angus, 2023). 하지만 『자본론』 제8편의 원축 편은 단지 애덤 스미스류의 원축론에 대한 비판에 그치는 것이 아니라, 마르크스가 독창적으로 체계화한 이론과 분석으로서 그 자체 독자적 문제설정이다. 마르크스는 자본주의적 생산양식의 전제조건으로서 자본-임금노동 관계의 형성과 재생산을 원축이라는 개념으로 정식화하고 이를 잉여가치의 재투자에 기초한 본래적 자본축적과 구별했는데, 이는 마르크스의 원축론이 그 자체 고유한 이론임을 보여준다(Roberts, 2020: 548).

 2) 마르크스적 의미의 원축에서 핵심적인 과정은 화폐 자금의 초기 축적이 아니라, **자본관계의 창출**이며 이를 위한 직접생산자(농민)의 생산수단(토지)으로부터의 **분리**, 즉 농민으로부터 토지 박탈과 **프롤레타리아트화**이다. 이는 『자본론』의 다음과 같은 서술에서 분명하다: "**자본관계**는 노동자와 노동실현 조건의 소유의 분리를 전제한다. 자본주의적 생산이 일단 자기 발로 서게 되면 자본주의 체제는 이 분리를 유지할 뿐 아니라 끊임없이 확대되는 규모에서 재생산한다. 그러므로 **자본관계를 창조하는 과정**은 노동자를 자기가 소유하던 노동조건으로부터 분리하는 과정 이외의 다른 어떤 것일 수가 없다. 따라서 **이른바 원축은 생산자와 생산수단 사**

이의 역사적 분리 과정 이외의 아무 것도 아니다. … 원축의 역사에서는 자본가계급의 형성에 지렛대로 기능한 모든 변혁들은 획기적인 것이었지만 무엇보다 획기적인 것은 많은 인간이 갑자기 그리고 폭력적으로 그들의 생존수단에서 분리되어 무일푼의 자유롭고 의지할 곳 없는 프롤레타리아트들로 노동시장에 투입되는 순간이었다. 농촌의 생산자 즉 **농민으로부터의 토지 수탈은 전체 과정의 기초를 이룬다**. … 자본주의적 생산양식 및 축적양식은 따라서 또 자본주의적 사적 소유도 자기의 노동에 기초한 사적 소유의 절멸, 즉 노동자의 수탈을 조건으로 한다"(마르크스, 2015a: 979, 981, 1061-1062. 강조는 필자들).

위 『자본론』 인용문에 정식화된 '**분리로서 원축**'이라는 마르크스의 관점은 『자본론』에 앞서 1857-58년 『정치경제학비판 요강』부터 '1861-63년 『자본론』 초고'(『잉여가치학설사』), '1864-65년 『자본론』 초고'(『자본론』 제3권), 1865년 '가치, 가격 및 이윤'에 이르기까지 일관되게 제시된 바 있다: "애초 자신의 생성의 조건으로 나타났던 것이 이제는 자신의 실현의 결과로서, 즉 자신에 의해 정립된 현실로서 나타난다. 즉 **자본의 발생의 조건들이 아니라 그것의 현존의 결과로서 나타난다**"(마르크스, 2000: 83. 강조는 마르크스). "원축은 노동과 노동자의 노동조건들로부터의 분리를 의미할 뿐이며, 그 결과 노동조건들은 독립적 힘으로서 노동자들과 맞서게 된다. … 분리, 따라서 노동수단의 자본으로서의 존재는 자본주의적 생산에 주어져 있다. 자신을 항상적으로 재생산하며 확장하는 이러한 분리는 자본주의적 생산의 기초이다. … 축적은 **원축**에서는 구별된 역사적 과정으로서, 즉 자본의 출현 과정으로서, 하나의 생산양식의 다른 생산양식으로의 이행으로 나타나는 것을 **연속적 과정**으로서 제시할 뿐이다"(Marx, 1989a: 405-406. 강조는 마르크스). "사실상 노동조건과 생산자 사이의 분리가 자본의 개념을 형성하는데, 이 분리는 원축과 함께 시작하며, 그 다음으로는 자본의 축적과 집적에서 끊임없는 과정으로 나타나며, 마지막으로 소수인의 수중으로 기존 자본의 집중과 다수인의 자본 상실로 표현되고 있다"(마르크스, 2015b: 308). "이 문제에 대한 연구는 경제학자들이 흔히 '**선행적**(Previous) 또는 **본원적 축적**(Original Accumulation)'이라고 부르는 것, 그러나 실은 **본원적 수탈**(Original Expropriation)이라고 불러야 할 것에 대한 연구가 될 것이다. 우리는 이러한 이른바 본원적 축적이 노동하는 인간과 그의 노동수단 사이에 존재하는 **본원적 통일의 해체**(Decomposition of the Original Union)로 귀결된 일련의 역사적 과정에 지나지 않는다는 점을 알게 될 것이다. … 노동하는 인간과 노동수단 사이의 **분리**(Separation)가 일단 확립되면, 그러한 상태는 계속 유지되며 나아가 끊임없이 확대되는 규모로 재생산될 것이다. 그러다가 마침내 생산방식에서의 새롭고도 근본적인 혁명이 그러한 상태를 뒤집고 본원적 통일을 새로운 역사적 형태로 되살려 내게 될 것이다"(마르크스, 1993: 95. 강조는 마르크스).

 3) 마르크스는 원축을 '초기 자본 축적'과 동일시하는 애덤 스미스를 비판하고, 직접생산자의 생산수단으로부터의 분리, 프롤레타리아트화를 원축의 핵심적 과정으로 파악했지만, 이렇게 형성된 무산대중이 다른 경로로 사전에 축적된 초기 화폐 자본과 마주쳐 '자본관계', 즉 자본-임금노동 관계가 창출될 때 비로소 원축이 완결된다고 간주했다: "자본의 축적은 잉여가치를 전제로 하고, 잉여가치는 자본주의적 생산을 전제로 하지만, 자본주의적 생산은 상품생산자들의 수중에 상당히 대량의 자본과 노동력이 있다는 것을 전제로 한다. 이 때문에 이 모든 운동은 하나의 악순환을 이루어 회전하는 것 같이 보이는데, 우리가 이 악순환으로부터 벗어나기 위해서는 우리는 자본주의적 축적에 선행하는 '원시' 축적(애덤 스미스가 말한 '선행적 축적(previous accumulation)'), 즉 자본주의적

생산양식의 결과가 아닌 출발점인 축적을 상정하지 않으면 안된다. … 화폐가 자본으로 전환되기 위해서는 화폐소유자는 상품시장에서 자유로운 노동자를 **발견**하지 않으면 안된다. … 화폐를 자본으로 전환시키기 위해서는 … 한편에는 생산수단과 생활수단의 소유자가, 다른 한편에는 노동력만의 소유자가 서로 구매자와 판매로 **마주하는 것**이 필요했다"(마르크스, 2015a: 977, 223, 777. 강조는 필자들). 마르크스의 원축에서는 '분리'와 함께 '초기 자본 축적'과 자본관계의 창출도 핵심적이다.

4) 마르크스의 원축은 본래적 자본축적에 내재적이며 자본주의에 항상적인 현재진행형 과정이다: "원축은 한편에서는 자본이 탄생한 역사적 과정을 지시하지만, 다른 한편에서는 사회적 노동의 특정한 양식의 기초에 초점을 맞춘다. … 자본주의적으로 조직된 사회적 재생산 형태에서 노동은 그 조건들로부터 분리된 노동이며, 자본 개념은 이에 근거한다. 인구 대다수가 자신들의 존재 수단으로부터 '본원적'으로 분리되는 것은 자본주의적 사회관계의 구성적 전제조건(constitutive presupposition)이다"(Bonefeld, 2011: 381). 마르크스의 원축론은 자본주의의 전제조건으로서 직접생산자들의 생산수단으로부터의 분리가 다시 그 결과가 되는, **'전제조건'과 '결과'의 상호 전화의 변증법**이다.

5) 마르크스는 원축을 설명하기 위해 잉글랜드 사례를 들었지만, 원축의 세계사가 모두 잉글랜드 방식으로 진행된다고, 혹은 될 것이라고 보지 않았다. 마르크스는 오히려 자신이 『자본론』에서 설명한 방식의 원축은 서유럽에 국한됨을 명확히 했다. 마르크스는 『자본론』 프랑스어판에서 자신이 서술한 원축은 잉글랜드를 비롯한 **서유럽**에 한정된 특수 역사적 과정이라는 유보적 언급을 추가하여 자신의 원축론이 이른바 '전 인류적·보편사적 과정에 관한 역사철학'으로 오해될 소지를 없앴다: "이 전체 과정의 기초는 농민의 수탈이다. 이 수탈은 지금까지는 잉글랜드에

서만 근본적으로 진행되었다. 따라서 이 나라가 우리의 스케치에서 주도적 역할을 한다. **하지만 서유럽의 다른 모든 나라도 동일한 발전의 길을 따른다**"(Marx, 1989b: 634. 강조는 필자들). 후기 마르크스는 러시아와 같은 서유럽 이외의 지역에 대해 이들이 "피와 불의 문자"로 쓰여진 서유럽의 원축의 역사를 반복해야 할 어떤 필연성도 필요도 없으며, 이들의 미래는 열려 있다고 보았다(Anderson, 2019: 203). 원축에 관한 후기 마르크스의 변화된 인식은 마르크스가 1877년 11월 『조국 잡기』 편집부에 보낸 편지 초안'에서 "서유럽에서 자본주의의 기원에 대한 자신의 역사적 스케치를, 모든 민족이 어떠한 역사적 상황 하에 놓여 있다고 할지라도 불가피하게 통과할 수 밖에 없는, 보편적 발전과정의 역사철학적 이론"으로 해석해서는 안된다고 충고한 것, 또 1881년 3월 '베라 자술리치에게 보낸 편지'에서 자본주의로의 이행의 "역사적 불가피성은 **서유럽 나라들에 분명하게 한정된다**"고 쓴 데서도 확인된다(Marx, 1985a: 116; 1985b: 241. 강조는 마르크스).

후기 마르크스는 자신이 자본론에서 서술한 잉글랜드에서의 원축은 분산된 사적 소유의 자본주의적 사적 소유로의 전환, 즉 사적 사유 안에서의 전환인데, 러시아와 같은 서유럽 이외 다른 지역에서 원축은 이와 다른 방식, 즉 공동소유의 자본주의적 사적 소유로의 전환이라는 방식이 될 수도 있다고 보았다. 마르크스는 '베라 자술리치에게 보낸 편지 제3 초안'에서 서방에서 원축과 구별되는 러시아에서의 원축의 특징을 다음과 같이 정식화했다: "서방 여러나라의 이 운동에서는 이와 같이 사적 소유(propriété privée)의 한 형태가 사적 소유의 다른 형태로 전환하는 것이 문제로 되고 있습니다. 이에 반해 러시아 농민의 경우에는 그들의 공동소유(propriété commune)가 사적 소유로 전환되어야 합니다. 이러한 전환의 필연성을 긍정하든 부정하든 그 찬반의 근거는 자본주의 체제의 발생사에 관한 나의 분석과는 아무런 관계도 없습니다. 나의 분석으로부터 추론할 수 있는 것은 기껏해야 러시아 농민 대다수의 현재 상태를 고려한다면, **그들을 소소유자**(petits propriétaires)**로 전환시키는 행위는 그들의 급속한 수탈의 서막에 불과하다**는 것뿐입니다"(Marx, 1985b: 235. 강조는 필자들). 마르크스는 러시아에서 원축이 러시아 농민의 사적 토지소유를 法認하여 이들을 소소유자로 만들면서 가난한 경작자 대다수를 단순한 프롤레타리아트로 전환시키고 있다고 보았다.

6) 후기 마르크스는 원축의 기본 과정인 프롤레타리아트화를 달성하기 위해 잉글랜드의 인클로저 같은 농민의 토지 박탈, 즉 토지로부터 강제 추방이 필수적인 것은 아니며, 농민의 생산물을 최대한 수탈하는 것으로 충분하다고 보았다. 1881년 마르크스는 '베라 자술리치에게 보낸 편지 제1 초안'에서 다음과 같이 말했다: "농민을 수탈하기 위해서는 잉글랜드나 다른 곳에서 그렇게 했듯이 그들을 토지로부터 추방할 필요는 없고, 명령으로 공동소유를 소멸시킬 필요도 없습니다. 단지 농민에게서 그 농업노동의 생산물을 일정 한도 넘게 빼앗아 가는 것입니다. 그렇게 하면 헌병대나 군대를 동원해도 농민을 토지에 묶어 두는 것에 성공하지 못할 것입니다! … 러시아에서 농민 수탈의 새로운 방법은 … **공동소유를 폐지하고 농민 가운데 다소라도 생활에 여유가 있는 소수자를 농촌의 중간계급으로 양성하고, 대다수 농민을 단순한 프롤레타리아트로 전락시키는 것입니다**"(Marx, 1985b: 226, 228. 강조는 필자들).

마르크스는 여기에서 잉글랜드의 고전적 원축에서처럼 인클로저를 통해 농민으로부터 토지 점유권을 강제로 박탈하지 않고, 단지 농민으로부터 고율의 지대를 수탈, 초과착취하는 것만으로도 부채가 누적되어 파산한 농민들이 토지 점유권을 상실하고 농업노동자 혹은 소작농으로 전락하거나, 탈농·이농 등 토지로부터 분리되는 원축이 진행될 수 있다는 점을 말하고 있다. 즉 직접생산자의 생산수단으로부터의 분리로서 원축이 박탈이 아니라 수탈과 초과착취에 의해서도 수행될 수 있다는 것이다. 원축이 이런 방식으로 진행될 경우 결과되는 것은 자본주의적 계급관계가 아니라 자본주의적 계급관계로부터 당분간 배제되어 있는 '잠재적 과잉인구'의 누적이 될 수 있다.[8]

후기 마르크스는 이처럼 자신이 이전에 『자본론』에서 제시한 원축 모델에 얽매이지 않고, 원축 개념을 유연하게 확장했는데, 이는 예컨대 1910년대 식민지 조선에서 토지조사사업, 혹은 흔히 '사회주의적 원축'으로 오해되는 1930년대 소련 혹은 1950년대 중국과 북한의 농업 집단화, 나아가 금세기 글로벌 사우스에서 진행되고 있는 토지 수탈(land grabbing)을 마르크스적 의미의 원축으로 분석할 수 있게 하는 시각을 제공한다. 마르크스의 원축론은 1917년 10월혁명 후 수립된 소련 볼셰비키 정권에서 이른바 '사회주의적 원축'이라는 형용모순의 슬로건 아래 국가자본주의적 농민 수탈 논리로 악용되었다. '사회주의적 원축'은 1924년 트로츠키주의 경제학자 프레오브라젠스키가 처음 주장한 것으로서(Preobrazhensky, 1965)[9], 당시 고립된 소련의 볼셰비키 정부가 살아

---

[8] 1980년대 한국의 원축에 관한 한 연구는 "농업노동 생산물의 수탈"을 "후진국형 원축"의 특징으로 강조한 바 있다: "선진국형 원축이 '농민으로부터의 토지수탈'이 전과정의 기초를 이루는 데 대해, 후진국형의 그것은 '봉건적 농민'으로부터 근대적 신용 재정의 고도한 테크닉을 근간으로 하는 '농업노동 생산물의 수탈'이 전과정의 기초이자 자금 창출의 주된 방식이라고 할 수 있다. … 따라서 농민을 토지로부터 분리시키기보다는 고율소작료에 기초한 지주-소작관계가 확대재생산되고, 직접생산자의 프롤레타리아트화는 완만하여 농촌에 과잉인구로 체류하게 된다"(송성준, 1988: 22, 29).

[9] '사회주의적 원축'에 대한 최근의 논의로는 Goldman(2022)를 참고할 수 있다.

남기 위해서는 '사회주의 부문'(실은 국가자본주의 부문)의 공업화가 필수적인데, 이를 위한 초기 '원시 자본'은 볼셰비키 정부가 농민들로부터 '이전한'(실은 수탈한) 잉여로부터 조달될 수 밖에 없다는 것을 내용으로 한다. 프레오브라젠스키는 볼셰비키 정부가 농민으로부터 도시의 공업 부문('사회주의 부문')으로 잉여를 '이전'하기 위해 농산물 교역조건의 인위적 악화('협상가격차')라는 경제적 방법을 제안했다. 프레오브라젠스키의 '사회주의적 원축'은 1928년 이후 스탈린이 총칼로 강행한 농업집단화를 통한 농민 수탈과 다르지만, 국가자본주의의 농민 수탈 및 '코먼' 파괴 정책이라는 점에서는 마찬가지이며, 1881년 마르크스가 '베라 자술리치에게 보낸 편지'에서 전망했던 '코먼'의 재생에 기반한 포스트자본주의 대안을 정면으로 부정한 것이다. 요컨대 '사회주의적 원축'은 자본주의적 원축 그 자체이다(Lebowitz, 2022: 10). 사회주의가 자본축적과 근본에서 양립할 수 없음을 감안한다면, '사회주의적 원축'이라는 표현 자체가 형용모순이다. 실제로 '사회주의적 원축' 논리는 1930년대 소련뿐만 아니라 1949년 혁명 후 중국의 자력갱생 모델과 1978년 개혁개방 이후 중국의 압축적 고도성장 정책의 주요 부분으로 활용되었다. "후발자본주의국에서는 자국의 농촌이 소위 국내적 '식민지'로서 원축의 터전이 된다"(小谷汪之, 1984: 237)[10]

7) 마르크스적 의미의 원축은 자본주의와 동시적·현재적 과정으로서 본래적 축적과 병행하여 진행되며, 결코 자본주의의 전사, 혹은 본래적 축적에 선행한 축적으로 한정되지 않는다. 『자본론』의 원축론에서

---

[10] 마르크스의 원축론을 1949년 혁명 후 및 1978년 개혁개방 이후 중국의 경제발전 분석에 적용한 연구로는, 원톄쥔(2016), Webber(2012), Barbalet(2019), Cheng(2020) 등을 참조할 수 있다.

'이른바 원축'에 관한 부분은 주로 15-18세기 잉글랜드 사례들을 다루고 있지만, '근대적 식민이론' 부분은 마르크스와 동시대인 19세기 중반의 정착 식민지 호주에서 전개되고 있던 자본-임금노동 관계의 창출에 관한 실시간 분석이다. '근대적 식민이론' 장은 마르크스가 원축을 "자본의 전사", 혹은 잉글랜드라는 일국자본주의의 과거사를 넘어 세계적 규모로 동시대에 진행되고 있는 현재적 과정으로 파악했음을 보여준다. 즉 마르크스는 자본-임금노동의 생산관계를 창출하는 과정인 원축이 과거완료형 과정이 아니라 마르크스 당대에도 현재진행형으로 진행되고 있는 것으로 서술했다. 즉 마르크스는 원축과 자본주의의 동시성(simultaneity)을 인식했다(Banaji, 2024: 457).[11] "자신의 실현의 결과로서 원축이 본래 영구적 축적(permanent accumulation)"이기 때문에 원축은 항상적·영구적이며, 이 때 "영구성이란 노동의 생산수단으로부터의 분리가 자본주의적 사회관계의 내적 필연성이며, 자본은 이를 자신의 존재의 기초로서 재생산해야만 한다는 것을 의미한다"(Bonefeld, 2011: 387, 388).

고전 마르크스주의자 룩셈부르크(Rosa Luxemburg)도 마르크스와 같은 맥락에서 원축을 자본주의의 비자본주의 외부 환경 수탈로 규정하고, 이는 동시대에 식민지 정책이라는 형태로 수행되고 있으며, 자본주의 발전에 항상적 과정이라고 보았다.[12] 마르크스주의 지리학자 하비(David

---

11 마르크스의 근대적 식민이론에 관한 논의로는 McNally(2024), Piterberg and Veracini(2015) 등을 참조할 수 있다.

12 "비자본주의적 생산 형태들은 자본주의의 생존과 지속적인 발전을 위한 필요조건이다. … 자본주의는 잉여가치의 판매시장으로서, 생산수단의 공급처로서 그리고 임금체제를 위한 노동력 저장소로서 비자본주의적 사회계층이 필요하다. … 자본주의는 무엇보다도 언제 어디서나 자신에 맞서는 모든 역사적 형태의 자연경제, 즉 노

Harvey)도 마르크스의 원축의 현재성에 주목하여 이를 '박탈에 의한 축적론'으로 발전시켰다.[13] 원축의 현재성은 사회주의 페미니스트 페데리치(Silvia Federici), 자율주의자 네그리(Antonio Negri)도 강조했다.[14] 요컨

예제 경제, 봉건주의, 원시 공동체주의 그리고 가부장적 농업에 대한 파괴전을 수행한다. … **자본의 원시 축적 과정은 오늘날까지 계속되고 있다.** … 이 폭력은 생성기뿐만 아니라 오늘날에도 여전히, 즉 역사적 과정으로서 **자본축적의 영구적 방법**이었다. … 자연경제적 조직으로부터 생산수단과 노동력을 획득하기 위해, 그리고 이들을 상품 구매자로 변화시키기 위해, 자본주의는 목적의식을 갖고 독립적인 사회구성체로서 자연경제적 조직을 파괴하고자 했다. … 자본축적은 비자본주의적 구성체 없이는 생존할 가능성이 거의 없다. 단지 **계속 진행되는 비자본주의적 생산양식의 해체가 자본축적의 생존 조건**이다"(룩셈부르크, 2013: 597-602, 682. 강조는 필자들).

[13] "원축에 관하여 마르크스가 언급한 모든 양상들은 현재까지 자본주의의 역사지리 내에 강하게 남아있다. … **마르크스가 강조한 원축의 메커니즘들 가운데 일부는 과거보다도 오히려 현재 더 강한 역할을 담당하는 것으로 판명되었다.** … 박탈에 의한 축적의 완전히 새로운 메커니즘들이 조성되었다. … 박탈에 의한 축적은 과잉축적의 문제를 해결하는 데 도움이 된다"(하비, 2005: 142, 143-4, 145. 강조는 필자들).

[14] "원축의 가장 폭력적인 측면들이 오늘날을 비롯하여 자본주의 지구화의 모든 국면마다 나타났다. 이는 토지로부터 농민의 꾸준한 축출과 세계적 규모의 전쟁과 약탈, 그리고 여성들의 지위 하락이 예나 지금이나 자본주의가 존재하기 위한 필요조건임을 보여준다"(페데리치, 2011: 30-31). "오늘날에는 원축의 메커니즘과 자본주의적 생산과정 사이에 선형적인 역사적 관계가 없으며 … 원축은 계속 다시 등장하고 자본주의적 생산과 공존하는 부단한 왕복운동이 있을 뿐이다. 오늘날 신자유주의가 점점 더 코먼의 수탈을 통한 축적을 선호하는 한, 원축 개념은 훨씬 더 중심적인 분석 도구가 된다"(네그리·하트, 2014: 205, 206, 209). "오늘날 원축은 전세계의 자본주의적 축적과 나란히 계속되며 코먼을 울타리치고 계급분화를 창출하며 전지구적 위계를 산출하는 폭력적 메커니즘을 지속적으로 갱신하고 있다"(네그리·하트, 2020: 312).

대 원축은 자본주의의 기원에서 '본래적 축적'의 출발점으로 한정된 일회적 사건이 아니라 자본주의의 모든 시기에 구성적인 현상이며, 영구적으로 되풀이되는 자본주의적 축적의 연속적 과정의 일부이다(von Werlhof, 2000).

8) 마르크스 원축론에 대한 최근의 해석들은 원축의 경제외적 폭력성 및 국가주도성을 강조한다. 자본주의적 착취에 특징적인 경제적 강제, 즉 "경제적 관계라는 무언(無言)의 강제"(마르크스, 2015a: 1010)는 실은 경제외적 폭력, 국가 권력의 지속적 주입에 의존한다. 자본주의가 낳은 경제외적 폭력, 국가 권력은 축적의 일반적 법칙이라는 이른바 보다 '성숙한' 양상들이 출현했다고 해서 역사적으로 지양되지 않는다(Nichols, 2015: 21). 경제외적 강제 및 국가 권력의 폭력에 의거한 원축은 자본주의에 기초적·역사적인 요소인 동시에 구조적·일상적 요인이다. 『자본론』 원축 편 마지막 장이자 『자본론』 마지막 장인 '근대적 식민 이론' 장에서 원축은 자본가가 아니라 국가에 의해 수행되는 것으로 서술된다. 원축이란 국가가 자본축적이 진행될 수 있는 가능성의 조건들을 창출하는 과정이다. 마르크스가 말한 원축은 大塚久雄(오쓰카 히사오, 1981)가 묘사한 것처럼 '아래로부터 자생적인 경제적 과정'(이른바 '소생산자층의 양극분해를 통한 자본관계의 형성')이 아니라 위로부터 국가가 주도하는 경제외적·강제적·폭력적 과정이다. 마르크스는 『자본론』에서 다음과 같이 말했다: "**원축**의 여러 계기들은 대체로 시간적인 순서를 이루며, 특히 스페인·포르투갈·네덜란드·프랑스·잉글랜드에 분배된다. 잉글랜드에서는 이러한 계기는 17세기 말에 식민제도·국채제도·근대적 조세제도·보호무역제도를 포함하면서 체계적으로 총괄되었다. 이러한 방법들은 부분적으로는 잔인한 **폭력**(Gewalt)에 의존하는 것인데, 예컨대 식민제도가 그러하다. 그러나 이 모든 방법들은 사회의 집중되고 조직된 **폭력**인 **국가 권**

력(Staatsmacht)을 이용하여 봉건적 생산양식을 자본주의적 생산양식으로 전환하는 과정을 온실적으로 촉진해 그 과도기를 단축한다. **폭력**은 낡은 사회가 새로운 사회를 잉태하고 있을 때는 언제나 그 조산부가 된다. **폭력**은 그 자체가 하나의 경제적 힘(Potenz)이다"(마르크스, 2015a: 1029. 강조는 필자들. 번역 일부 수정).[15] 경제외적 강제 및 국가 권력의 폭력을 핵심으로 하는 원축은 식민지 및 글로벌 자본주의 주변부에서 현저하다. 글로벌 자본주의 중심부에서는 '자본 아래로 노동의 실질적 포섭'이 시장기구라는 '보이지 않는 손'의 작동이 확립되고 경제외적 강제라는 '보이는 발(visible foot)'은 배경으로 후퇴했지만, '자본 아래로 노동의 형식적 포섭'이 지배적인 식민지에서 경제외적 강제는 항상 가시적이다(Ince, 2014: 115, 119).

9) 마르크스적 의미의 원축은 민족적·일국적 과정이 아니라 계급적·글로벌 과정이다.[16] 마르크스의 원축론은 유럽에 관한 이야기라기보다 식민지 혹은 준식민지에 관한 이야기이다(Banaji, 2025). 원축은 폭력적 전환의 정치적 과정으로서, 비자본주의적인 사회적 생산·재생산 관계들이 경제외적 강제를 통해 재구조화되는 과정이며, 이는 이들 비자본주의적 사회적 재생산 관계들을 자본축적의 글로벌 네트워크에 동화 혹은 접합시키는 방식으로 진행된다(Ince, 2014: 116, 123). 『자본론』 원축 편

---

15 카를 마르크스의 폭력(Gewalt) 개념에 대한 논의로는 Balibar(2009), 마르크스 원축론에서 폭력의 위상에 관한 논의로는 Taccola(2024)를 참조할 수 있다.

16 원축은 일국적 과정이 아니라 글로벌 과정으로 파악해야 한다는 관점은 Amin(1974), Frank(1978), 望月淸司(1981), 高橋誠(1998), Pradella(2015) 등도 강조한 바 있다. Amin(1974: 3)에 따르면 원축 메커니즘은 "자본주의의 전사에 속하지 않고 동시대적"이며, "이러한 원축의 형태들은 수정되면서도 지속되며 중심부의 이익을 위해 작동하면서 세계적 규모에서의 축적 이론의 영역을 구성한다."

31장 '산업자본가의 기원'에서 마르크스는 원축이 일국적 수준이 아니라 식민주의를 필수적 부분으로 하는 글로벌 수준에서 전개된다는 점을 역설했다: "아메리카에서 금은의 발견, 선주민의 섬멸 노예화 광산에 생매장, 동인도의 정복과 약탈의 개시, 아프리카의 상업적 흑인 수렵장으로의 전환 등이 자본주의적 생산의 시대를 알리는 새벽의 특징이었다. 이런 목가적인 과정들은 원축의 주요한 계기들이다"(마르크스, 2015a: 1029).

10) 마르크스적 의미의 원축은 목적론적·선형적 이행의 과정이 아니라 우발적·다선적 마주침(encounter)의 과정이다. 그 동안 마르크스의 원축론은 자본주의 이행에 대한 목적론적·결정론적 해석이라고 종종 오해되어 왔다. 하지만 알튀세르(1996)가 말했듯이, 원축은 비목적론적·우발적 과정이며, 마르크스의 원축론도 자본주의적 생산양식의 전제조건들의 "우발적(aleatory) 마주침"에 관한 이론이다. 자본관계의 생성으로서 원축, 즉 생산수단에서 분리된 박탈된 사람들과 화폐 소유자들 간의 마주침, 즉 조우는 우발적 사건으로서 필연적이지 않으며, 마르크스의 원축론은 前자본주의에서 자본주의로의 선형적 이행의 역사적 불가피성에 관한 이론이 아니라는 것이다. 알튀세르는 원축의 우발성과 함께 항상성을 강조하면서 다음과 같이 말했다: "**(원축이라는) 마주침의 과정이 17세기 잉글랜드에 한정된다고 믿는 것은 잘못일 것이다. 그것은 항상 계속되었고 오늘까지도 계속되고 있다.** 이는 그 가장 현저한 예인 제3세계 나라들에서만 그러한 것이 아니라 우리의 경우에도 그러하다. 자본주의적 '생산양식'의 생존 및 강화의 핵심에, 또한 게다가 '사회주의 생산양식'의 핵심에 **우발성**을 각인하는 **항상적인 과정**으로서 ... 말이다"(알튀세르, 1996: 86). 마르크스는 원축을 전자본주의 혹은 '제3세계(Third World)에서 자본주의로의 이행이 아니라, 자본주의와 비자본주의 코먼 혹은 '제3의 세계(World of the Third)'의 마주침·대결 과정으로 인식했다. 특히 후기 마르크스는

원축의 역사적 필연성·불가피성을 부인하고 비자본주의 코먼 혹은 '제3의 세계'(예컨대 러시아의 미르)가 자본주의를 경과하지 않고 포스트자본주의 코먼으로 비월(飛越)·확산되는 경로를 인정했다(Chakrabarti, Cullenberg and Dhar, 2017: 294; Chakrabarti and Dhar, 2023).

이상에서 보듯이 마르크스의 원축론에 대한 최근의 해석들은 마르크스의 원축 개념을 프롤레타리아트화, 초기 자본 축적, 자본관계의 창출을 기초적인 과정으로 하면서 국가 폭력에 의해 추동되는 우발적·현재적이며 계급투쟁에 매개된 글로벌 과정으로 이해한다. 그리고 이렇게 재해석된 마르크스의 원축론은 최근 신자유주의, 21세기 제국주의, 금융화, '기술봉건주의', '글로벌 사우스'의 정치경제학, 선주민 연구, 페미니즘, 생태주의, 코먼 대안 연구 등 다양한 비판적 인문사회과학 분야들에 확장·적용되고 있다.[17] 이는 지난 세기 마르크스의 원축에 대한 주류적 해석들이 목적론적·방법론적 민족주의(methodological nationalism) 관점에서 원축을 필연적·경제적·일국적 과정으로 묘사하고 마르크스의 원축론을 前자본주의에서 자본주의로의 이행의 역사이론으로 한정했던 것과 대조적이다.

3. 한국에서 자본의 원시 축적에 관한 기존 연구의 검토

앞 절에서 검토한 마르크스의 원축론에 대한 최근의 해석들에 따르면,

---

[17] 마르크스의 원축론을 선주민 연구, 페미니즘, 생태주의 분야에 적용한 연구로는 Coulthard(2014), 미즈(2014), Mies(2007), 페데리치(2011), Saito(2021) 등이 있다.

우발적·현재적이며 계급투쟁에 매개된 과정으로 마르크스의 원축 개념의 핵심은 (1)프롤레타리아트화, (2)초기 자본 축적, (3)자본관계의 창출, (4)국가 폭력, (5)글로벌 맥락 등의 요소들로 구성된다. 어떤 국면을 온전한 의미에서 마르크스적 원축이라고 말할 수 있기 위해서는 이 요소들이 모두 식별되어야 하겠지만, 이 장에서는 원축의 시간적·공간적 개방성을 고려하여, 이들 요소 중에서도 핵심이라고 할 수 있는 (1)과 (3) 중 하나를 포함하면서 위 요소들 중 다수가 확인될 경우, 마르크스적 원축으로 설정할 것이다. 이와 같이 이해된 마르크스의 원축론에 의거할 경우 1876-1960년 한국 근현대사에서는 원축의 계기는 (1)19세기 자본주의 맹아, (2)1910-1918년 토지조사사업, (3)1930년대 일본의 자본수출, (4)귀속재산 접수 및 불하, (5)농지개혁, (6)한국전쟁, (7)미국 원조가 원축의 계기로 설정될 수 있다. 이들을 마르크스의 원축 개념의 요소들과 교차시켜 도식화하면 〈표 1〉과 같다.

금세기 들어 우리나라 학계에서는 진보진영에서조차 마르크스의 원축론은 물론 원축이라는 개념조차 거의 사용되고 있지 않다. 하지만 마르크스의 원축론은 지난 세기 한국 근현대사 연구에서 핵심적이었다. 예컨대 김경수(1957), 홍성유(1965), 최호진(1970), 김윤환(1971), 조용범(1975), 宮嶋博史(1984), 堀和生(1986), 이진경(1986), 박현채(1986), 김영배(1987), 정만식(1987), 박영구(1988), 송성준(1988), 채만수(1989), 박성훈(1990), 배규성(1990), 서울사회과학연구소 경제분과(1991), 이강복(2000) 등에서 보듯이, 지난 세기 한국 근현대사 연구에서 원축은 중심적인 주제였으며, 특히 1980년대말 한국사회구성체 논쟁 시기에 당시 청년연구자들의 대학원 석사논문으로 집중적으로 출판되었던 것이 눈에 띈다. 지난 세기 한국의 원축에 관한 기존 연구들에서는 원축이 언제 진행되었는지가 주된 쟁점이었다. 주로 식민지 시기 이전 19세기부터 자

표 1 1876-1960 한국에서 자본의 원시 축적의 요소와 계기들

	프롤레타리아트화	초기 자본 축적	자본관계 창출	국가 폭력	글로벌 맥락
19세기 자본주의 맹아	●	●	●		●
토지조사사업	●			●	●
일본 자본수출	●	●	●		●
귀속재산 접수 및 불하	●	●	●	●	●
한국전쟁	●		●	●	●
농지개혁		●	●	●	
미국 원조		●	●	●	●

주: ● 표시는 원축의 특정 계기가 충족하는 원축의 요소들을 가리킴. 예컨대 19세기 자본주의 맹아의 경우 '국가 폭력'을 제외한 4개 원축의 요소들을 갖추고 있었음.

본주의 맹아라는 형태로 발전하고 있었다고 보는 견해, 일제의 식민지로 합병된 후 토지조사사업과 함께 원축이 시작되었다고 보는 견해, 식민지 시기 한국에서 원축이 존재하지 않았다고 보는 견해, 원축은 해방 후 귀속재산 불하, 농지개혁, 미국 원조 등이 한국에서 최초의 원축의 계기가 되었다고 보는 견해 등이 논쟁했다. 이와 관련하여 한 특정 시기, 한국의 경우 토지조사사업만을 원축기로 설정할 수 있는지, 혹은 복수의 원축을 설정할 수 있는지 등도 쟁점이었다.

⟨표 1⟩에서 보듯이 우리는 한국 근현대사에서 원축의 계기들을 최대한 개방적으로 식별했지만, 기존 연구들은 한국 근현대사에서 원축의 계기들을 제한적으로만 인정한다. 예컨대 장시원(1984), 이대근(1985), 채만수(1989), 허수열(2005), 이강복(2000) 등은 "원축=민족자본의 창출"이라고 전제하고, 식민지 한국에서 한국 민족자본주의의 원축 같은 것은 없었으며, 토지조사사업은 원축이 아니라 半봉건적 지주제를 강화시켰을 뿐이라고 주장한다.[18] 이들에 따르면 한국에서 원축은 해방 후 독자

---

18 "식민지 사회에서 원축 과정은 어디까지나 제국주의자들을 위한 과정이었으며,

적 민족국가가 수립된 이후에야 시작되었다.[19] 이들에 공통된 문제점은 이들이 계급적 글로벌 과정으로서의 원축을 일국적·민족적 과정으로 간주한다는 것이다. 허수열(2005)의 문제설정은 '방법론적 민족주의(methodological nationalism)'이며 계급, 계급구조, 계급투쟁 등의 개념은 누락되어 있다. 하지만 이와 같은 '방법론적 민족주의'는 마르크스의 원축 개념과 아무런 공통점이 없으며, 이것으로는 글로벌한 계급 과정으로서 원축은 인식조차 될 수 없다.[20] 앞 절에서 살펴 보았듯이 마르크스의 원축론은 글로벌 계급과정의 문제설정이다. "원축을 단지 민족자본의 형성과정으로만 파악"해서는 안되는데, 이는 "일국 내에서 내재적으로 진행된

식민지 사회 내부에서의 민족자본의 창출을 위한 그것이 아니었다"(장시원, 1984: 39). "일제에 의한 토지조사사업 및 임야조사사업을 원축의 계기로 잡는 데 대해서도 문제가 없지 않다. … 식민지 한국에서는 그것은 오히려 식민지 지주제의 창출과정으로 이해되어야 한다"(이대근, 1985: 354). "토지조사사업 등을 통해서 성립한 토지소유는 그것이 아무리 형식적으로는 근대법적 외피를 쓰고 있더라도 그 본질에 있어서는 봉건적 생산관계이며 자본의 원축이란 있을 수 없다"(채만수, 1989: 51). "일제 말기에 자본주의 사회가 성립되었는가 아닌가 하는 문제는 그다지 중요하지 않다"(허수열, 2005: 333).

19 이들에 따르면 토지조사사업은 "본래적 의미에서의 원축"이 아니었으며, "외래적 일본자본주의에 의한 자본주의의 발전이란 한국에 대한 일본제국주의의 식민지 체제의 강화·확대 과정을 의미함에 불과하며 한국에 있어서의 민족자본의 발전을 억압하고 민족경제의 자립적 발전을 저지하는 과정"이었다(權寧旭, 1985: 420, 423). 또 식민지에서는 "민족적 국가적 범주인 자본주의 사회"는 성립하지 못하며, "한국에서 원축은 1945년 8.15 해방 이후 형식적이나마 민족국가 단위로 분리된 이후의 과정에서 축적이 일어나게 된다"(이강복, 2000: 41, 4, 46-47).

20 한국에서 민족주의 경제학에 대한 마르크스주의적 비판으로는 정성진(1986)을 참조할 수 있다.

것이든 외부의 충격과 강제에 의해 행해진 것이든 원축의 본질은 동일"하기 때문이다(이진경, 1986: 246, 247). "원축은 민족자본의 창출을 위해 존재하는 것이 아니라 자본제적 착취를 가능케 하는 자본-임노동관계의 창출에 그 역사적 의의가 있다"(송성준, 1988: 41).

'수탈론', 혹은 '내재적 발전론'자들도 대부분 식민지 시기 원축의 존재와 자본주의 발전을 부인하고, 식민지화 이전 19세기 한국에서 '자본주의 맹아'와 '내재적 발전'을 부각하면서, 만약 한국이 일제의 식민지가 되지 않았더라면, '정상적'인 발전을 이루었을 것이라고 가정한다. 뿐만 아니라 이들은 식민지 시기 한국에서 원축의 존재와 자본주의의 발전이라는 '팩트'를 인정하는 것 자체를 '식민지 근대화론'으로 통하는 것이라며 비난하는데, 이는 과학, 진보와 무관한 "반일 종족주의"이데올로기로의 후퇴이다. 관련하여 '수탈론'자들은 한국에서 원축 연구의 도달점인 中村哲(나카무라 사토루)과 堀和生(호리 가즈오)의 연구성과를 '식민지 근대화론'과 한 통속으로 분류·기각하는데, 이는 부당하다.[21] 中村哲, 堀和生은 '식민지 근대화론자'들과 달리 마르크스의 원축 개념과 자본주의의 역사라는 관점을 여전히 견지하고 있기 때문이다.[22]

---

[21] 특히 堀和生(호리 가즈오, 2003: 105)는 한국의 원축에 관한 기존 연구들이 토지조사사업과 그 결과로서 지주제 형성 문제에 집중했던 것과 달리, 식민지 시기 한국경제 변화를 원축의 진전과 자본주의화라는 시각으로부터 "원축의 본질을 이루는 소경영 생산양식의 해체와 그에 따라 형성된 자본주의적 생산양식 아래에서 이루어진 자본과 임노동자의 축적 과정"을 전면적으로 실증 분석한 기념비적 성과이다.

[22] 1987년 나카무라 사토루는 당시 한국사회구성체 논쟁 정세에 쓴 글에서 다음과 같이 말했다: "식민지화 이전의 내적 발전(소농민경영의 발전, 서민지주의 형성, 구지배체제=국가적 농노제의 해체, 개항 이후의 **원축**의 개시 등)과 일본제국주의의 식민지적 지배가 결합되어 **원축**이 급속히 진행되고, 그 위에 1930년대부터 일본 본

반면, 이진경(1986), 배규성(1990), 서울사회과학연구소 경제분과(1991) 등은 한국 근현대사에서 1910-1918년 토지조사사업만을 원축으로 식별한다. 이것은 이들이 원축을 자본주의의 前史라는 역사상 특정 시기로, 다시 말해서 자본주의적 생산양식이 지배적으로 되어 자본주의 사회구성체가 성립하기 이전의 이행기, 과도기의 과정으로 간주하기 때문이다.[23] 이들은 토지조사사업 기간인 1910-1918년에 한국은 "원축"을 완료했으며, 이후 1920년대, 1930년대는 원축기가 아니라 본격적인 자본주의 발전이 이루어진 시기로 파악한다.[24] 하지만 앞 절에서 논의했듯이, 마르크스에서 원축은 자본주의에 항상적·현재적인 과정이며, 결코 자본주의의 前史, 혹은 자본주의 역사의 한 시기로 한정되지 않는다.

조용범(1975),[25] 박현채(1986)[26] 등은 1910-1918년 토지조사사업

국으로부터 진출하여 온 일본 독점자본을 중심으로 하는 식민지자본주의 사회로 되었다"(中村哲, 1987: 296. 강조는 필자들). 마르크스주의 역사학자로서 나카무라 사토루의 입장은, 中村哲 編著(2001), 中村哲(2024) 등에서 보듯이, 최근까지도 견지되고 있다. 반면, '낙성대그룹'을 비롯한 그들의 한국 동료들(예컨대 안병직, 이영훈, 김낙년, 주익종 등)은 이미 지난 세기말 마르크스주의로부터 떠난 것은 물론 자본주의 역사라는 문제설정까지 폐기해 버렸다

23 "원축론은 봉건제와도 구별되면서 자본주의와도 구별되는 과도적 형태로서의 자본주의의 전사에 관한 이론이다"(배규성, 1990: 19).

24 "1920년대는 바로 식민지적 원축 위에서 경공업자본의 이식이라는 형태로 자본주의적 생산양식의 이식 발전이 이루어져 1920년대말 1930년대초 이식자본에 의한 산업혁명을 겪으면서 1930년대의 독점자본의 침투를 통해 이루어지는 식민지자본주의 발전을 매개하는 시기로서의 의미를 지닌다"(서울사회과학연구 경제분과, 1991: 54).

25 조용범은 식민지 원축으로서 토지조사사업 외에 해방후 독자적 원축으로서 3개의 계기(귀속재산 불하, 미국 원조, 차관 도입)가 있었다고 주장한다: "1911년에서

만을 원축으로 간주하지 않고, 해방 후에도 귀속재산 불하, 미국 원조, 차관 도입 등 여러 번의 원축이 있었다고 보는 점에서 우리와 유사하다. 하지만 이들은 해방 후 한국에서 여러 차례에 걸쳐 벌어진 원축들을 단계론적으로, 또 비정상과 파행, 위기의 연속으로, 결국 파국과 붕괴에 이

1918년에 걸친 토지조사사업은 일본 독점자본의 식민지 초과이윤을 위한 자본의 원축의 주요한 내용을 이룬다. … 한국자본주의의 해방후 독자적 전개에 있어서 자본의 원축의 계기는 (1)1945년에서 1950년에 이르는 귀속재산 불하에의 참여, (2)1950년 이후 1960년에 이르는 미국 원조에의 기생, (3)1960년 이후 오늘에 이르는 외국 독점자본과의 결합에 의한 차관의 도입이라는 3개의 계기를 갖고 있었다"(조용범, 1975: 180, 188).

26 박현채에 따르면 지난 세기 한국에는 토지조사사업을 포함하여 미국 원조, 경제개발계획, 차관 도입, 부실기업 불하, 8.3. 사채동결 조치 등 최소 5번 이상의 원축이 있었다: "1950년대의 한국경제는 … 원축의 제2단계(미국 무상원조에의 기생에 의한 원축 단계)였다. 이 시기에 자본의 외형을 지닌 정상배는 **정치권력과의 결합을 통해 생산과정에서의 가치 창조 없이 이전소득에 의한 부를 창조**할 수 있었다"(박현채, 1987: 121. 강조는 필자들). "한국자본주의에서 대외종속을 심화시키는 계기가 되었던 국가독점자본주의적인 경제개발계획과 외자도입의 과정은 안으로는 주요한 자본의 원축 과정이기도 했다. 한국의 자본은 외자의 도입에 편승하여 외국자본과 결합함으로써 매판으로서의 자본축적을 광범위하게 증진시킨다"(박현채, 1988: 92). "1, 2차 경제개발계획의 총량적인 성공에도 불구하고 양적인 계획목표의 달성과 차관에 의한 자본축적에의 참여를 위한 무원칙한 차관 도입 경쟁은 일부 관료자본의 **경제외적인 원축**을 가능케 하면서도 광범한 부실기업을 낳게 된다"(박현채, 1986: 45. 강조는 필자들). "부실기업의 광범한 발생과 도산, 그리고 이의 성업공사를 매개로 한 싼 값의 불하는 한국자본주의에서 그간에 일련의 자본의 원축에 또 다른 자본의 원축의 계기, 즉 부실기업에의 참여에 의한 자본의 원축이라는 **자본 상호간의 수탈에 의한 축적과정**을 가져오는 것처럼 보였다. … 1972년에 소위 8.3. 조치 … 이것은 한국자본주의의 역사에서 또 하나의 자본의 원축의 계기로 된다"(박현채, 1986: 46. 강조는 필자들).

를 수밖에 없는 목적론적 과정으로 묘사하는 점에서 우리와 다르다. 게다가 이들이 해방 후 여러 차례의 원축을 말할 때 그 원축 개념은 프롤레타리아트화와 자본관계의 창출이라는 마르크스의 원축 개념이 아니라 '초기 자본 축적'이라는 애덤 스미스적 개념에 가깝다. 뿐만 아니라 이들은 원축을 현대적·문명적·경제적·정상적 축적과 구별되는 원시적·야만적·경제외적·비정상적 축적, 즉 뭔가 저질의 축적으로 묘사한다. 이들에 따르면 해방 후 귀속재산 불하나 미국 원조가 원축인 이유는 그것들과 같은 원시적·야만적·경제외적·비정상적 방식을 통해 애덤 스미스적 의미의 '초기 자본 축적'이 이루어졌기 때문이다. 박현채(1988: 88)는 "귀속재산 불하와 외국원조를 통해 매판적·기생적 축적이 일반화"되었다고 주장하는데, 이는 그가 원축 개념의 핵심을 직접생산자의 생산수단으로부터의 분리 및 프롤레타리아트화와 자본관계의 창출로서보다는 비정상적인 매판적·기생적 축적과 동일시하고 있음을 보여준다.[27] 박현채는 앞의 각주 인용문에서 보듯이 원축을 생산영역에서의 가치 창조 없는, 유통 영역에서의 가치이전에 의한 前期的 資本의 축적, 또는 자본 상호간의 수탈에 의한 축적, 경제외적 계기에 의한 자본의 일시적 축적 기회라는 의미로 이해한다. 박현채는 또 1950년대 미국의 원조를 한국에서 원축의 계기로 설정하면서도 다른 곳에서는 미국의 원조를 미국 자본의 이윤 추구 행위라고 규정한다. 즉 미국의 "자본운동에서 선행투자로서 국가자본의 무상 제공"(박현채, 1988: 86)[28]일 뿐이라는 것이다.

---

27 정만식(1987: 213-214)도 "한국의 원시 자본축적은 귀속재산 불하, 비정상적 가격기구 인플레, 농민 희생, 원조 등을 통하여 국민 전체를 수탈 대상으로 하는 3차 산업부문의 상업자본 축적을 중심으로 나타났다"고 주장했다.

28 박현채(1986: 42)에 따르면 "자본운동은 국가자본의 제공으로 되는 무상의 원조 → 공공차관 → 상업차관 → 합작 또는 직접투자에로 전이해 간다."

한국 원축의 역사에 대한 연구는 지난 1980년대 말 폭발적으로 분출된 후 오랜 공백기를 거쳐 최근 서서히 재개되는 듯하다. 예컨대 박승호(2020)는 한국자본주의의 역사에서 복수의 원축과 원축에 수반된 계급투쟁 및 계급 힘관계의 변혁을 부각했으며, Song(2020) 역시 한국에서 복수의 원축을 식별하고 글로벌 맥락에서 진행된 원축 및 한국 국가의 자본주의적 특수성을 강조했다.[29] 또 Sonn and Shin(2019)은 '박탈에 의한 축적' 개념을 적용하여 1970년대 서울 강남의 아파트 단지 개발에서 원축의 현재성을 실증했다. 다음 절에서는 〈표 1〉에 제시한 분석틀에 의거하여 한국의 원축에 관한 기존 연구와 한국경제사에 관한 최근의 실증 연구성과들을 비판적으로 종합하는 방식으로 1876-1960년 한국에서 원축의 주요 계기와 요소들을 검토하겠다.

4. 한국자본주의 역사에서 자본의 원시 축적의 주요 계기들

1) 19세기 자본주의 맹아: 글로벌 맥락에서 '자생적' 원시 축적'

한국에서 원축의 본격적 계기는 후술하듯이 한국이 일본의 식민지로 합

---

[29] 박승호(2020), Song(2020: 186)도 조용범(1975), 박현채(1986; 1987)처럼 한국에서 원축이 여러 차례에 걸쳐 진행되었다고 본다: "귀속기업체의 불하는 원조자금 및 원조물자의 배분과 함께 1950년대 자본의 원축의 중요한 계기가 되었고, 이는 정경유착을 통해 초기 자본가계급의 형성, 특히 재벌 탄생의 직접적 계기로 작용했다"(박승호, 2020: 109); "일본의 식민주의가 한국에서 자본주의 발전의 기초를 놓았던 것은 분명하지만, 한국에서 자본주의 발전은 또 한 차례의 원축과 치열한 사회적 및 계급투쟁을 요청했는데, 이는 일본의 식민 통치 이후에 발생한 농지개혁, 한국전쟁 및 귀속재산 처리를 포함한다"(Song, 2020: 186).

병된 1910년 시작되어 1918년 완료된 朝鮮土地調査事業(이하 토지조사사업으로 약함)이다. 하지만, 이에 앞서 19세기 한국에서는 상업적 농업이 전개되고 '경영형부농', '서민지주'가 성장하고 유기수공업, 광업 등 공업부문에도 자본주의 맹아가 형성되면서 농민의 토지로부터의 분리로서 원축이 점진적으로 진행되고 있었다. 그리고 이 과정은 1876년 개항을 전후하여 한국이 글로벌 자본주의에 본격적으로 편입되면서 가속되었다. 개항 이후 일본에 대한 쌀, 콩의 수출의 급증에 자극되어 상업적 농업이 더욱 발전하고 농민층 분해가 격화되면서 많은 농민들이 토지를 상실하고 소작농 혹은 머슴이 되거나 도시, 광산 지역에서 성장하고 있던 단순협업 혹은 매뉴팩처와 같은 자본주의 맹아 수준의 사업체에 임금노동자로 취업하거나 유민화되었다. 식민지화 이전 거의 1세기에 걸쳐 한국에서 자본주의 맹아가 성장하면서 "자생적 원축"(宮嶋博史, 1984: 86)이 진행되고 있었다.[30] 19세기 한국에서 "자생적 원축"과 자본주의 맹아는 20세기 초 한국이 식민지화된 후 식민지 국가 폭력에 의해 원축이 신속하고 전면적으로 강행될 수 있는 전제가 되었다.[31] 하지만 식민지화 이

---

[30] 북한 학계에서는 1876년 개항 전 19세기 한국에서 "원축*"이 비교적 빨리 진행되고" 있었으며, 그 근거를 광업, 유기수공업 등의 생산관계가 "19세기를 전후하여 자본주의가 자기발전에서 일반적으로 거치는 제1단계를 표시하는 단순협업의 시기로부터 그의 제2단계인 공장제수공업(매뉴팩처) 단계로의 이행과정이 내적 요인에 의하여 진행되었다"는 데서 찾는다. 또 이들은 1876-1910년 개항기는 "외래자본의 침입과 그에 의한 자본주의적 관계의 정상적 발전의 저해"의 시기로, 또 1910-1945년 식민지 시기는 "자본주의의 비정상적 발전"의 시기로 규정한다(김광진 외, 1988: 284, 143, 217. *원문에는 "시초 축적"이라고 되어 있다. 북한 학계에서는 마르크스의 ursprüngliche Accumulation을 "시초 축적"이라고 번역한다).

[31] 한국에서 자본주의 맹아 문제에 대한 기존 연구의 검토로는 權寧旭(1966), 이

전 한국에서 자본주의 맹아의 발전 수준은 낮았으며, 이로 인해 농촌에서 토지를 상실한 자들의 절대 다수는 농촌에서 지주의 소작농 혹은 머슴으로 머물러 있었다. 식민지화 이전의 원축은 국가의 개입 없이 아래로부터 이루어졌다는 의미에서는 "자생적 원축"이었지만, 1876년 개항을 전후하여 한국이 글로벌 자본주의에 편입된 후에야 본격적으로 진행될 수 있었다. 하지만 식민지화 이전 한국의 국가는 갑오개혁(1895) 이후 대한제국(1897-1910) 시기에서조차도 여전히 전근대적 국가였으며, 원축을 지원·추진할 수 있는 "원축 국가"와는 거리가 멀었다. 1896년 한국의 세입 예산은 481만 원으로 일본 중앙재정의 1/40에 불과했고 세출에서 상공업 부문은 2.1%에 불과했다. 식민지화 직전까지 한국 정부는 재정적으로 공업화 정책을 실시할 능력이 없었다. 식민지화 직전까지도 한국 정부는 "원축 국가", 즉 자본주의 형성을 가속하는 국가는 아니었다(中村哲, 2024: 230). 식민지화 이전 "자생적으로" 진행되고 있던 한국의 원축을 한편에서는 저지하면서도 다른 한편에서는 급격하게 진행시킨 계기는 1910년 식민지화 직후 일본 부르주아 국가의 대리인인 조선총독부(이하 총독부로 줄임)가 위로부터 폭력적으로 추진한 토지조사사업이었다.

2) 토지조사사업: '식민지·반봉건적' 원시 축적

1910-1918년 토지조사사업은 한국에서 원축이 본격적으로 진행하는 획기적 계기였다. 토지조사사업을 통한 원축은 위로부터 식민지 국가권력에 의해 전면적으로 강행되었으며, 토지조사사업 이전 19세기 한국에서 아래로부터 '자생적'·점진적으로 진행되어 온 원축을 배경으로 하면서도, 이를 압도하여 진행되었다. 식민지화 이전 한국에서 '자생적' 원축

헌창(2008) 등을 참조할 수 있다.

이 1910-1918년 토지조사사업이라는 진정한 의미의 원축으로 연속될 어떤 역사적 필연성도 없었다. "한국의 원축 과정을 이해하는 열쇠"는 토지조사사업에서 "사적 토지소유권을 설정하는 방법에 숨어있었다"(宮嶋博史, 1984: 87).³² 일제는 토지조사사업을 통해 전국 1,910만 필지의 토지를 대상으로 소유권, 가격, 形貌를 조사했다. 토지조사사업 이전 한국에는 이미 사적인 토지소유가 매우 높은 수준으로 발달해 있었으며 일반 인민들 사이에서 토지의 매매, 상속, 임대차, 저당 등이 널리 행해지고 있었다.³³ 따라서 일제는 소작농의 경우 임차한 토지에 대해 물권적 권리를 갖고 있지 않으므로 지주의 소유권을 인정해도 문제가 없을 것으로 판단했다. 토지조사사업은 신고된 토지에 대한 지주의 사적 소유권을 토지대장 작성과 부동산 등기를 통해 인정하고, 지주를 토지세 납부 의무자로 확인했다. 이를 통해 일제는 19세기 한국의 소작인에게 관습적으로 인정되었던 경작권, 즉 '都地權'³⁴을 부정했다.³⁵ 또 토지조사의 주

---

32 宮嶋博史(1984: 93)는 토지조사사업에서 소유권 설정의 특징으로 '公田論=토지국유론'이 아니라 '토지민유론'이 전제되었으며, 국유지 이외의 토지에서는 지주와 농민의 토지소유가 근대적 토지소유권으로서 인정되었고, 소작권의 물권적 성격 부정, 전호 납세 부정 등에 의해 구래의 지주-전호 관계가 지주에게 유리하게 바뀌었다는 것 등을 지적한다.

33 "한국과 대만은 식민지화 시점에 이미 경지의 평균 소작지율은 50%를 넘었으며, 논만으로는 60%를 넘었다. … 한국과 대만은 식민지화 이전에 지주제가 상당히 고도로 발전해 있었다"(中村哲, 2024: 132-133).

34 도지권은 조선시대 후기 개간, 築堤, 매수 등의 사정에 의해 소작인이 특정한 노동이나 자금을 소작지에 투하하였을 경우 발생한 경작권을 의미한다.

35 토지조사사업은 잉글랜드의 인클로져와 같이 농민들을 공유지('코먼')로부터 물리적으로 추방한 것은 아니었다. 또 영국이 식민지 인도에 도입한 자민다리(Zami-

체가 총독부 당국자, 경찰관헌, 토지조사국 준비원, 면장, 이동장, 지주로 구성된 무장된 '지주위원회'였던 데서 보듯이, 총독부는 토지조사사업을 위로부터 폭력적으로 수행했다. 하지만 이러한 폭력은 前자본주의적·경제외적 강제 같은 것이 아니라, 총독부 권력이 식민지 한국에서 자본주의적 생산양식의 전제조건들을 창출하기 위한 '원축 국가'로서의 기능이었다. 총독부는 식민지 시기 내내 일본 자본의 식민지 초과이윤 획득 운동을 지원하는 역할을 했으므로, 前근대적 국가가 아니라 일본 부르주아 국가기구의 일부였다.36 토지조사사업은 사적 소유권을 개인의 불가침의 권리로 인정한 근대 민법체계에 부합하도록 전근대적인 중층적 토지소유를 '一物一權'의 사적 토지소유제도로 전환했다(안병직 편저, 2024: 220). 토지조사사업을 통해 "농민의 자기노동에 기초한 소유가 근대의 지주제 하에서 결정적으로 부정"되었으며, "경영자로서의 성격을 상실한 소작농은 생산수단으로부터 분리된 존재로서의 성격이 주된 현상"이 되었다(宮嶋博史, 1984: 96). 토지조사사업은 19세기 한국의 지주-佃戶 관계에서 토지에 긴박되어 있던, 즉 생산수단과 본원적으로 결합되어 있던 전호를 토지소유로부터 법적으로 완전히 분리된 소작농으로 전락시켰다. 종전의 전호의 토지 점유권은 단순한 임대차 관계로 전화되었으

---

dari), 라이야트와리(Ryotwar)처럼 농민들의 토지점유권('하급 소유권')을 박탈하여 지주의 사적 소유권을 새롭게 창출했던 것과도 다르다. 농민의 토지점유권이 처분되고 그것이 영주층의 상급 소유권에 병합되어 배타적 토지소유권자인 지주가 새롭게 창출된 것이 자민다리이고, 영주층의 상급소유권이 처분되고 직접생산자인 농민이 동인도회사의 소작인이 된 것이 라이야트와리이다(小谷汪之, 1984: 213).

36 "일본의 식민지 국가는 단지 한국을 일본에 종속된 국가로서 착취하는 외국일 뿐만 아니라 식민 모국과 식민지들에서 노동 착취를 지지하는 **자본주의 국가**였다"(Song, 2020: 177. 강조는 Song).

며, 지주의 소작권 이동이 자유롭게 되었다. 토지조사사업은 이처럼 직접 생산자의 생산수단과의 '본원적 통일', '토지 긴박'을 국가가 강제로 해체·분리하여 생산수단의 소유로부터 자유로운 소작농을 대량으로 창출했다.

토지조사사업의 결과 소유권의 사정이 이루어진 전국 1,910만 필지의 토지 중 99.5%가 신고한대로 그 소유가 인정되었다. 한국의 경지 면적은 총 435만 정보로 조사되었고, 이에 대해 '일물일권'의 배타적 토지 소유권이 확립되었다. 소유권 분쟁이 발생한 토지는 그 중 0.52%인 9만 9,445 필지였으며, 그 중 65%는 국유지에서 발생했다(김낙년, 2023: 296; 안병직 편저, 2024: 232-233). 소유권이 사정된 토지에 대해서는 매년 지가의 1.3%의 토지세가 부과되었다.

토지조사사업은 사적 토지소유의 법인을 통해 토지의 상품화를 촉진하고 이를 통해 일본인의 한국 토지 투자를 활성화했다. 일제는 토지조사사업을 통해 12만 7,000정보(사정된 경지 총면적 487만 정보의 2.5%)에 달하는 조선 왕족의 토지를 몰수했다.[37] 이는 직접생산자가 생산수단으로부터 분리되는 원축의 과정이었다. 총독부는 강탈·창출한 국유지를 경작하는 소작농으로부터 고율소작료를 징수하여 재정 수입을 보충했으며(1910년 총독부 재정 경상수입 중 국유지 소작료 수입은 9%), 상당 부분을 동양척식주식회사(이하 동척으로 약함) 등을 통해 일본인 이민자에게 불하했다(堀和生·木越義則, 2020: 139-140).

토지조사사업에 의한 토지의 사적 소유의 법인은 토지 매매를 활

---

[37] 기존의 조선 왕족의 토지, 이른바 '역둔토' 중에는 형식적으로는 조선 왕족 소유였지만 실제로는 민간인의 소유였던 토지도 포함되어 있었기 때문에, 총독부의 국유지 약탈에 대해 농민들은 강력하게 저항했다. 그 결과 총독부가 몰수한 12만 7,000 정보의 '역둔토' 중 약 7만 정보의 토지가 민유지로 되돌려졌다(이영훈, 2016: 67-68).

성화했다. 개항기 농산물 수출을 통해 부를 축적한 지주·상인층이 토지조사사업 이후 급격하게 토지를 집적했다(堀和生·木越義則, 2020: 146). 일본인의 한국 토지 투자와 소유가 급증했다. 한국의 지가는 1905년 일본의 1/13, 1931년에도 1/5에 불과해서 일본인들의 매력적인 투자 대상이었다. 일본인 농장주들의 수는 1910년 2,254명에서 1915년 7,056명으로 급증했고, 이들이 점유한 경지 면적은 16만 9,000 정보로서 전경지의 4%를 차지했으며, 1인당 평균 24 정보였다(이영훈, 2016: 133; 이헌창, 2021: 347). 토지조사사업이 완료된 1918년 지세 시행지(주로 농지)의 5.4%를 일본인이 소유했고, 市街地稅 시행지의 44.7%를 일본인이 소유했다(안병직 편저, 2024: 241). ⟨그림 1⟩에서 보듯이 1910-1920년 일본인 소유 농지 면적은 69,312 정보에서 209,708정보로 3배 급증했다. 일본인 소유 농지는 1930년부터 다시 급증하여 1935년 일본인 소유 경지면적은 무려 451,817 정보(논 308,083 정보, 밭 143,734 정보)나 되었다. 그 결과 한국의 총 농지 중 일본인 소유하는 농지 면적은 비중은 1.6%에서 10.2%로 증대되었고, 특히 논의 경우 그 비중이 2.8%에서 18.3%로 늘어났다(허수열, 2005: 343). 일제 말기 1942년에 이르면 50정보 이상 대지주 중 일본인은 1,209명(한국인은 1,839명)이었고, 100정보 이상의 경우 일본인 지주가 567명으로 한국인 지주 488명보다 많았다(장시원, 1989: 60). 일제는 토지조사사업에 이어 시행한 임야조사사업을 통해 한국에서 국유 임야를 창출했다. 그 결과 종전에는 공동 이용지였던 임야가 국유 임야로 강제 편성되었으며, 일부 임야는 일본인 등에게 불하되었다. **금세기 글로벌 사우스에서 진행되고 있는 토지 수탈의 전형은 지난 세기 초 한국에서 발견된다.**[38]

---

38 "식민지적 수탈을 위한 제도적 정비와 토지조사사업은 한편으로 농민층분해를

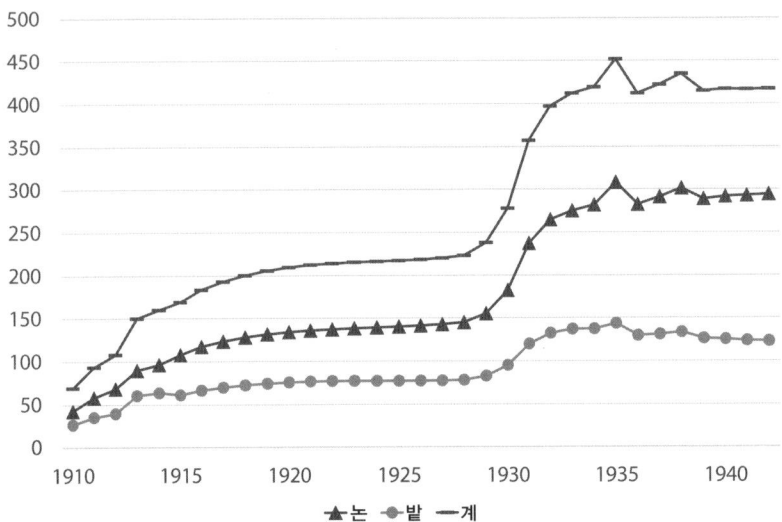

그림 1 일본인 소유 농지 면적, 1910–1942 단위: 천 정보

자료: 허수열(2005: 343), 부표 1

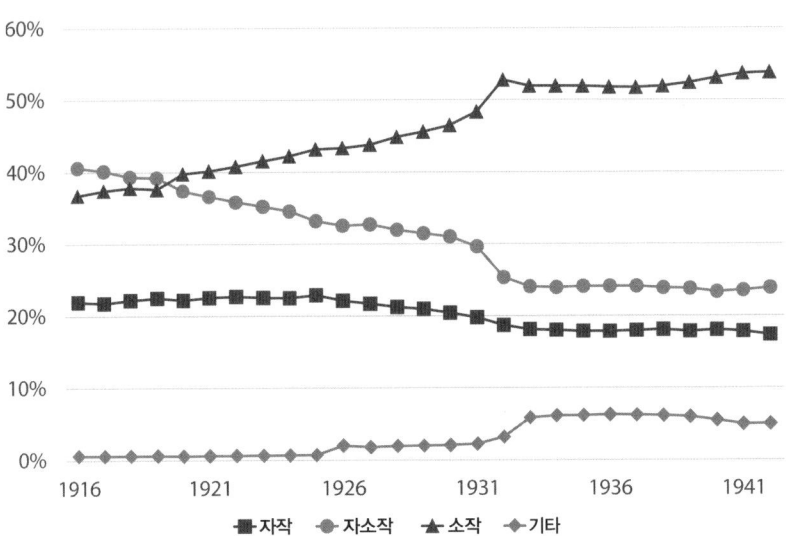

그림 2 한국의 농지 소유 및 경작 형태별 농가 구성, 1916–1942

자료: 朝鮮總督府, 朝鮮總督府統計年報

토지조사사업은 사적 소유제도의 완성, 등기제도에 따른 토지를 담보로 하는 대부의 증가, 농민의 토지 상실을 촉진했고, 그 결과 지주제가 강화되었다. 토지조사사업이 완료된 1918년 농가의 3.1%에 해당하는 8만여 호의 지주층이 농지의 50% 이상을 소유하며 농가의 80%에 가까운 소작농과 자소작농을 지배했다. 〈그림 2〉에서 보듯이 1916-1942년 기간 식민지 조선에서 자소작농은 급감한 반면 소작농은 폭발적으로 증가했다. 1916-1932년 기간 자작 및 자소작농은 1,653,867 호(전체 농가호수 중 63%)에서 1,291,245호(전체 농가호수 중 44%)로 362,622 호 감소한 반면, 소작농은 971,208 호(전체 농가호수 중 37%)에서 1,546,456 호(전체 농가호수 중 53%)로 575,248 호 증가했다. 이는 "세계적으로 유례없는 격렬한 농민분해"(허수열, 2005: 104)였다. 이 기간 중 소작농 증가분(575,248호)이 자작 및 자소작농 감소분(362,622호)보다 216,626 호나 많은 것은 자

촉진시키면서 농민을 토지로부터 분리시켜 임금노동자층을 형성하고, 다른 한편으로는 화폐자본의 축적을 가능케 하는 원축의 중요한 과정을 이루었다. … 한국자본주의의 원축은 자본관계의 전제를 형성한다는 보편적 성격을 지니면서도, 식민지권력에 의해 일본자본주의가 필요로 하는 자본투하의 기반정비사업으로 진행된 '식민지적'인 성격을 지닌 것으로서 식민지체제 형성과정이기도 했다. … 원축이 지니는 폭력성과 수탈성은 이식적·식민지적 특성을 통해 더욱 증폭되면서 관철되었다. … 원축은 동시에 제국주의의 수탈 과정이기도 했다. 예를 들어 일제는 토지조사사업을 통해 막대한 국유지를 창출했으며 이렇게 창출한 국유지를 동척과 일본인 농업경영자에게 싼값으로 불하하였다. … 전체적으로 **식민지적 원축**은 이식적 특성을 지님에도 불구하고 원축의 고유한 내용을 관철시켜 나가는 과정이었다. 즉 그것은 제국주의의 식민지 수탈체계를 만들어내는 과정이었음과 동시에 자본주의적 생산양식이 이식·발전하게 되는 출발점이었다"(서울사회과학연구소 경제분과, 1991: 43-46. 강조는 필자들).

작 및 자소작농으로부터 소작농으로 전락한 농가들뿐만 아니라 농가 인구 증가에 따라 처음부터 소작농으로 시작한 농가들도 많았기 때문이다. 전답 총경지에서 소작지의 비중도 1918-1932년 50%에서 56%로 증가했다. 소작료율은 생산량의 평균 50% 수준이었으며, 고율 소작료에도 불구하고 소작지는 언제나 초과수요 상태였다.

토지조사사업을 통해 확고해진 지주제는 식민지 지배의 동반자로 육성되었다. 지주제는 수확량의 절반 이상을 소작료로 수취하여 대량의 쌀을 집중 반출하는 데 매우 효과적인 기구였다(이헌창, 2021: 343). 토지조사사업 이후 확대된 지주제와 고율 소작료의 성격을 봉건적이라고 규정하거나, 식민지 한국사회가 자본주의가 아니라 식민지반봉건사회라고 보는 견해가 있다(예컨대 채만수(1989), 장시원(1984)). 그러나 일제 시대 지주제는 근대법적인 토지소유를 전제로 했고, 당시 도시 공업부문의 고용 창출력의 제한과 인구 증가로 인해 팽창한 농촌의 상대적 과잉인구가 치열한 借地 경쟁을 벌이는 속에서 존립 기반을 구했으며, 발전된 상품시장과 식민 모국과의 농공간 분업 속에서 번창했다는 점을 고려하면 봉건적 생산관계라고 할 수 없다(이헌창, 2021: 344). 한국 농업에서 지주와 소작인이 맺고 있는 관계는 半봉건적인 경제외적 강제 관계가 아니었으며, 글로벌 자본주의 시장경제와 가치법칙이라는 '경제적 강제'에 규정되어 있었다. 고율 소작료는 당시 농촌에 적체된 방대한 상대적 과잉인구라는 조건에 일본 자본 및 지주의 식민지 초과이윤과 지대 수탈 극대화가 중첩되어 비롯된 '경제적 강제'를 통해 실현되었다.

일제는 토지조사사업 이후 일련의 산미증식계획(1920-1925, 1926-1934, 1940, 1942)을 통해 토지개량에 대규모 자본을 투자하여 증산을 도모했다. 1920년 산미증식계획에 따르면 1920년부터 30개년 계획으로 총 80만 정보의 토지를 개량하고 경종법을 개선할 방침이었으며, 전반기 15년 동안에는 사업비 2억 3,612만 엔을 투자하여 42만 7,500 정보의 토지개량을 시행하여 약 900만 석의 쌀을 증산하고, 그 중 458만 석은 일본으로 이출하여 일본의 식량문제 해결에 사용할 계획이었다(안병직 편저, 2024: 252). 토지개량으로 증산된 쌀 중 지주 수취분의 상당 부분이 일본 쌀시장으로 移出[39]되어 한국 지주들의 성장의 시장적 기반이 되었으며, 일본은 한국 쌀의 移入으로 식량 문제를 해결할 수 있었다. 쌀 이출을 주도한 것은 지주였다. 일반 농민은 자작농이라도 시장에 판매할 수 있는 쌀이 많지 않았지만, 지주들은 소작료로 거둔 대부분을 판매할 수 있었기 때문이다. 1930-1933년 지주는 한 해에 1호당 62.3석을 취득했지만, 자작농은 5.4석, 소작농은 겨우 2.2석을 손에 쥘 수 있었다. 식민지 시기 지주제는 일본으로 쌀을 이출하는 데 적합한 제도였다. 일본 제국주의는 쌀 이출을 통해 부를 축적할 수 있었던 한국의 지주들을 식민지 통치체제의 동반자로 키우려 했다. 토지조사사업이 농민의 토지로부터의 분리에서 결정적인 계기였다면 이것이 본격화되는 것은 산미증식계획 시기 부터였다. 산미증식계획 이후 일본으로의 쌀 이출에서 부를 축적한 지주들의 토지소유는 급증한 반면, 농민들의 토지로부터의 이탈, 즉 프롤레타리아트화는 사상 유례없이 급진전되었다. 토지조사사업과 산미증식계획에 의해 확고해진 한국의 지주제는 일본 자본의 초과이윤 취득 메커니즘으로 작동했다. 1920년대까지 일본 자본이 취득한 식민지 초과이윤은 유통영역에서 부등가교환을 통한 수탈보다는 한국 농민에 대한 고율의 소작료 수탈과 일본으로 이출된 저가의 한국산 쌀이 가능하게 한 일본에서 저임금 노동 착취를 원천으로 했다.

---

[39] 식민지 시기 일본 제국 내부의 무역은 '移出'과 '移入', 일본 제국 외부 지역과의 교역은 '수출'과 '수입'으로 구별한다.

식민지 시기 "한국인들은 생산수단인 경지를 점차 상실해 갔고, 토지 없는 소작농민으로 혹은 임금노동자로 재편되어 노동에 의해 생활해 가야 하는 존재로 바뀌어 갔다"(허수열, 2005: 109). 1930년대 초까지 농민층 분해가 격렬하게 진행된 데다가, 일본으로부터 자본이 수출되고 기계제 대공업 제품이 수입되면서 경쟁력을 상실한 토착 가내수공업과 영세 중소기업들이 소멸·도산하면서 양산된 상대적 과잉인구는 기아수준 저임금으로의 노동의 '무제한 공급'을 가능하게 했다. 소작농에게 독자의 경영방식은 허락되지 않았다. 그들은 사실상 임금을 지급받는 노동자와 다를 바 없었다(이영훈, 2016: 150-153). 토지조사사업은 지주의 소유권을 강화한 식민지지주제를 확립하는 한편, 토지로부터 완전히 분리되거나 절반쯤 분리된 소작농과 半프롤레타리아트를 양산했으며, 이들은 1930년대 이후 식민지자본주의의 자본축적이 본격화될 때 임금노동자의 주된 공급원이 되었다. 이처럼 식민지 한국의 농촌에 누적된 방대한 상대적 과잉인구는 1930년대 이후 임금노동자로 취업이 진전되기 전까지 대부분 농촌에 소작농, 半프롤레타리아트로 체류했는데, 이는 그 때까지 한국에서 공업 부문 투자가 불충분했던 반면, 농업 토지 수익률이 공업 투자 수익률보다 높아서 토지재산이 산업자본으로 전환되지 않고 토지의 추가 구입으로 투자되었기 때문이다.

식민지 시기 한국의 총인구는 1925년 1,827만명에서 1940년 2,430만명으로 증가했다. 일본, 만주 등 역외로 유출한 인구 약 287만명을 합하면 조선인의 총인구는 1910년 이후 약 30년 기간에 1.6배나 증가했다(이영훈, 2016: 129-130).[40] 식민지 시기 농가 인구의 증가율은 플러스였으

---

[40] 1910-1945년 일본 및 만주, 중국으로 순유출한 조선인은 각각 185만명, 133만명으로 추계된다. 일본 이민은 주로 임금노동자로 취업했고, 만주 이민은 주로 빈농

며 매년 증가했다. 비농업 有業者의 증가율이 더 높았지만 당시 그 규모가 작아 그보다 훨씬 큰 규모의 농가인구를 줄이기에는 역부족이었다. 농촌의 경지는 한정되어 있는데 인구가 계속 늘어나 경지는 상대적으로 귀해지고 노동력 값이 저렴해졌다. 식민지 시기 지주제가 강고하게 유지된 배경에는 이런 인구 압력이 있었다(김낙년, 2023: 452). 식민지 시기 농촌 인구가 빠르게 증가한 반면, 도시 상공업의 고용 흡수력은 제한되어 있고, 토지 공급도 거의 변화 없는 상태에서 농가 호수가 증가하면서 소작인의 소작지 쟁탈 경쟁이 격화된 결과 지주제가 더 성장할 수 있었다(이헌창, 2021: 342-343, 362).

식민지 시기 한국의 쌀 생산은 꾸준히 증가했지만, 쌀 생산 증가분은 그대로 혹은 그 이상 일본으로 이출되었다. 1930-1932년 연평균 쌀 생산량은 1920-1922년에 비해 239만석 증가했는데 연평균 쌀 수이출량은 429만석이나 증가했다. 1910년대 초 쌀 총생산에서 이출미의 비중은 2-3%에 불과했으나 1916-1920년까지 15%로 증가했으며, 1930-1935년에는 49%로 최고 수준에 달했다. 일제는 1940년부터 농가로부터 쌀을 공정가격으로 강제 매수하는 공출제를 시행했다. 1941-1945년 쌀 생산이 크게 감소했음에도 불구하고 공출량이 증가하여 쌀 총생산에서 공출되는 쌀의 비중은 1941년 42.8%에서 1944년 63.9%로 증가했다(이영훈, 2016: 143, 255). 그 결과 식민지 시기 쌀 생산의 증가에도 불구하고 한국인의 쌀 소비량은 거의 증가하지 않았다.

식민지 시기 지주와 곡물상들이 수취한 지대와 이윤의 일부는 산업자본으로 전환되었다. 경기, 충남, 전북, 전남에서 50-100 정보 이상을 소유한 한국인 대지주의 약 40%가 상업, 금융업, 정미 양조업 등에 農

의 활로 모색이었다(이헌창, 2021: 414).

外 투자를 했다(장시원, 1989). 한국인 회사 대표 중 지주·곡물상의 비율은 1925-1939년 32%에서 37%로 높아졌다. 주식 자본금 중 한국인 지주·곡물상의 기여도는 1925-1939년 29%에서 47%로 상승했다(김낙년, 2023: 322). 부분적이라 할지라도 한국인 토지재산의 산업자본으로의 전화가 진행되었다. 식민지 시기 한국인 회사의 자본금의 원천의 하나는 대일 쌀 이출을 기반으로 성장한 지주·상인자본이었다. 1933년 초 한국에 본점을 둔 회사의 납입자본금은 10억 7,846만 엔이었는데, 이 중 한국인 납입자본금은 1억 1,537만 원으로 10.7%였으며, 한국인 주주의 상당수는 지주·곡물상이었다(이영훈, 2016: 190; 안병직 편, 2024: 265). 식민지 시기 한국 내에서 미약하지만 '지주·상인형 민족자본 축적'이 진행되고 있었다.[41]

3) 일본의 자본수출: 글로벌 원시 축적의 개시

(1) 일본의 자본수출

일본은 식민지에 대한 자본수출에서 다른 제국주의 국가들에 비해 더 적극적이었다. 제6대(1931-1936) 조선총독부 총독 우가키 가즈시게(宇垣一成)는 일본을 精공업지대, 한국을 粗공업지대, 만주를 농업지대로 하는 일본 제국의 새로운 분업구도를 제시했으며, 한국을 粗공업지대로 만들기 위해 일본의 자본이 한국에 수출되어야 함을 역설했다. 우가키는 공장법, '중요산업통제법'(1931)과 같은 규제 법령의 적용 지역에서 한국을 제외함으로써 한국을 '자본의 자유로운 樂土'로 만들어(이른바 '우가키의

---

41 1930년 당시 종업원 수가 100명 이상이면서 1920-1929년 사이에 설립된 한국인 고무공장은 총 14개인데, 이 중 지주·상인 출신이 공장장을 하고 있는 것은 9개였다(안병직 편저, 2024: 337).

자유주의 정책') 일본 자본의 수출을 유도했다(안병직 편저, 2024: 278-279). 이에 따라 1930년대 이후 일본 자본이 대거 한국에 수출되면서 공업화가 본격적으로 전개되었으며, 1930년대 말부터 군수산업 우위의 중화학 공업화가 급격하게 추진되었다. 1930년대 이후 본격화된 일본의 한국에 대한 자본수출은 일본 자본의 필요에 따른, 식민지 초과이윤 취득을 위한 일본 자본의 세계시장운동의 일환이었지만, 그 과정에서 한국에서 공업화와 자본주의 발전이 가속화되었다. 1916년 레닌이 말한대로 "자본 수출은 자본 수입국들의 자본주의 발전에 영향을 미치고, 그 발전을 엄청나게 가속"시켰다(레닌, 2017: 80-81).

1910-1944년 일본과 한국 간의 자금 유출입의 추이를 보인 〈표 2〉에서 보듯이, 식민지 시기 한국에 유입된 일본 자금은 국고자금(조선경영비, 국채)과 특수금융기관 및 회사자금이 중심이었으며, 1930년대부터, 특히 1938년 이후 급격히 유입되었다. 반면 한국의 자금은 주로 예금부자금 및 일본 유가증권 매입이라는 경로로 일본으로 유출되었는데, 특히 식민지 시기 말기인 1942년부터 일본 유가증권 매입을 통한 자금 유출이 급증했다. 하지만 식민지 시기 말기인 1942-1944년을 제외한 식민지

표 2 일본과 한국 간의 자금 유출입, 1910-1944(연평균) 단위: 백만 엔

	1910-20	1921-31	1932-37	1938-41	1942-44
국고자금 (조선경영비, 국채)	25.6	33.7	41.1	167.0	428.2
예금부자금	0.8	21.0	-1.3	-10.9	-173.5
특수금융기관 (식산채권, 동양척식)	10.3	39.5	39.0	77.6	47.7
회사자금	14.5	20.4	75.8	208.6	834.1
일본 유가증권 매입	-2.6	-4.6	-23.7	-86.2	-1,105.4
합계	48.6	110.0	130.9	356.1	31.1

자료: 김낙년(2003: 110), 표 3-10.

시기 전체, 즉 1910-1941년 시기 일본의 자금은 한국에 **純유입**되었으며, 이는 시기별로 계속 증가했다. 즉 식민지 시기 한국에 자본수출로 유입된 일본 자금이 일본으로 유출된 자금보다 더 많았다. **식민지 시기 일본의 대한 자본수출은 "자본유출을 수반하지 않은 자본수출"(山本有造, 1986: 97)로서 한국으로부터 일본으로의 식민지 초과이윤 송금, 즉 가치이전 메커니즘으로 작용하기보다는 일본에서 한국으로의 자금 순유입을 통해 '초기 자본 축적'이라는 측면에서도 한국에서 원축의 계기로 작용했다.**

식민지 시기 한국에 대한 일본의 자본수출을 중심으로 한 일본 자금의 한국으로의 순유입은 1911-1941년 식민지 한국의 국제수지의 추이를 보인 〈그림 3〉에서도 확인할 수 있다. 식민지 시기 조선의 상품수

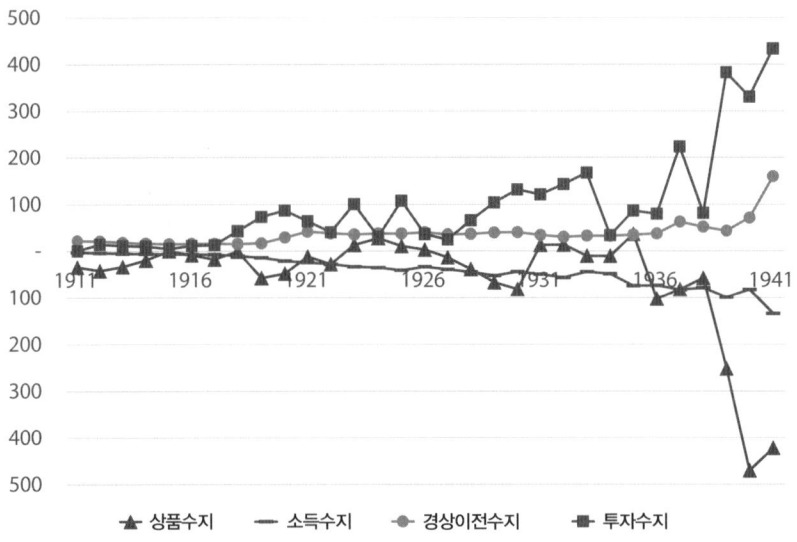

그림 3 한국의 국제수지, 1911-1941 단위: 백만 엔

주: 상품수지=수이출-수이입; 소득수지=국외 수취 요소소득-국외 지급 요소소득(피용자보수+기업 및 재산소득); 경상이전수지: 일본정부의 총독부 재정 보조금 및 조선 주둔 일본군 군사비 지출 등; 투자수지: 조선에 대한 일본의 직접투자, 증권투자 등
자료: 상품수지, 소득수지, 경상이전수지는 김낙년 편(2012), 투자수지는 김낙년(2004)

지와 소득수지는 항상 적자였고, 이는 1930년대 후반 이후 대폭 확대되었다. 하지만 경상이전수지와 투자수지는 항상 흑자였는데, 이는 식민지 조선에 대한 일본의 국가자본 수출과 일본의 민간자본 수출(직접투자 및 증권투자)이 크게 증가했기 때문이다. 경상이전수지 및 투자수지의 흑자는 상품수지와 소득수지의 적자를 상쇄하고도 남아, 전체적으로 식민지 시기 조선에는 자본이 純유입되었다(김낙년, 2023: 59).[42]

1930년대에 일본의 자본수출의 본격화는 '한국 본점회사 납입자본금' 중 '일본 본국(內地) 자본계열' 회사의 납입자본금의 추이에서 확인된다(박이택, 2023). 한국 본점회사 납입자본금은 1921년 1억 9,476만 엔에서 1942년 20억 6,535만 엔으로 11배 증가하였는데, 이중 '일본 본국 자본계열'은 1921년 1,990만 엔에서 1942년 8억 8,610만 엔으로 45배 증가하여, 그 구성비는 1921년 10.2%에서 1942년 42.9%로 증가하였다. '일본 본국 자본계열'의 연평균 성장률은 1921-1931년 10.7%에서 1931-1942년 28.8%로 급등했다.[43] 1917년 조선방직의 진출에 이

---

[42] "식민지 전기간의 추정 국내총생산(GDP) 550억여 엔의 80% 이상이 고스란히 유출 또는 파괴"(정태헌, 1995: 222)되었다는 '수탈론'의 주장은 'stock'과 'flow'의 구별, '총산출과 'GDP'의 구별이라는 경제통계의 기본을 무시한 것이다(조석곤, 2006: 64). 식민지 시기 한국의 국제수지 구조는 식민 본국에 식량과 원료를 수출하고 그로부터 발생한 잉여 자금마저 식민 본국에 의해 처분되었던 식민지 인도와는 상이했다. 한국은 일본에 식량과 원료를 이출했지만, 그 이상으로 일본으로부터 한국으로 자본수출이 이루어졌다.

[43] 반면 '한국내(鮮內) 주요 자본계열'의 한국 본점회사 납입자본금은 1921년 8,424만 원에서 1942년 5억 6860만 원으로 6배 증가하는데 그쳤고, 그 구성비는 1921년 43.3%에서 1942년 25.6%로 줄어들었다. 또 '한국내 주요 자본계열'의 한국 본점회사 납입자본금 중 한국인계의 비중은 1921년 2.3%에서 1935년 8.5%로 늘어났지만 이후 감소하여, 1942년에는 5%가 되었다(박이택, 2023).

어 1926년 일본의 신흥재벌인 일본질소비료가 한국에 진출했다. 1925-1929년 약 14개의 일본 대자본이 한국에 진출하여 공장을 건설했다. 종업원 200명 이상의 일본인 대공장은 1932년 43개에서 1937년 92개로 증가했다. 중일전쟁 이후 군수공업화 시기인 1938-1941년에 약 40억 엔의 일본 자본이 한국에 투자되었다(이영훈, 2016: 169, 182-183, 188, 231). 연합군최고사령부의 추계에 따르면 1900-1945년 일본의 대한 투자액은 약 80억 엔(5억 3,000만 달러)이었는데, 1930-1945년 15년 간의 일본의 대한 투자액이 1900-1945년 전체 투자액의 80%를 차지했으며, 특히 마지막 5년간 1940-1945년 군수공업화 기간의 투자액은 전체 투자액의 48%나 되었다(허수열, 2005: 169-170).

1930년대 이후 일본의 대한 자본수출은 한국에서 투자, 즉 자본축적을 가속시켰다. 〈그림 4〉에서 보듯이 1920년대까지 한국에서 총투자의 국민가처분소득 대비 비율은 7% 대였는데, 1930년대 들어 10%를 넘

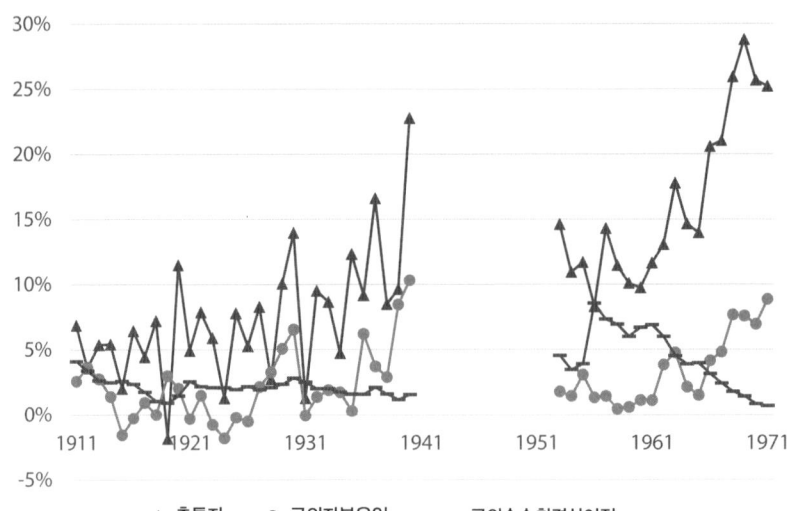

그림 4 한국에서 투자와 자본유입(국민가처분소득 대비 비율), 1911-1971
자료: Cha et al., eds.(2022)

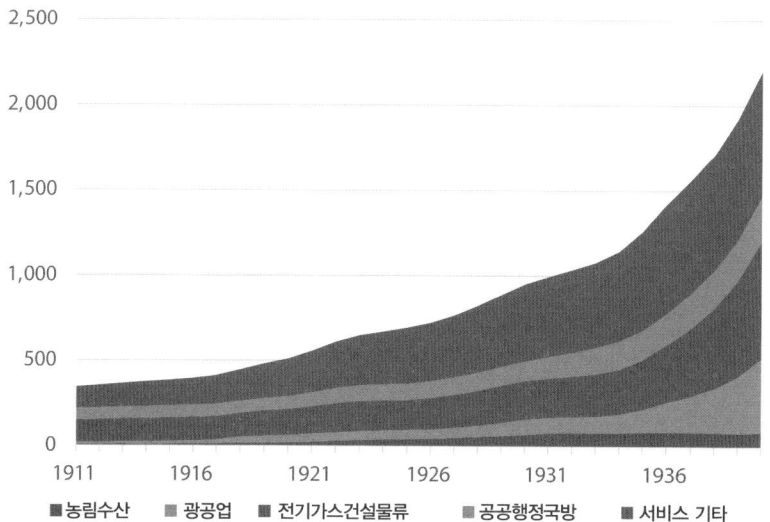

그림 5 한국의 자본스톡(토지 제외), 1911–1942(1935년 불변가격) 단위: 백만 엔
자료: 김낙년 편(2012), 표 Ⅱ-74

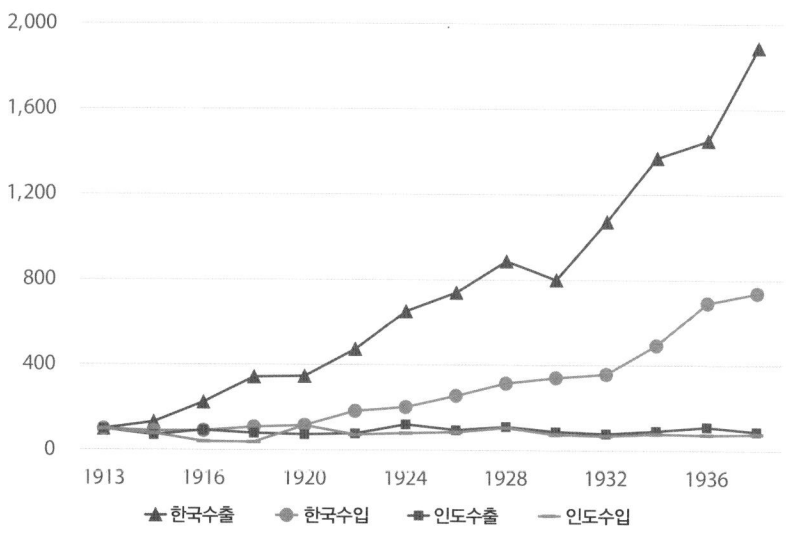

그림 6 한국과 인도의 수출액 및 수입액 지수, 1913–1938(1913=100)
자료: Hori(2011: 31), Table 1

었고 군수공업화가 강행되면서 1940년에는 20%를 돌파했다. 이는 1930년대 중반 이후 급증한 '국외자본유입', 즉 일본의 대한 자본수출에 힘입었다. 1930년대 이후 한국에서 투자, 즉 자본축적이 가속되면서 〈그림 5〉에서 보듯이 한국의 자본스톡도 빠르게 증가했다. 1930년대 이후 특히 광공업 부문과 전기가스물류 부문에서 자본스톡이 크게 증가했음을 알 수 있다.

식민지 시기 한국에서는 무역도 크게 확대되었다. 〈그림 6〉에서 보듯이 1913-1938년 한국의 수출을 실질 가격 기준으로 거의 20배나 증가했으며 수입도 8배나 증가했다. 이는 같은 시기 영국의 식민지 인도의 수출과 수입이 거의 증가하지 않은 것과 대조적이다. 또 〈그림 7〉에서 보듯이 한국의 순상품 교역조건은 1920년까지 크게 악화되었지만 1920년

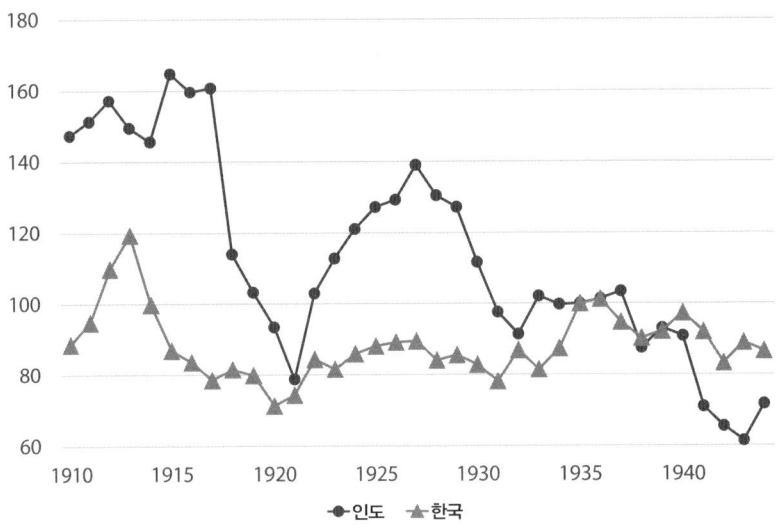

그림 7 식민지 시기 한국과 인도의 교역조건, 1910-1945 1935=100
주: 한국은 전체 교역, 인도는 대영 교역
자료: 한국: Cha et al., eds.(2022: 1243-1246), Table V.17; 인도: Appleyard(2006: 644-645)

대 이후 1930년대 중반까지 개선, 1930년대 후반 이후 1945년까지 소폭 악화 등의 변동을 보였고, 전체적으로 뚜렷한 개선 혹은 악화의 추세를 보이지 않았다. 이 역시 인도의 대영 교역조건이 1920년대 후반 이후 1945년까지 큰 폭으로 악화된 것과 대조된다.

(2) 식민지 한국에서 '산업혁명'

식민지 시기 한국에서 자본주의 발전에 따라 한국인 자본도 성장했다. 1910년 총독부의 회사령에 의한 제약으로 식민지 한국에서 회사의 수는 1911년 152개에서 1918년 266개에 불과했으나, 이후 회사령의 철폐에 따라 1939년까지 3,581개로 증가했으며, 그 중 한국인이 설립한 회사도 1911년 11개에서 1929년 362개, 1939년 2,171개로 증가했다. 1930년대 후반에는 한국인 회사로서 자본금 10만원 이상의 대규모 회사가 다수 설립되었고 업종도 농업, 양조업, 금융업에서 광업, 부동산업 등으로 다양해졌다. 1920년 이후 증권시장이 설립되어 주식 거래도 1932년 101만주에서 1937년 448만주, 1942년 3,392만주로 증가했다(이영훈, 2016: 115, 118; 안병직 편저, 2024: 318, 320). 공장수는 1911년 252개에서 1920년 2,068개, 1938년 6,624개, 1940년 7,142개로 증가했는데, 1939년 한국인 공장은 4,185개나 되었다. 1910년대 한국인 공장은 전체 공장의 25.8%였지만, 1920년대 후반 이후 한국인 공장이 크게 증가하여 1940년에는 전체 공장의 60.2%가 한국인 공장이었다(김낙년, 2023: 330). 식민지 시기 한국에서 일본 자본의 발전이 한국인 자본 발전을 억압했던 것만은 아니다. 일제의 한국에 대한 식민지 지배의 특징은 '개발을 통한 착취'이며 한국인 자본은 일본자본에 억압되면서도 그 영향 하에서 발전했다. 식민지 시기 한국에서는 식민지 정부와 일본 대자본이 주도한 이식형 공업화와 함께 한국인 자본 위주의 재래형 공업화가 複線的으로 진행

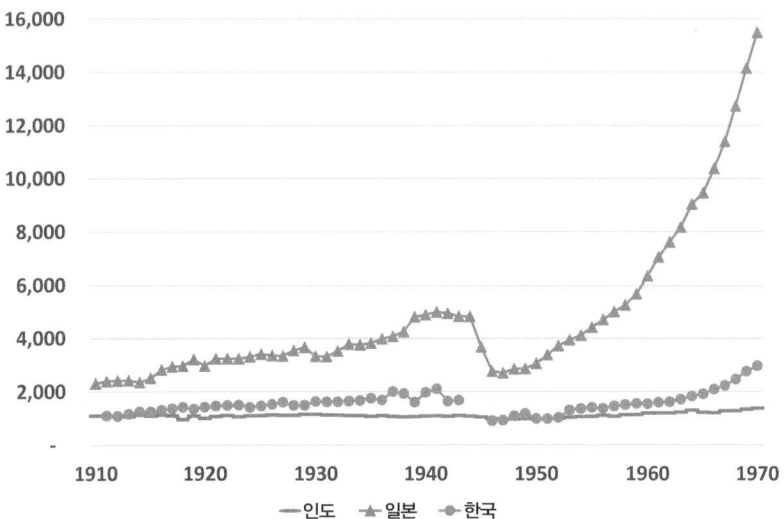

그림 8 1인당 실질 GDP, 1910–1970 (2011년 불변 US 달러)

자료: Groningen Growth and Development Centre(2023)

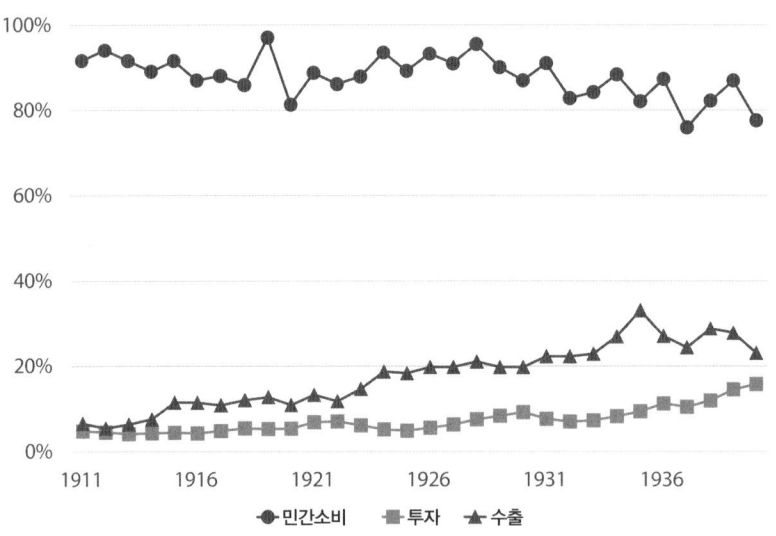

그림 9 한국 GDP(명목)의 지출구조, 1911–1940

자료: 김낙년 편(2012)

되었다(中村哲, 2024: 109-110).

식민지 시기 한국에서 자본주의의 발전은 국민계정 관련 지표들에서 확인된다. 1911-40년 한국의 실질 GDP는 연평균 3.6%로 증가했다. 이는 1913-1950년 세계경제의 연평균 성장률 1.82%의 거의 두 배 가까운 고성장이었다. 〈그림 8〉에서 보듯이 1911-1941년 한국의 1인당 실질 GDP는 1,108달러에서 2,107달러로 1.9배 증가하여, 같은 시기 종주국 일본의 그것이 같은 기간 2,400달러에서 4,986달러로 2.1배 상승한 것과 거의 같은 속도로 증가했다. 이는 같은 시기 영국의 식민지였던 인도의 1인당 실질 GDP가 1,101달러로 완전히 정체한 것과 대조적이다.[44] 〈그림 9〉에서 보듯이 1911-1940년 GDP 중 수출의 비중은 6.6%에서 23.1%로 급증했고,[45] 투자의 비중도 4.8%에서 15.8%로 지속적으로 증가했다. 반면, GDP 중 민간소비의 비중은 1911년 91.6%에서 1920년 81.3%로 감소했다가 1928년 95.5%로 다시 증가한 후 1920년대 말과 1930년대에는 급속하게 저하하여 1940년 77.6%까지 낮아졌다. 1930년대 이후 한국의 경제성장은 민간소비 억압과 수출 주도 및 투자 주도의 '强축적 메커니즘'에 기초했다. 식민지 시기 한국의 경제성장은 산업구조의 고도화를 수반했다. 〈그림 10〉에서 보듯이 1911-1940년 한국의 GDP 중 농림

---

[44] 해방 후인 1946-1960년 기간에도 한국의 1인당 실질 GDP는 916달러에서 1,548달러로 1.7배 증가했던 반면, 인도의 그것은 같은 시기 991달러에서 1,200달러로 1.2배 증가하는데 그쳤다.

[45] 반면 1930년대 인도에서는 민족주의 고양을 배경으로 경제에서 무역의 비중이 감소했고 국내시장의 중요성이 커졌다. 인도에서 독립 후 국민회의파 정권이 추진했던 내향적 수입대체공업화의 출발점은 식민지 시기로 소급될 수 있다(中村哲, 2024: 154).

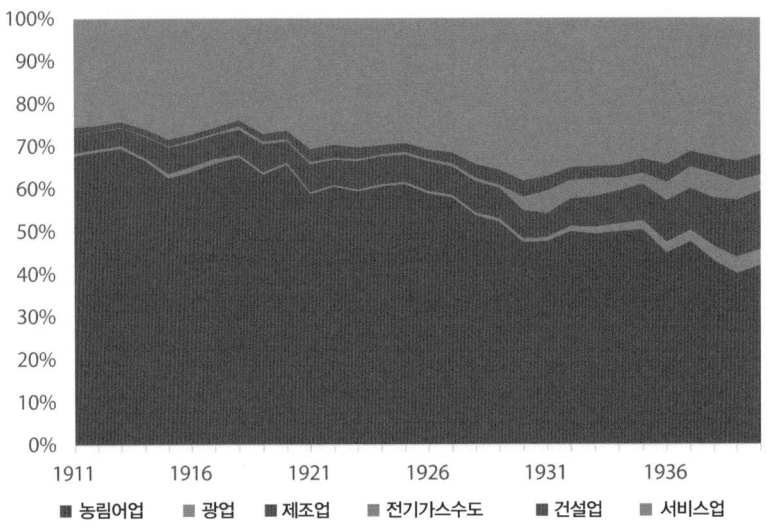

그림 10 한국의 산업구조, 1911–1940

자료: 김낙년 편(2012)

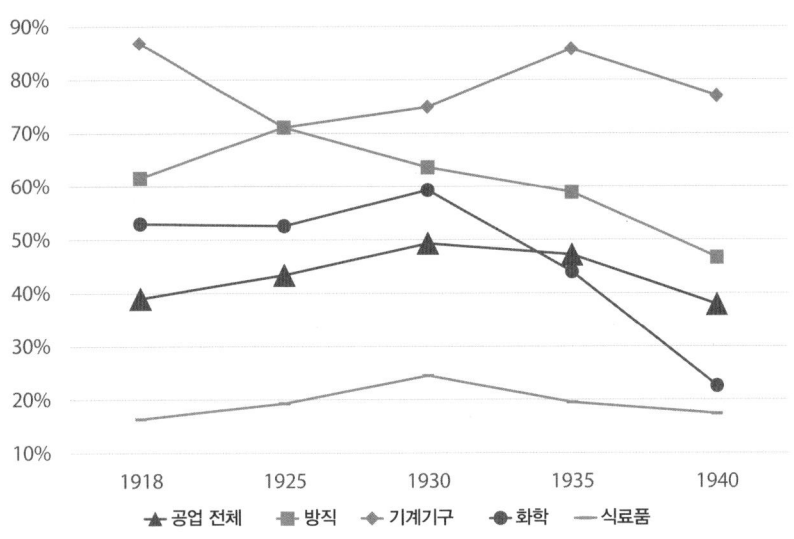

그림 11 한국의 수이입의존도, 1918–1940

주: 수이입의존도=수이입액/(생산액+수이입액)

자료: 김낙년(2003: 222), 표 5-8.

어업 비중은 67.8%에서 42%로 지속적으로 감소한 반면, 제조업 비중은 4.4%에서 13.9%로 증가했으며, 특히 1930년대에 급속하게 증가했다. 1930년대 이후 일제의 광산자원 약탈과 수력자원 개발이 진행되면서 광업과 전기가스수도업의 비중도 크게 증가했다. 한국의 총부가가치 및 2차산업의 연평균 성장률은 일본 본토보다 높았다(堀和生·木越義則, 2020: 128-129). 1930-1940년 10년간 중화학공업의 비중은 25%에서 51.6%로 배증했으며, 1939년경 중화학공업 생산액의 비중은 경공업 생산액의 비중을 넘어섰는데, 이는 당시 주요 선진국의 중화학공업화 수준과 비슷했다(허수열, 2005: 150-151). 〈그림 11〉에서 보듯이 공업화에 따라 대외의존도가 낮아졌다. 주요 공산품의 수이입의존도는 공업화가 본격화되기 전인 1920년대까지는 높아졌지만, 1930-1940년 공업화가 진전되면서 공업 전체로는 1930년 49.3%에서 1940년 37.9%로 저하했으며, 방직 공업 경우 1925년 71.1%에서 1940년 46.7%로 저하했다.[46]

    1930년대 식민지 한국에서 공업화는 "산업혁명"이라고 불릴 정도로 급속했다.[47] Cha and Kim(2012: 60, 71)은 일제 식민지 시기인 1911-

---

46 광공업 전체의 자급률(=생산/소비)은 1911년 61%에서 1934년 68%, 1940년 82%로 상승했다(안병직 편저, 2024: 300, 그림 9-3).

47 서울사회과학연구소 경제분과(1991: 68)는 1930년대 한국의 공업화를 산업혁명에 비유했다: "일반적으로 산업혁명에 의한 기계제 생산으로의 전화와 더불어 자본주의적 생산양식이 지배적인 것이 된다는 점에서 식민지 한국에서는 1920년대 후반 이후 일본 경공업 독점자본의 진출, 1930년대 초반의 중공업 독점자본의 진출과 더불어 기계제 대공업에 기반한 독점자본이 공업을 지배하고 나아가 농업 및 다른 부문에 대한 지배력을 행사하면서 식민지자본주의가 확립되어 간다." 커밍스(2001: 247)도 식민지 한국에서 산업혁명이 시작되었다고 말했다: "1935-1945년 한국은 산업혁명을 시작했는데, 농민들의 이농, 노동계급의 출현, 도시화, 인구이동 등 산업화

1940년 한국내 총생산이 연평균 3.6% 정도 증가했고, 이는 연평균 1.3% 의 인구 증가, 연평균 2.3%의 1인당 생산 증가로 분해된다고 추계하고, 이를 근거로 이 시기를 "한국의 제1차 산업혁명(Korea's first industrial revolution)"의 시기라고 명명했다. 또 이영훈(2016: 170)과 이헌창(2021: 2)은 이 추계치를 근거로 식민지 시기 한국에서 Kuznets(1973)가 말한 1인당 생산이 지속적으로 증가하는 "근대적 경제성장(modern economic growth)"이 이루어졌다고 주장했다. 나아가 이들은 1960년대 이후 한국 경제의 고도성장은 이와 같은 식민지 시기의 "제1차 산업혁명" 혹은 "근대적 경제성장"의 연장선 상에 있는 것으로 해석한다.[48] 하지만 식민지 시기 "근대적 경제성장"은 두 차례의 원축, 즉 토지조사사업과 일본의 한국에 대한 자본수출 없이는 불가능했다. "근대적 경제성장"은 결코 의도되거나 예정된 필연적 과정이 아니었다. 또 식민지 시기 "근대적 경제성장"과 1960년대 고도성장 사이의 1945-1960년 한국의 역사는 귀속재산 불하, 농지개혁, 한국전쟁, 미국 원조 등 최소한 네 차례의 글로벌 맥락에서 진행된 원축들, 그리고 이와 연관된 계급투쟁들에 매개되어 우발적으로 진행되었기에, 1930년대 식민지 시기 "근대적 경제성장"이 1960년대 이후 한국경제의 고도성장으로 연속적으로 진화했다고 주장하는 것은 무리이다. 무엇보다 식민지 시기 한국에서 "근대적 경제성장" 혹은 "산업혁명"의 본질은 마르크스가 말한 프롤레타리아트화, 즉 자본-임금

의 많은 통상적인 특징들이 나타났다."

[48] 예컨대 김두얼(2017: 58)은 "한국인 소유 공장의 성장은 조선총독부의 보호나 지원 없이 일본인 소유 공장들과의 경쟁을 통해 이룬 결과"라고 해석하고, 식민지 시기 한국 기업가의 "인적 자본 축적이 해방 이후 경제성장의 중요한 원동력 가운데 하나일 가능성"을 제시했다.

표 3　한국에서 공장 생산의 성장, 1911-1940

	공장수 (개)	공장노동자(A) (명)	실질 생산액(B) (1935년 천 원)	노동생산성(B/A) (1935년 천 원)
1911		16,286	29,666	1.82
1915	768	26,441	73,153	2.77
1920	2,070	56,038	128,982	2.30
1925	4,192	79,722	260,434	3.27
1930	4,242	108,721	322,811	2.97
1935	5,584	175,292	675,491	3.85
1940	7,157	308,705	1,093,726	3.54

출처: 안병직 편저(2024: 291), 표 9-1

노동 관계의 발전으로서의 원축이었다.

(3) 프롤레타리아트화의 진전과 자본관계의 발전

1910-1918년 토지조사사업 이후 본격적으로 시작된 한국의 프롤레타리아트화는 1930년대 이후 일본의 자본수출 증가에 따른 공업화 과정에서 가속되었다. 〈표 3〉에서 보듯이 공장노동자는 1911년 1만 6,286명에서 1940년 19배 늘어난 30만 8,705명이 되었다. 공장노동자와 아울러 광산 노동자도 1918년 3만 7천 명에서 1940년 24만 9천 명으로 증가했으며, 토건노동자도 1932년 4만 4천 명에서 1940년 29만 1천 명으로 증가했다(호리 가즈오, 2003: 116). 식민지 시기 노동자들은 대공장에 집중되어 있었다. 1939년 전체 노동자의 절반이 종업원수 100명 이상의 비교적 규모가 큰 공장에 취업하고 있었다(허수열, 2005: 158-159). 또 한국에서 일하는 일본인 노동자는 1930년 5,826명으로부터 1936년 1만 1,337명으로 증가해서 전체 노동자 중 10% 정도의 비중을 유지했다(이헌창, 2021: 406).

토지조사사업 이후 격렬한 농민층 분해가 일어나 토지를 상실한 영세 소작농과 농업노동자, 半프롤레타리아트⁴⁹가 급증했다. 하지만 1920년대까지는 근대적 고용 기회가 적었기 때문에 대부분 농촌에 적체되어 있었다. 1930년 국세조사에 따르면, 전체 농경종사자 738만 명의 6.7%인 49만 5천 명이 전업적 농업노동자로 추정되었는데, 이들 대부분은 '머슴'(年雇)이었다. 또 전업적 농업노동자 뿐만 아니라 스스로 농업경영을 하면서 임금노동도 하는 농민이 100만 명(전 농경종사자 중 13.6%)이나 되었으며, 가계 보충을 위해 임금노동을 하는 소작농도 77만 5천 호(소작농 중 34.8%)나 되었다. 공업화의 속도가 느렸던 1920년대 농촌에서 유출된 인구는 대부분 공업 부문 임금노동자로 흡수되지 못하고 날품팔이, 가정부, 잡역부 등 도시 잡직에 종사했다. 1930년 합계 약 175만 명의 임금노동자가 존재했지만, 그 중 전업적 농업노동자가 50만 명이 넘고, 비농업 부문 임금노동자가 120여 만 명이었는데, 그 중 공장노동자와 광산노동자는 6만 3천 명에 불과했다(호리 가즈오, 2003: 109-110, 114; 안병직 편저, 2024: 285).

    1930년대 이후 급속하게 진전된 공업화는 농촌에 방대하게 적체되어 있던 상대적 과잉인구를 흡인했으며 이에 따라 離村向都가 본격화되었다. 농촌 노동력의 역외 유출은 1930-1935년 연평균 6만 명, 1935-1940년 연평균 22만 명이었다. 이들의 절반 정도는 해외로 나갔으며, 나머지 대부분은 비농업부문 노동력으로 전환했다(이헌창, 2021: 405). 〈그림 12〉, 〈그림 13〉에서 보듯이 1930년대 이후 도시와 국외에 유입된 한국인 인구가 크게 증가했는데, 이는 농촌에서 유출된 것이다. 1930년대 이

---

49 半프롤레타리아트는 "半종속자, 半雇農(半농업노동자), 半소유자라는 성격을 한 몸에 모두 지닌 존재, 즉 생산수단과 불충분하게 결합되어 있으면서 생활자료를 얻기 위해 임금노동을 하지 않을 수 없는 존재"(小谷汪之, 1984: 234-235)를 말한다.

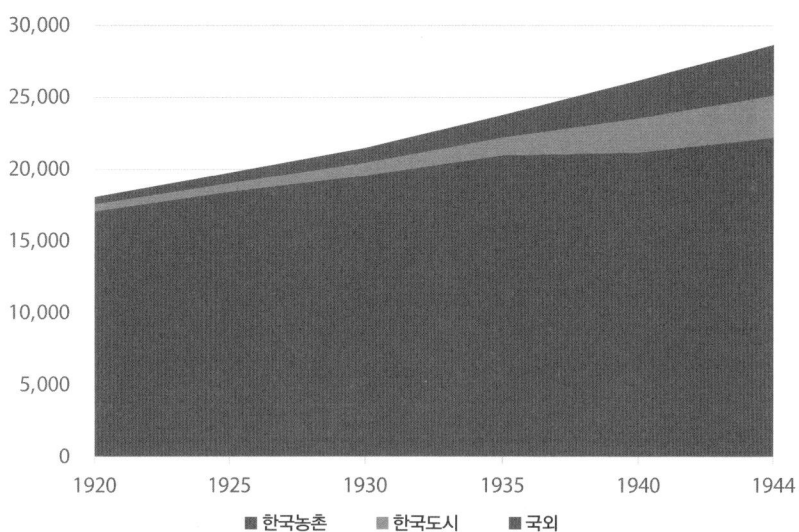

그림 12 지역별 한국인 인구, 1920-1944 단위: 천 명

자료: 호리 가즈오(2003: 136), 그림 3-3.

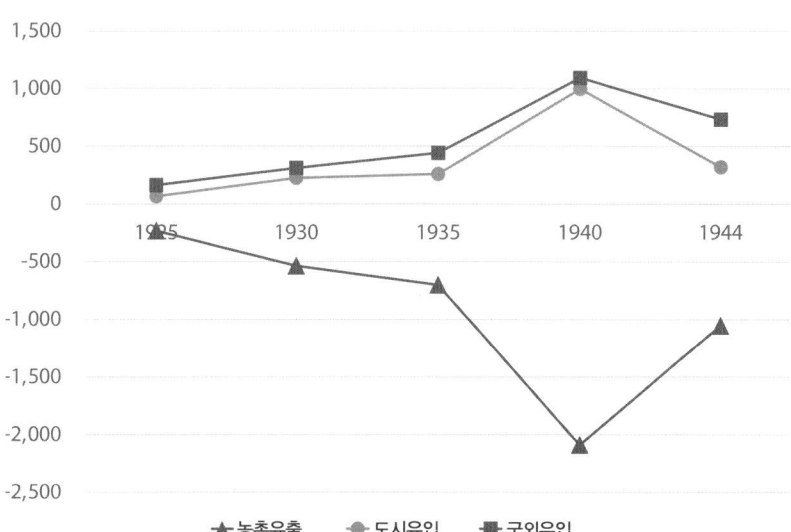

그림 13 한국의 인구 이동, 1925-1944 단위: 천 명

자료: 호리 가즈오(2003: 136), 그림 3-3.

후 많은 농민들이 국외로 유출되고 광공업의 발달에 따라 비농업부문에서 노동에 대한 수요가 급증하면서 농촌의 인구 압력이 줄어들기 시작했다(허수열, 2005: 160). 朝鮮國勢調査에 따르면 1930-1940년 10년간 농업 종사자는 합계 97만 9천 명 감소했으며, 남녀 전체로는 12.8%, 남자만으로 9.7%나 절대적으로 감소했다. 특히 20세 미만의 젊은 노동력이 30% 이상 감소했다. 20세 미만의 농업 남자 유업자는 35만 7천 명 감소했지만 비농업 부문에서는 15만 2천 명밖에 증가하지 않았다. 이 연령층에서 대량의 노동력이 國外로 유출되었다. 만주로는 1911-1919년 20만 3천여 명, 1931-37년 29만 2천여 명, 1938-1940년 36만 4천여 명 유출하여, 1911-1940년 합계 102만 6,309명이 순유출했다. 일본으로는 1920-1938년 74만 2천 명, 1939-1942년 자발적 이주 67만 1천여 명, 강제동원 29만 9천여 명이 순유출되었다. 1939-1945년에 걸쳐 모집, 관알선, 징용에 의한 한국인의 國外 동원은 총 73만 4천여 명에 달했다. 그 결과 한국인 유업자중 농업 종사자 비율은 1930년 80.6%에서 1940년 69.4%로, 불과 10년 사이에 15% 포인트나 저하했다. 격렬한 이농은 1930년대 이후 시대적 특징이었다.[50] "1930년대 후반 이후의 만주, 한국을 포함하여 일본자본주의 전체의 중화학공업적인 발전에 따라 노동력시장에 광범위한 변화가 일어나 한국 농촌으로부터 각지로 노동력이 유출되었다. 한편에서는 유출이 궁핍화한 하층에서부터 진행되어 간다고 하는, 말하자면 농촌 내의 배출(push) 요인이 있었다. 그러나 다른 한편에서는 일

---

[50] "한 사람의 일본인이 이민으로 들어올 때마다 다섯 사람 꼴로 조선인이 유민화되어 조선을 떠나갔다. 조선인 유민과 일본인 이민, 이것이 다름 아닌 식민화(colonialization)의 과정이었던 것이다"(허수열, 2005: 338). "1944년 전체 한국인들 중 11.6%가 한국 밖에서 살고 있었다. … 성인인구의 40%가 고향에서 뿌리 뽑혔다"(커밍스, 2001: 248).

본자본주의의 발전에 따른 노동력시장의 급팽창이라는 농촌 밖의 흡인 (pull) 요인이 있고, 이 방향은 교육을 받은 중농층까지 흡인했다. 1930년대에는 이 두 요인이 중첩되었기 때문에 격렬한 이농 유출이 일어났다." "여전히 강고한 지주제와 공업화로 이어지는 상품경제화의 과정이 병존한 것이야말로 한국 농업의 특징이었다. 적어도 1930년대 후반 이후의 한국 농업은 일본 국내까지 포함한 자본주의에 의해 깊게 규정된 존재가 되었다. 1930년대 한국에서 농업 소경영으로부터의 노동력 유출과 자본에 의한 이 유출된 인구의 포섭, 즉 **원축**이 급격히 진행되고 있었다." "일본자본주의에 의해 포섭된다는 조건에 의해서이기는 하지만 **식민지 말기 한국은 원축이 불가역적인 단계로까지 진전한 사회가 되었다**"(호리 가즈오, 2003: 168, 170. 강조는 필자들).(호리 가즈오, 2003: 128, 135-137, 140, 146, 148, 168, 170. 강조는 필자들).

식민지 한국에서 총독부는 '內鮮一體' 슬로건 아래 한국 민족의 문화적 말살을 목적으로 교육 정책을 펼쳤다. 1911-1940년 GDP 대비 정부의 교육 지출은 0.2%에서 1.9%로 크게 증가했으며, 특히 초등교육이 확대되어, 초등학교 취학률은 1910년 0.9%에서 1932년 15.8%, 1943년 47%(남학생의 경우)로 높아졌다. 한국 인구의 평균 교육년수는 1920년 0.6년에서 1942년 1.2년으로 배증했다(김낙년, 2023: 139, 142). 식민지 시기에 이루어진 초등, 중등 교육의 확대는 기업가, 기술자, 숙련공, 상인 은행원, 공무원, 군인 등 다양한 형태로 한국인 '인적 자본'을 축적했다. 특히 일제에 의한 한국인 초등교육의 보급은 공장노동과 기술에 적응할 수 있는 훈육된 노동자계급을 성립시켰다. 식민지 말기 공장노동자의 1/2, 광산노동자의 1/4 가량은 초등교육을 받은 사람들이었다. 중일전쟁, 태평양 전쟁 시기 일본인 관리자, 기술자들이 징집되어 일본인 숙련공이 부족해지자 한국인이 점차 그 빈자리를 채우면서 한국인 숙련노동자층도 형성되기 시작했다. 일제시대 양성된 숙련 인력은 해방후 한국에서 자본주의가 재건되는 데 중요하게 기여했다. 그러나 교육과 고용관행의 민족 차별로 인해 일제시대 말기까지도 '관리직·기술직·숙련직=일본인', '비숙련직=한국인'으로의 노동시장 분단 구조는 여전히 유지되었다(이영훈, 2016: 214-216; 안병직 편저, 2024: 286). 1939년 한국인 기술자 3,000여 명 중 90% 정도가 일본인이었으며, 1943년 공업 부문 기술자 중 17%만이 한국인 기술자였고, 1945년 해방 직전에도 중등, 고등, 대학 취학률은 각각 4.6%, 3.2%, 0.7%에 불과했다(허수열, 2005: 259; 이헌창, 2021: 409-411).

(4) 착취와 수탈, 빈곤에 기초한 발전

식민지 시기 한국에서 원축은 많은 농민을 토지로부터 분리시켜 소작농과 半프롤레타리아트로 전화시켰다. 식민지 시기 자본주의 발전은 이들에 대한 착취와 수탈에 기반했다. 앞의 〈표 3〉에서 보듯이 1930-1940년 공장노동자 1인당 실질 생산액(1935년 불변가격), 즉 노동생산성은 2,970원에서 3,540원으로 증가했지만, 〈그림 14〉에서 보듯이 1930년대 공장노동자의 실질임금은 상승하긴커녕 오히려 저하했다. 노동생산성의 상승에도 불구한 실질임금의 저하는 잉여가치율(=노동자 착취율)의 상승을 의미한다. 식민지 시기 숙련노동자의 실질임금은 일정 기간(1920년대) 상승했지만 불숙련노동자의 실질임금은 식민지 시기 전 기간 정체되어 있었다. 일제시대 한국인 노동자중 일부 숙련노동자를 제외한 대부분의 불숙련노동자의 임금은 생존수준이었다(허수열, 2005: 287).

식민지 시기 노동자들의 실질임금뿐만 아니라 농가 실질소득의 상승도 억압되어 있었다. 노동자들의 실질임금의 억압에도 불구하고 노동력의 생산·재생산이 가능했던 것은 생산비 이하의 저곡가 때문이었다.

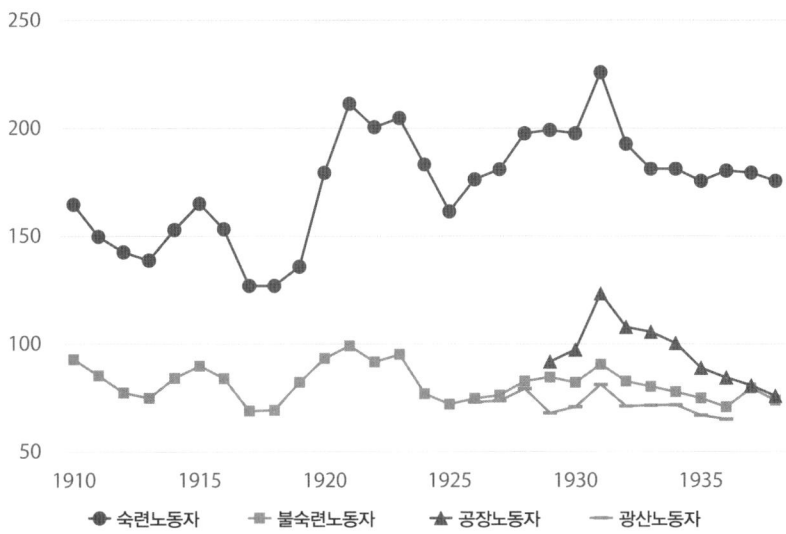

그림 14 **한국 노동자의 실질임금, 1910-1938 단위: 錢/日**

주: 실질임금은 1934-1936년 3년 평균의 불변가격으로 명목임금을 나누어 계산
자료: 허수열(1981: 244-246), 부표 5 및 부표 6

1957년 쌀 1석당 생산비는 1,394환임에 비해 시장가격은 1,311환에 불과했다(文八龍 외, 1981: 210). 저곡가는 농가 실질소득의 상승을 억압했다. 〈그림 15〉에서 보듯이 식민지 시기 농가 실질소득은 증가하기는커녕 감소했다. 농가 실질소득은 1920년대 후반 이후 급감하여 1933년 바닥을 친 후 그 후 상당 부분 회복되었지만, 1915-1937년 경향적으로 감소했다. 식민지 시기 한국의 노동자 실질임금과 농가 실질소득이 감소한 결과 한국 노동자와 농민의 생활수준은 악화되었다. 〈그림 16〉에서 보듯이 1911-1940년 한국인의 1인당 쌀 소비량은 물론이고 잡곡 소비량도 감소했다. 1930년 전국 농가의 47.2%가 春窮 상태였다. 1938년 한국의 1인당 실질 소비지출 수준은 대만의 60%, 일본 본토의 36%에 불과했다(이헌창, 2021: 414). 인구가 증가하는 속에서 1인당 생산량과 1인당 소비가 지속적으로 증가하는 것이 "근대적 경제성장"이라면 식민지 시대 한

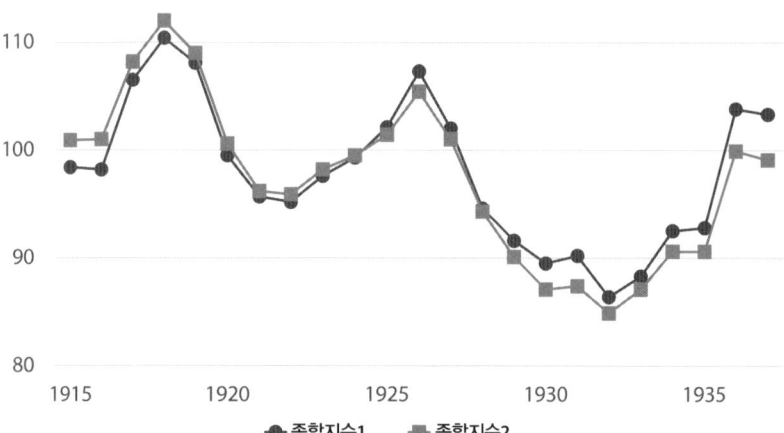

그림 15 한국의 실질 농가소득 지수(1920=100), 1915-1937

주: '종합지수1'은 쌀의 가중치 0.6, '종합지수2'는 쌀의 가중치 0.5 가정
자료: Kimura(1993: 635), Table 2

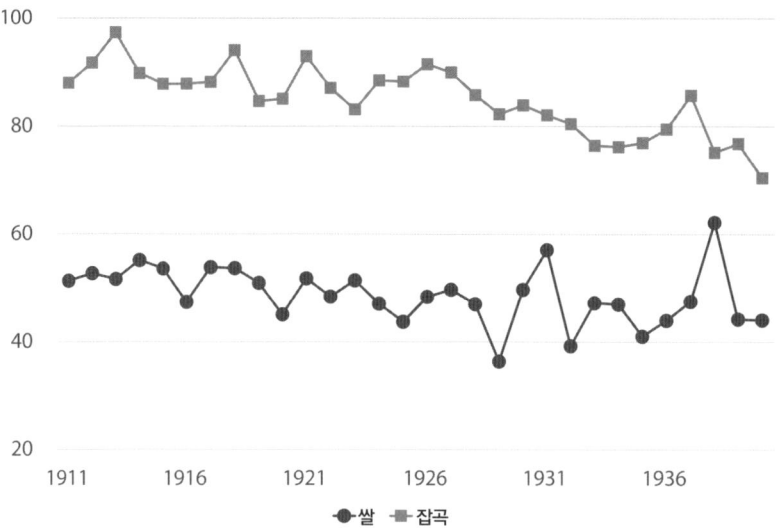

그림 16 한국의 1인당 연간 곡물소비량(정곡 기준), 1911-1940 단위: 승

주: 1승=1.8039리터
자료: 김낙년 편(2012), 표 Ⅱ-57

국에서는 "근대적 경제성장"은 없었다고 할 수 있다(허수열, 2005: 289).

4) 귀속재산 접수 및 불하: 국가자본의 강제 창출과 사유화

1945년 9월 남한을 점령한 미군은 1948년 8월까지 군정을 실시했다. 미군정은 9월 9일 '조선주민에 고함'이란 맥아더 포고에서 "주민의 사유재산권은 보호된다"고 밝히고 남한에서 자본주의의 수호자로 나섰다. 미군정은 1945년 12월 6일 법령 제33호를 공포하여 1945년 8월 9일 이후 일본정부와 그 대리 기관, 그에 속한 국민, 회사, 단체, 조합, 기타 기관이 남한에서 소유하는 모든 종류의 재산의 소유권을 무력으로 접수했다. 그런데 해방 직후 미군이 남한을 점령하기 전에 한국의 노동자와 농민들은 노동자자주관리위원회, 인민위원회를 조직하여 "수탈자에 대한 수탈"(마르크스, 2015a: 1046)을 통해 일본인 기업체와 농지, 등 재산을 접수하고 이를 포스트자본주의 "제3의 세계(World of the Third)"(Chakrabarti and Dhar, 2023), 코먼으로서 자주 관리하고 있었다.[51] 따라서 미군정의 귀속재산 접수 방침은 귀속재산에 대한 한국 민중의 노동자자주관리 운동, 즉 한국에서 포스트자본주의 "제3의 세계", 코먼을 지향한 운동을 정면으로 부정한 것이었다. 노동자와 농민 대중은 미군정의 귀속재산 무력 접수에 맞서 1946년 9월 총파업, 10월 인민항쟁 등으로 강력하게 투쟁했지만 패배했다. 당시 남한 민중운동의 지도부였던 스탈린주의 조선공산당이 미군정의 귀속재산 접수 방침을 수용했던 것도 패배에 한 몫 했다(정성진, 1985). 결국 1945년 해방 당시 남한에 존재했던 귀속재산의 소

---

51 "일본인 재산은 조선인의 근로를 착취한 것이라는 관념이 조선인 종업원에 침투하면서 일본인 기업 재산의 접수, 주택의 침입, 퇴직수당과 기타 금전의 부당 요구, 일본인 기업간부에 대한 실력행사를 통한 인신구금 등의 사건이 빈발했다"(森田芳夫 編, 1964: 44).

유권은 모두 미군정으로 귀속되었으며, 귀속재산을 "제3의 세계", 코먼으로 일시 자주관리했던 직접생산자들(노동자와 농민)은 생산수단(귀속재산)으로부터 강제 분리되어 무산대중, 프롤레타리아트로 되돌아가고 말았다. 이 점에서 해방후 미군정의 귀속재산 접수 관리는 마르크스적 의미에서 원축이었다.

1945년 8월 해방 당시 한국 소재 일본인 재산은 총 52억 4,650만 달러(3,053억 원으로 당시 한국 국부 총액의 80%)로 추산되는데, 이는 1905-1945년 일본이 한국에 행한 공적 및 사적 투자가 누적된 것이다. 귀속재산을 구소유 주체별로 보면, 민간기업 소유 35억 달러(67.6%), 정부 소유 10억 달러(19%), 개인 소유 7억 달러(13.4%)였으며, 지역별로는 남한 22억 7천만 달러(43.4%), 북한 29억 7천만 달러(56.6%)였다. 남한에 남겨진 22억 7천만 달러의 일본인 자산 중 기업자산은 13억 달러(200억 엔)였다. 1차산업과 3차산업의 기업은 주로 남한에 분포했으며, 2차산업의 기업은 70% 이상이 북한에 입지했다. 2차산업의 주요 업종은 화학, 철강, 제련, 경금속, 광업, 전기업 등으로 1930년대 이후 북한 지역에 진출한 일본의 군수 관련 중화학공업이었다. 업종별 자산액을 알 수 있는 1,500개 회사 중 광공업 부문의 경우 북한 지역 비중은 72%였던 반면 남한 지역은 28%에 불과했다(이대근, 2015: 366-373; 허수열, 2005: 316-317). 해방 후 북한에서 소련군과 김일성 정권이 접수한 적산은 **북한에서 국가자본주의적 원축**의 결정적 계기가 되었으며(서동만, 2005: 111-119), 적산을 바탕으로 북한 경제는 1956-1960년 연평균 13.7%로 고도성장했다(조태형·김민정, 2020).

1948년 남한 소재 귀속재산의 추정 가치는 총 3,053억 원에 달했는데, 그 중 기업체 1,812개의 재산 가치가 2,171억 원으로 가장 큰 비중을 차지했다. 이는 1948년 한국정부의 세출 예산 351억 원의 9배에 달하는 거액이었다. 1948년 남한 소재 귀속재산 중 미군정이 설립한 신한공사

(New Korea Company)를 통해 관리하고 있던 귀속농지의 가치는 200억 원이었다. 신한공사가 관리한 귀속 농지는 총 26만 8,619 정보로서 총경지 2,191,546 정보의 12.3%에 달했으며, 소속 소작농가는 587,974호로서 전체 농가 2,172,435호의 27.1%를 차지했다. 1947년 10월 귀속 공장은 총 1,573개로서 당시 조선의 공장 총수 5,432개의 28.5%였으며, 종업원 수는 96,964명으로 당시 공장노동자 총수 174,886명의 55.4%였다 (김기원, 1990: 26, 32, 37-38).

해방직후 계획경제의 확립과 중요 산업의 국유화가 당시 여론의 대세였다. 하지만 미군정은 1947년부터 자신들이 무력으로 접수·관리하고 있던 귀속재산 중 농지, 도시주택 및 소규모 사업체를 민간 한국인에 불하했다. 미군정은 한국에서 사적 자본의 지배체제를 수립함으로써 해방후 위기에 처한 자본주의 질서를 재정립하려 했다. 미군정은 귀속재산 관리인이나 임차인에게 적정 가격으로 매입할 수 있는 우선권을 부여했는데 이러한 '연고자 우선' 규정은 1948년 대한민국정부 수립 후 귀속재산처리법에 계승되었다. 귀속재산 불하 조건은 매각 대금의 20% 이상을 계약 때 납부하고 잔액을 연 7%의 이자로 10년간 분할상환하는 것이었다. 미군정은 1948년 9월 그 때까지 불하하지 않고 남아있던 귀속재산을 '한미 재정 및 재산에 관한 협정'에 의거 대한민국 정부에게 모두 양도했다.

대한민국 정부는 미군정으로부터 인수한 귀속재산을 1949년 12월 귀속재산처리법에 의거하여 국영 또는 공영으로 정한 것 이외의 사업체, 부동산, 동산, 주식 등을 민간에 매각했다. 귀속재산처리법은 귀속재산을 연고자와 종업원, 농지를 매수당한 지주에게 우선 매각하도록 규정했고,[52] 매각 대금은 최장 15년간 분할 납입할 수 있게 했으며, 1950

---

52 농지개혁법도 제10조에 "농지를 매수당한 지주에게는 그 희망과 능력 기타에

년 실시한 농지개혁에서 지주들에게 그들로부터 몰수한 토지에 대한 보상금으로 지급한 지가증권으로도 납입할 수 있게 했다. 귀속재산 매각은 1963년 5월 종결되었는데, 매각 실적은 총 31만 5,642 건에 달했다.

귀속재산 불하는 상당한 특혜였다. 귀속사업체의 불하 가격이 시가와 큰 차이가 있었기 때문이다. 예컨대 조선방직 부산공장 경우 정부의 査定 가격은 35억 원이었으나 불하가격은 22억 원에 불과했다. 최장 15년까지 허용된 대금의 분할 납입도 커다란 특혜였다. 그 사이 물가가 수십 배 올랐기 때문이다. 1950년대 활동한 주요 대기업은 상당 부분 귀속사업체의 매수를 성장의 발판으로 하였다. 1950년대 주요 대기업 89개 사 가운데 36개 사가 귀속사업체의 불하에 기반하여 창설되었다(공제욱, 1993: 표3-24). 특히 종업원 500명 이상의 대기업 22개 사 중 15개사의 기원은 귀속사업체 불하로 소급된다. **식민지 시기 한국에 축적되었던 일본 자본은 해방 후 미군정기에 일시 미국 국가자본으로 접수·관리되다가 한국 정부의 국가 자본으로 이관된 후 다시 한국 정부에 의해 사적 자본으로 전환되었다.**[53] 귀속재산은 일제가 식민지 한국을 수탈한 산물로서 한국 민중 전체의 것이 되어야 할 재산을 일부 유산계층에게 거의 무상으로 이전했다는 점에서 '초기 자본 축적'이라는 의미에서도 한국에서 **원축**의 결정적 계기였다(김기원, 1990: 248-250). 한국 정부는 귀속기업체를 전면적으로 사적 자본에 불하함으로써 당시 해체되고 있는 지주층을 대신하여 사적 자

의하여 정부는 국가경제 발전에 도움되는 사업에 우선 참여케 알선할 수 있다"고 규정하여 지주의 산업자본가로의 전환을 의도했다.

53 해방 후 남한에서 귀속재산의 민간 불하는 귀속재산을 국유화한 중국, 북한, 인도와 대조적이다. 북한에서는 1946년 8월 일본 국가나 개인, 법인과 조선인 민족반역자가 소유한 기업 등을 모두 몰수하여 국유화했다.

본가계급을 육성했다(공제욱, 1993: 117; 정태헌, 2000: 247; 이헌창, 2021: 445, 459, 463).[54]

'수탈론'은 귀속재산은 민족자본이 아니라 빈 껍데기뿐의 일본자본이며, 그나마 대부분이 한국전쟁 과정에서 파괴되었으므로 원축의 계기로 간주할 수 없다고 주장한다.[55] 하지만 마르크스적 의미의 원축에서는 민족성은 문제가 되지 않는다. 귀속재산 상당 부분이 한국전쟁을 거치면서 물리적으로 파괴된 것은 사실이지만, 무시할 수 없는 부분이 전쟁 후에도 살아남았다. 남한 소재 일본인 공업자산 중 한국전쟁 과정에서 파괴되지 않고 잔존한 것의 가치는 1951년 8월말 1억 1천 3백만 달러로서 1945년 해방 직후 그것의 가치 2억 5천 4백만 달러의 44.3%에 해당했다(허수열, 2005: 323-324, 328). '수탈론'은 해방 직후 광공업 생산의 쇠퇴와 노동력이 광공업으로부터 농업으로 대거 회귀한 것 등을 근거로 해방

---

54 "남한 자본가계급의 초기 형성, 즉 자본의 원축은 주로 귀속기업체의 불하에 의해 이루어졌다. … 귀속기업체의 불하는 원조자금 및 원조물자의 배분과 함께 1950년대 자본의 원축의 중요한 계기가 되었고, 이는 정경유착을 통해 초기 자본가계급의 형성, 특히 재벌 탄생의 직접적 계기로 작용했다"(박승호, 2020: 109). "공적 자산이 민간의 수중에 이전되는 과정에서 자본가계급이 형성되었으며(이는 마르크스가 『자본론』에서 묘사한 인클로저와 유사하다), 이 과정은 신흥 자본가계급에 유리한 방식으로 촉진되었다. … 한국에서 이 과정에서 특징적인 것은 자본가계급 그 자체가 국가에 의해 탄생했다는 것이다. … 한국에서 자본주의적 사회관계는 국가에 의해 '강제적 축적'이라는 형태로 '정치적으로' 창출되어야 했다"(Song, 2020: 184).

55 김정주(2004)에 따르면 1950년대 한국자본주의는 "한국전쟁으로 인한 귀속재산 부문의 심각한 파괴와 농지개혁 실패로 인한 지주계급의 몰락 및 토지자본의 산업자본으로의 전환 실패", "자발적으로 산업화를 주도할 자본가계급"의 미형성 등으로 인해 "자본축적의 내적 메커니즘의 부재"라는 "구조적 파행성"을 갖고 있었다.

후 식민지 시기의 공업화, 자본주의는 "총붕괴"했다고 주장한다(小林英夫, 1992). 식민지 시기 공업화, 자본주의화는 일본자본주의에 의해 주도되고 있었기 때문에 그 조건이 없어진 1945년 이후에는 전면적으로 붕괴하지 않을 수 없었다는 것이다. 하지만 해방 직후 공업생산의 일시적 위축과 전면적인 붕괴는 구별되어야 한다. 실제로 공업생산은 1946년 중반부터 점차적으로 상승 경향을 보였으며, 많은 제품들은 1947, 1948년 식민지 시기의 생산수준을 회복했고, 중소 공업 기업들 다수가 해방 직후 창설되었다(호리 가즈오, 2003: 352).

1945-1953년 해방·분단·정부 수립의 시기는 한국에서 격렬한 계급투쟁 속에서 **원축**이 강행되고 자본주의가 재구성되면서 식민지자본주의가 '민족자본주의'로 전환되는 국면이었다. 해방 직후 국내 거주 일본인들이 퇴거하고 해외 및 북한 지역으로부터 노동력이 이동하면서 남한 노동력이 재구성되고 대규모로 외부 주입이 이루어진 것도 남한에서 자본주의가 재건되는 데 주요한 동인이 되었다. 식민지 시기 한국에 거주했던 일본인들 약 70만 명(그 중 63%는 남한 거주)은 일본군 약 30만 명과 함께 해방 직후 일본으로 강제 퇴거되었다. 하지만 이와 동시에 해방 직후 일본·만주 등에 거주했던 한국인들이 대거 귀환했고,[56] 북한 주민도 남북 분단 전부터 월남했다(1948년 8월까지 66만 명 월남). 1949년 5월 남한의 총인구는 2,017만명이었는데, 그 중 해외로부터 귀환하거나 월남한 인구는 대략 277만 8천 명(**총인구의 13.8%!**)이나 되었다(이영훈, 2016: 278). 해방 후 남한으로 귀환 혹은 월남한 인구 중 상당 부분은 상대적으로 부

---

[56] 1945년 8월 종전 시 일본에 거주하는 한국인은 피동원자를 포함하여 총 240만여 명에 달했으며, 이 중 175만여 명이 1946년 3월까지 귀국했다(이영훈, 2016: 244-247, 253).

유층이었고 교육받고 숙련된 노동력이었다.

5) 농지개혁: 토지 소유의 자본으로의 강제 전환

해방 직후 남한 농업에서 지배적 생산관계는 지주제였다. 1945년말 총 경지 232만 정보의 63%, 논 128만 정보의 70%가 소작지였고, 5정보 이상을 소유하는 지주 5만 호가 총 경지의 1/4인 57만 정보를 소유했다. 농가 207만 호 중 49%가 순소작농, 35%가 자소작농이었으며, 전농가의 65%가 1정보 미만을 경작하거나 경지가 없었고, 1정보 이상을 소유한 자작농과 자소작농은 전 농가의 4.6%, 12.7%에 불과했다(朝鮮銀行調査部, 1948: I-29, I-31). 해방 직후 대중들의 계급투쟁이 분출하는 상황에서 이런 불평등은 더 이상 용인될 수 없었다. 무엇보다 1946년 북한 김일성 정권이 토지개혁을 단행하자 남한에서도 농지개혁은 피할 수 없게 되었다. 1948년 3월 미군정이 그 동안 신한공사를 통해 관리하던 귀속농지를 서둘러 소작농들에게 분배한 것도 이 때문이다. 분배 조건은 연평균 생산량의 300%를 15년간 분할 상환하는 것이었다. 농가의 자경 한도는 2정보로 설정되었다. 미군정은 1948년 9월까지 귀속농지 19만 9,029 정보를 50만 5,072호에게 유상 분배했다.

　1948년 8월 출범한 대한민국 정부도 곧바로 농지개혁에 착수하여 한국전쟁 발발 직전인 1950년 3월부터 지주 토지를 강제 매수하고 소작농에게 농지 분배를 시작했다. 자경지 3 정보 이상의 전답이 강제 매수 대상이었으며, 토지 상환율과 보상률은 동일하게 해당 농지의 연생산물의 150%였다. 즉 '유상 분배'로서 매년 수확량의 30%를 현물로 5년간 상환하면 해당 농지에 대한 소유권을 획득하는 조건이었다. 지주로부터는 분배 대상 농지의 지가, 즉 해당 농지의 연생산물의 150%에 해당하는 지가증권을 교부하는 방식으로 '유상 몰수'했다. 귀속농지를 포함하

표 4 한국의 소작지 면적, 1945-1951 단위: 천 정보

연도	농지	자작지	소작지 면적			소작지의 자작화 면적				소작지율
			계	귀속농지	일반농지	계	귀속농지 처분	정부 매수 분배	지주 임의 처분	
1945	2,226	779	1,447	273	1,174					65.0%
1947	2,193	868	1,325	273	1,052	122			122	60.4%
1949	2,071	1,400	671	74	597	654	199		455	32.6%
1951	1,958	1,800	158	0	158	512	74	302	136	8.1%
누계						1,288	273	302	713	

자료: 김성호 외(1989: 1029)

여 강제 매수되어 분배된 소작지는 1951년말까지 총 57만 5,000 정보에 달하여 1945년말 소작지 총면적 144만 7,000 정보의 39.7%였다. 이는 농지개혁 전 지주들이 약 71만 3,000 정보 이상의 소작지를 '事前 放賣' 했기 때문이다(이영훈, 2016: 318-319). 소작지는 분배 및 '사전 방매'를 통해 미미한 비중으로 줄어들어, 〈표 4〉에서 보듯이 1945년말 65%에 달했던 남한의 소작지 비중은 농지개혁이 거의 완료된 1951년 말 8.1%로 급격히 낮아졌다. 이로써 일제시대까지 농업에서 지배적 생산관계이었던 지주제가 해체되었고 자작농 체제가 창출되었다. 북한의 경우 토지개혁을 통해 농민들에게 주어진 것은 경작권뿐이었지만(Kim, 2023: 51-52), 남한의 농지개혁에서 농민들은 완전한 사유재산권을 얻었다.[57]

---

[57] 1946년 북한의 토지개혁은 당시 총경지 198만 정보 중 일본인 소유지, 한국인 지주 소작지 등 총 100만 정보를 '무상 몰수'하여 농지가 없거나 적은 농가 72만 5천 호에게 분배했다(이헌창, 2021: 604). 그런데 토지를 분배받은 농민들은 사실상 소작권과 같은 경작권만 주어졌고, 토지 처분권을 갖지 못했으며 매년 수확량의 25%를 현물세로 국가에 납부해야 했기 때문에, 지주가 국가로 바뀌었을 뿐, 이른바 '무상 분배'는 아니었다(서동만, 2005: 365-367). 게다가 김일성 정권은 기존의 자작농들로부터도 자작지(당시 총경지의 41.8%)에 대한 토지 처분권, 즉 사유재산권을 무

정부는 농지를 강제 매수당한 지주에게 지가증권을 발급해 보상해 주었는데, 한국전쟁으로 인해 1951년 1월 개시되어 1957년에야 마무리되었다. 그 사이 전쟁에 따른 인플레이션으로 지가증권의 실질 가치가 폭락했고, 많은 지주들은 지가증권을 액면가 20-70%로 팔아 버렸다. 반면 신흥 유산층 상당수는 액면가 20-70%로 구입한 지가증권을 귀속재산을 불하받는 자금으로 사용했다. 지가증권 총보상액의 54.6%인 9억 6,000만여 원이 귀속기업체를 불하받는 데 쓰였는데, 이는 귀속기업체의 재산 평가액의 43%에 달했다(이헌창, 2021: 445). 지주에게 발행된 지가증권은 초기 증권시장을 활성화하고 귀속사업체의 불하와 자본 형성을 촉진했다. 1949-1955년 증권회사 거래 총액 107억 여 원 중 73%가 지가증권 거래였다(이영훈, 2016: 322). "이처럼 **농지개혁과 귀속재산 처리정책이 연계됨으로써 식민지 시대에 지주제 아래에서 축적되어 있던 자본이 유가증권시장의 형성을 수반하면서 산업자본으로 전화될 수 있었다.** 한국은 지주제를 폐지함으로써 자본주의로 순화할 수 있는 조건을 얻었다"(호리 가즈오, 2003: 353. 강조는 필자들). 농지개혁은 지주제를 해체함으로써 자본주의적 생산양식이 자유롭게 발전할 수 있는 전제조건을 창출했을 뿐만 아니라,[58] 농지 투자 유인을 현저히 약화시켰고, 일부 지주층과 신흥 상공업자들이 지가증권으로 귀속기업체를 불하받아 산업자본으로 전환할 수 있게 했다. 게다가 귀속농지 상환금 16억 7,000만 원은 그대로 정부 수

효화하고 국유지로 전환시켰다. 토지개혁 결과 북한의 농민들은 총체적으로 생산수단(토지)의 소유로부터 분리되었다. 이 점에서 **북한의 토지개혁은 남한의 농지개혁 이상으로 마르크스적 의미의 원축이었다.**

[58] 농지개혁을 통한 "남한 내 지주계급의 소멸과 소농경제로의 재편은 이후 남한의 급속한 자본주의적 발달을 가능케 한 중요한 조건이 되었다"(박승호, 2020: 105).

익이 되었으며, 일반농지 상환금 계정에서도 1970년까지 18억 3,000만여 원의 사업 잉여가 발생했다. 정부가 농민들에게 분배해 준 농지에 대한 상환금은 매년 해당 농지 생산물의 30%를 5년간 징수하는 방식으로, 즉 현물로 징수했던 반면, 지주들로부터 강제 매수한 농지에 대해서는 해당 농지에서 연생산물의 150%의 가격에 해당하는 지가증권으로 보상해 준 결과, 인플레이션 조건에서, 또 농산물의 정부 수매가격이 시장가격을 대폭 하회하는 조건에서, 이런 정부 수익이 발생할 수 있었다. 결국 옛 지주의 토지 재산 상당 부분이 토지를 분배받은 농민들로부터 징수한 상환금이라는 형태로 국가자본으로 전환되었다. 이승만 정부는 이처럼 농민과 지주를 동시에 수탈하여 확보한 농지개혁 사업 잉여의 40%를 농업 개발 등 각종 사업에 투자했다(김성호 외, 1989: 1045-1057; 이대근, 2002, 187-188).

농지개혁에도 불구하고 많은 농민들은 분배받은 농지에 대한 상환곡 부담과 중세, 잉여농산물 도입, 저농산물가격정책 등으로 인해 채무가 누적되어 파산하여 분배받은 농지를 매각하고 소작농으로 전락했다. 이로부터 소작제가 빠르게 부활했다. 전체 경지 중 소작지 비중은 농지개혁 직후인 1951년 8.1%였는데, 1960년 12%, 1964년 15%로 증가했다(장상환, 1994, 표 5-1). 농지개혁 후 소작제가 재생하면서 농촌에 다시 거대한 상대적 과잉인구의 저수지가 형성되었는데, 이는 1960년대 이후 도시에서 공업화가 본격적으로 재개되면서 임금노동자계급으로 흡수되었다. 요컨대 농지개혁을 통해 기존의 지배계급의 주요 부분이었던 지주층이 계급적으로 소멸하고 지주제가 붕괴하여, 자본주의적 생산관계의 자유로운 발전에 대한 걸림돌이 제거되었고, 국가권력의 강제력을 통해 토지재산의 산업자본과 국가자본으로의 전환이 촉진되었으며, 임금노동자계급의 공급지로서 농촌의 상대적 과잉인구가 재창출되었다. 이 점에서 농지개혁은 탁월하게 마르크스적인 의미에서 **원축**의 주요 계기였다.

6) 한국전쟁: 자본우위 계급 힘관계의 창출

1950-1953년 한국전쟁 과정에서 한국사회의 물리적·인간적 파괴는 사상유례 없이 격심했다. 한국전쟁으로 인한 남한 측 사망자는 총 605,386명(군경 231,787명, 민간인 373,599명)으로, 1949년 전체 인구 2,016만 7천만 명의 약 10%에 달했다. 전쟁의 피해액은 총 4,106억 환(약 30억 달러)에 달했는데, 이는 1952, 1953년 국민소득 합계 4,296억 환과 거의 같은 크기였다. 1949년 3월 5,147개였던 종업원 5인 이상 제조업체 수는 휴전 직후인 1953년 9월 2,474개로 감소했다. 하지만 한국전쟁 시기 월남한 피난민이 총 685,000명에 달하여(이대근, 2002: 216-217, 241-259), 한국전쟁에서 사망한 노동력 인구의 주요 부분이 보충되었다. 1952년말 실업자는 126만여 명으로 노동력 인구의 15%나 되었다.

한국전쟁의 경제적 귀결과 관련하여 기존 연구에서는 파괴적·부정적 측면만이 강조되었는데, 자본주의 역사의 관점에서는 한국전쟁을 통해 한국에서 자본주의가 재구성·재생되는 측면이 중요하다. 1950-1953년 한국전쟁은 '김일성과 스탈린, 마오저뚱의 침략 전쟁'이지만(션즈화, 2014), 1945-1950년 남한에서 전개되었던 계급투쟁, 즉 '내전'의 연장이기도 했다(커밍스, 2023). 즉 한국전쟁은 "남한에서의 실질적 반봉건 혁명"으로서 "사회관계로서 봉건적 신분제의 유제를 완전히 해체"하여 前근대적 신분의식을 근본적으로 붕괴시킴으로써 "시민혁명의 과제를 철저하게 수행"했다. 무엇보다 한국전쟁을 통해 남한 내 민중운동의 역량이 철저하게 압살되었고, 계급지배의 강력한 수단으로서 반공이데올로기가 전면화되어 남한에서 자본가계급이 노동자 민중을 일방적으로 지배·착취할 수 있는 자본 우위의 계급 힘관계가 확립되었다(박승호, 2020:

102-106). 나아가 한국전쟁을 통해 이른바 "태평양 지배계급(Pacific Ruling Class)"과 이들을 중심축으로 한 동아시아 냉전체제 및 한미일 삼각 군사 안보동맹 체제가 확립되었고(Glassman, 2018), 동아시아에서 "영구군비경제(permanent war economy)"가 작동하게 됨으로써, 한국에서 국가자본주의적 고도축적의 시작될 수 있는 지정학적 전제조건이 갖추었다(Jeong, 2023). 이 점에서 **한국전쟁은 마르크스적 의미에서 원축의 결정적 계기였다**.

7) 미국 원조: 글로벌 원시 축적의 재개

한국전쟁 이후 동아시아 냉전체제에서 미국의 하위 동반자·반공의 보루로서 한국의 지정학적 위상이 확고하게 되었다. 이런 글로벌 맥락에서 1950년대 미국은 한국에 막대한 원조를 제공했는데, 이는 한국에서 **원축**의 주요 계기로 작용하여, 1960년대 이후 고도축적의 시동에 기여했다. 〈그림 17〉에서 보듯이 미군정기부터 한국에 제공된 미국의 무상 원조는 1945-1961년 총 31억 3,730만 달러에 달했다. 이와 별도로 같은 기간 총 15억 7,300만 달러의 군사원조가 제공되었다. 1945-1961년 한국은 세계에서 미국의 원조를 가장 많이 받은 나라였다. 〈그림 18〉에서 보듯이 한국의 GNP 대비 미국 원조의 비율은 1953년 10% 이상이었으며 1956년에는 13.3%나 되었고, 1958년 이후 원조가 줄어들었지만 1960년에도 7.6%나 되었다. 한국전쟁 이후 1954-1960년 연평균 5.3%의 경제성장률은 대부분 미국 원조로 설명될 수 있다. 또 輸入 중 미국 원조에 의한 수입의 비중은 1953년 58.3%에서 1957년 84.6%로 증가했다. 1953-1961년 한국의 輸入은 총 31억 달러였는데 그 중 미국 원조에 의한 수입이 22억 달러로 71.6%나 되었다. 1950년대 한국의 外換 收入의 압도적 부분은 원조로 들어왔다. 1957년 경우 외환 수입 총액 4억 7,100만 달러 중 수출로 벌어들인 외환 수입은 4%에 불과했던 반면, 원조에

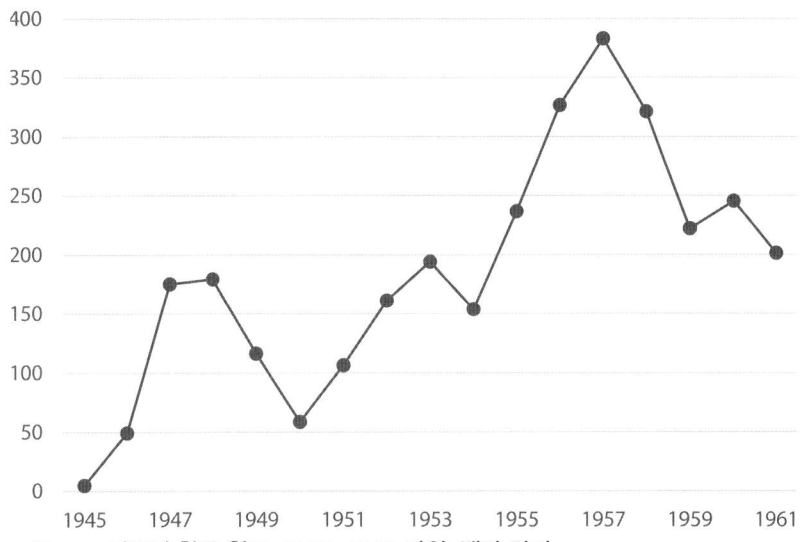

그림 17 미국의 한국 원조, 1945–1961 단위: 백만 달러

자료: 대한민국 통계청 kosis.kr '외국원조 수입총괄'

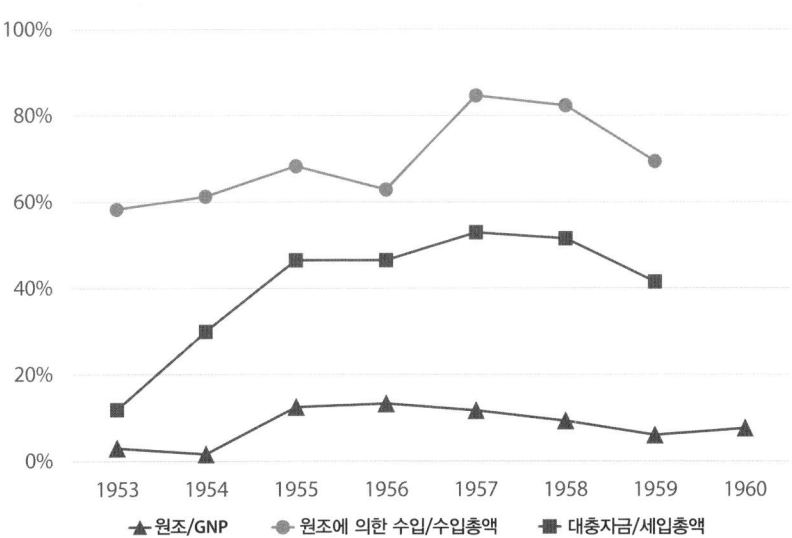

그림 18 한국경제에서 미국 원조의 비중, 1953–1960

자료: 이대근(2002: 349-350)

해당하는 증여는 3억 8,900만 달러로 83%나 되었다(김낙년, 2023: 374-375). 미국 원조는 경제안정에 필요한 소비재, 농업에 필요한 비료, 공업화에 소요된 원자재와 생산수단을 도입하는 주된 수단이었다. 1950년대 미국 원조의 내역을 보면 연료 및 비료가 25.9%로 가장 많았고, 시설재 22.4%, 최종소비재 19.3%, 공업원료용 및 농산물 16.8%의 순서였다. 투자(고정자본형성)에 대한 원조의 기여율은 거의 90%에 달했다. 앞의 〈그림 4〉에서 보듯이 해방 분단 한국전쟁의 격변 후 국민가처분소득 대비 총투자 비율은 일시 저하했지만 1950년대 동안 10-15% 수준을 유지했는데, 이는 미국 원조가 대부분인 '국외순수취경상이전'의 증가가 가능하게 했다. 1950년대 원조는 국내저축의 2-3배나 되었다. 1954-1961년 국내 총투자액 1,823억 원 중 해외저축에 의한 것이 68.7%였는데, 그중 '국외순수취경상이전'(대부분 미국 원조)에 의한 것이 72.6%나 되었다. 1956년 경우 '국외순수취경상이전'은 국민총처분가능소득의 8.5%나 되었다. 〈그림 18〉에서 보듯이 정부의 총세입 대비 대충자금(counterpart fund, 미국 원조 물자 매각 대금으로 적립된 대충자금 특별계정[59]으로부터의 전입금)의 비율은 1957년 52.9%나 되었다. 1954-1959년 정부 재정 수입에

---

[59] 1952년 8월 한미경제조정협정('마이어(Meyer) 협정')은 한국정부가 한국은행에 정부 명의의 대충자금 특별계정을 설치하여 원조 달러에 상당하는 한국화폐를 예치하도록 했으며, 한국정부는 한국은행으로부터 차입하는 형태로 대충자금 특별계정에서 자금을 인출하여 재정 수입으로 삼고 재정 지출을 행하도록 했다. 그리고 원조 달러를 배정받은 한국의 정부기관이나 민간 구매 업자는 이에 상당하는 한국 화폐를 한국은행의 외자매입금계정에 예치해야 했고, 한국은행은 그것으로 대충자금 특별계정의 정부 차입금을 상쇄했다. 한국정부는 대충자금 특별계정에서 자금을 인출·사용할 경우 '마이어 협정'에 따라 설치된 합동경제위원회의 승인을 받아야 했다(이영훈, 2016: 335).

서 대충자금이 차지하는 비중은 평균 42.5%나 되었으며 50%를 넘기도 했다. 1954-1960년 대충자금 특별계정 세출 총액 7,327억 7,100만 환 중 정부의 재정투융자('경제부흥회계 전출' 및 '특수금융기관 융자')는 총 4,576억 9,700만 환으로서 62.5%나 되었으며, 정부의 재정투융자 총액 중 대충자금의 비중은 1954년 43.5%에서 1959년 74.5%로 크게 증가했다. 대충자금은 주로 산업은행을 통해 융자되었다. 1957년말 산업은행의 일반산업자금 대출금리가 연리 15%였음에 비해 대충자금 융자 금리는 연리 3-8%였으므로, 대충자금 융자는 엄청난 특혜였으며, 1950년대 장기산업자금의 주된 공급원이었다(이영훈, 2016: 342-343; 이헌창, 2021: 466, 470-471).

미국정부가 한국정부에 무상으로 제공한 원조 물자는 한국의 사적 자본에게 유상으로 매각되었으며, 그 매각 대금으로 적립된 대충자금은 한국정부의 재정자금으로 이관되었다. 1950년대 한국의 사적 자본은 한국정부로부터 원조 물자를 헐값으로 구매하고 한국정부가 원조 물자 매각으로 조성한 대충자금을 저리로 융자받음으로써 막대한 초과이윤, '경제적 지대'를 실현했다. 이는 무엇보다 정부가 원조 물자를 민간에 불하할 때 적용한 환율은 공정환율로서 시장 환율의 1/2에도 미치지 못했기 때문이다.[60] 예를 들어 1957년 공정환율은 1달러=500환이었으나, 수

---

60   한미는 공정환율의 책정을 둘러싸고 충돌했다. 1953년 2월 2차 통화개혁 시 공정환율은 1달러=60환으로 정해졌는데, 미국 측은 1달러=180환으로 인상할 것을 요구했다. 환율 인상은 원조 달러의 민간 불하에서 발생하는 '경제적 지대'와 그에 따른 부정부패를 줄이고 더 많은 대충자금을 적립할 수 있게 하여 재정적자 해소에 도움이 된다는 논리였다. 이에 반해 한국 측은 저환율을 고집했는데, 시설재를 도입하는 기업가의 부담을 줄이고 '유엔군 대여금'(한국전쟁 기간 유엔군이 한국에서 전쟁

출 달러는 시장에서 1달러=1,100환으로 거래되었다. 그와 같은 공정환율로 원조 물자를 배정받아 국내시장에서 그대로 혹은 가공하여 판매하면 폭리를 취할 수 있었다. 이로부터 발생한 '경제적 지대'[61]는 1959-1960년 GDP 대비 7-8%로 추정된다(김낙년, 2023: 379). 하지만 그렇다고 해서 1950년 한국 자본의 성격이 산업자본이 아니라고는 할 수 없다. 왜냐하면 이와 같은 생산 외부적 요인에 의한 '경제적 지대'와 폭리를 취할 수 있는 조건은 생산설비를 확보하여 공업활동을 수행하는 것이었기 때문이다. 원조를 통한 '경제적 지대'와 함께 저임금 노동력 착취에 힘입어 1950년대 한국의 산업자본의 축적이 진전되었다. 1953-1961년 제조업 연평균 성장률은 11.5%여서 국제적으로도 높은 편이었는데, 특히 원조 물자인 원면, 원맥, 원당의 가공업, 이른바 '삼백산업'(면공업, 제분공업, 제당공업)이 발전했다. 1950년대 최대 공업인 면공업의 경우 "시설은 귀속기업체의 불하로부터, 원료는 원조 원면으로부터, 기업자금은 대충자금으로부터" 조성되었다(이헌창, 2021: 472-473). 1950년대 이미 '삼백산업'을 중심으로 대기업집단, 즉 재벌이 형성되었다. 1958년 200명 이상을 고용한 대기업은 115개로 12,971개 제조업체 중 0.9%였는데, 부가가치 비중은 33%나 되었다(정윤형, 1981: 144). 귀속기업체 불하, 원조 물자 배정, 저리 융자는 1950년대 한국 재벌의 자본축적의 주요 계기였다. 1950년대 형성된 23대 재벌 중 21개 재벌이 귀속기업체 불하와 국유기업체 인수, 원조자금과 원조물자 배정 및 융자, 정부 수주와 건설공사 독점 등

수행에 따른 비용을 지출할 수 있도록 한국 정부가 유엔군에게 대여해 준 원화로서, 상환 받을 때는 공정환율로 계산한 달러화로 상환받았음)의 달러 상환액을 늘리기 위해서였다.

61 원조를 공정환율로 배정받음으로써 발생하는 '경제적 지대'는 '(시장환율-공정환율)*원조 도입액'으로 계산될 수 있다.

정부 특혜에 의해 재벌로 성장했다(박승호, 2020: 112).

미국 원조는 원조 자금 배분을 둘러싼 정경유착과 부정부패, "관료독점자본"의 온상이었을 뿐만 아니라 1950년대 한국에서 원축의 계기였다. **1950년대 한국에서 미국 원조를 계기로 한 원축은 글로벌 맥락에서 '민족국가'가 추진한 '민족자본'의 원축이었다.** 이승만정부는 수입대체공업화를 지향하여 국내 상공업자의 이익을 대변하고 그들을 보호·육성했다. 1954-1960년 한국경제의 연평균 성장률은 5.3%였으며, 이를 주도한 것은 제조업, 광업, 건설업, 전기가스수도업 등 2차 산업이었다. 1954-1960년 2차 산업은 연평균 12.5%의 높은 성장률을 보였으며, GDP 대비 광공업 생산의 비중은 1953년 8%에서 1960년 13.4%로 증가했다. 남한 지역만 따로 계산해 보면 GDP 중 광공업생산 비중은 식민지 시대 고점인 1939년 12.9%를 1959년 회복했다. 1953-1958년 한국의 경공업 및 중공업의 연평균 산업생산 증가율은 세계 최고 수준이었다(Amsden, 1989: 41). 1955-1960년 한국경제는 연평균 GDP 증가율 4.8%, 연평균 1인당 GDP 증가율 1.6%, 연평균 인구 증가율 3.2%를 시현했으며, "산업생산지수, 기업 및 공장 근로자 수 등 산업 생산 수준을 보여주는 일련의 지표들은 1950년대 동안 상당히 높은 증가율을 보였고, 그 수준은 1960년대 전반과 거의 동일"했다. 이를 근거로 1950년대에 식민지 시기 시작된 "근대적 경제성장"이 재개되었다고 주장된다(김두얼, 2017: 111, 114, 137).

그러나 1950년대 한국에서 본질적인 과정은 "근대적 경제성장"이라기보다 1949-1978년 마오주의 중국의 '三農' 수탈(원톄쥔, 2016)을 연상케 하는, 농공간의 부등가교환을 통한 농업·농촌·농민 수탈을 대가로 한 '공업·도시·자본'의 축적, 즉 원축이었다.[62] **1950년대 한국 원축의**

---

[62] "공업화는 … 자본의 원축을 완성해야 하는 일종의 착취 과정이다. 어떤 개발

한 축이 미국 원조 물자 배정을 기반으로 한 산업자본의 창출이라면, 다른 한 축은 미국 원조가 작동시킨 농민 수탈, 농공간 가치이전 및 농공간 불균등발전의 메커니즘이었다. 1953-1960년 제조업은 연평균 12.5%의 성장률로 고성장했지만, 농업의 연평균 성장률은 2.6%로서 매우 저조해서, 국민총생산에서 제조업의 비중은 9%에서 14%로 증가했던 반면, 농림어업의 비중은 47%에서 39%로 감소했다. 미국 원조로 제공된 잉여농산물은 한국의 농업, 농민에 심대한 타격을 가했다. 1945-1961년 PL 480 미국의 잉여농산물 원조액은 9억 달러로 총원조액의 28%에 달했다. 이승만 정부는 재정수입을 확보하기 위해 식량 부족분을 초과하여 미국 잉여농산물을 도입했으며, 그 결과 곡가가 하락하고 농산물과 공산물의 鋏狀 價格差가 확대되었다. 〈그림 19〉에서 보듯이 곡가는 1956년 183에서 1959년 117로 대폭 하락한 반면, 곡물 이외의 상품 가격은 130에서 165으로 크게 상승했다. 1952-1958년 비료 가격은 쌀값에 비해 5.9배나 빨리 상승했다. 게다가 미국의 면화와 밀이 대량으로 유입되면서 한국의 면화 생산은 절멸되고 밀 생산은 위축되어 농업경영은 미맥 단작구조로 바뀌었다(이헌창, 2021: 468).

    1950년대 이승만 정부는 저곡가 정책을 통해 농민을 수탈했다. 〈그림 20〉에서 보듯이 1953년 정부의 양곡 매입가격, 즉 정부 수매가는 1석

도상국이든 서구 제국주의 국가처럼 식민화를 통한 약탈로 모순을 외부에 전가할 수 없다면, 내부의 三農 영역 또는 자원으로부터 잉여를 끌어내야만 했다. … 중국의 발전 경험은 자본의 원축 법칙에 부합한다. … 농업 자체의 기여 이외에도, 중국 농민은 공산품과 농산물의 '협상가격차'를 통해 공업화 건설을 위한 자본을 축적할 수 있게 했고, 비농업 부문에 값싼 노동력을 충분히 공급했으며, 도시화를 위해 토지를 제공했다. 신중국 수립 이후 농민이 국가 건설을 위해 이 세 가지 형태로 축적하게 한 자금만 최소 17조 3,000억 위안에 이른다"(원톄쥔, 2016: 49).

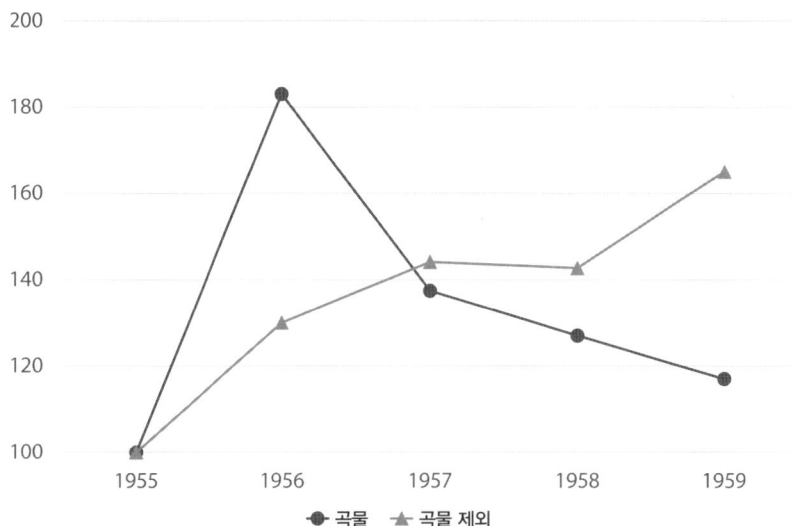

그림 19 한국의 도매물가지수와 鋏狀 價格差, 1955–1959 1955=100

자료: 이대근(2002: 429), 표 4-10

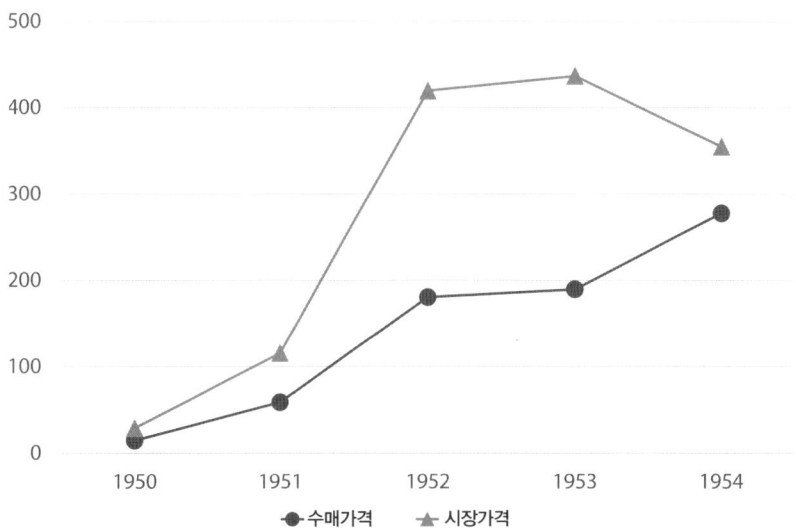

그림 20 한국의 양곡 수매가격과 시중가격, 1950–1954 단위: 원/1石

자료: 김성호 외(1989: 698)

당 189원으로 시중가격 436원의 절반도 안되었다. 1950년대 이승만 정부의 저곡가 정책은 이로 인해 이익이 침해될 수 있는 지배계층 분파, 즉 지주계급이 농지개혁 과정에서 몰락했기에, 농민들의 저항에도 불구하고 강행될 수 있었다. 1950년대 이승만 정부는 저곡가 정책으로 농민을 수탈했을 뿐만 아니라 분배 농지 상환곡으로 매년 생산량의 30%를 징수했고, 게다가 한국전쟁 시기인 1951년 군량미 확보, 인플레이션 진정, 재정 수입 안정 등의 목적으로 임시토지수득세 명목으로 쌀 생산량의 15-28%를 현물로 추가 수탈했다. 임시토지수득세는 1951-1957년 총 재정 수입의 9.5%(1951-1953년에는 26-38%), 조세의 20%나 되었던 반면, 농림부 할당 세출은 총세출의 3.7%에 불과했다. 정부는 농민의 부담과 희생으로 재정을 꾸리고 전쟁을 치루었던 것이다(이영훈, 2016: 331-332; 이헌창, 2021: 446). 1951-1958년 정부가 임시토지수득세, 분배농지 상환, 일반 매입 등의 경로로 농민으로부터 수집한 양곡은 양곡 총생산량의 평균 18.5%나 되었다(김성호 외, 1989: 1048). 농지개혁으로 0.5 정보의 논을 분배받은 농민의 경우 임시토지수득세 0.6석과 분배농지상환곡 1.92석(수확량의 30%)을 합한 2.5석은 연평균 수확량 6.4석의 39%에 달했다(신용옥, 2000: 289-290).

 1950년대 한국에서 국가의 농민 수탈과 농공간 부등가교환이 심화되면서 영농 적자와 농가부채가 증가했다. 호당 농가부채액은 1953년 39,370환에서 1960년 80,599환으로 증가했으며, 農家收入 대입 부채(차입금)의 비율은 1954년 26.1%에서 1960년 32.2%로 증가했다(이명휘, 1992: 150, 186). 이로부터 농민층분해가 재연되면서 농지개혁 후 사라진 것 같았던 소작제가 부활하기 시작했다. 1957-1960년 자작농 비율은 88.1%에서 73.6%로 감소한 반면, 소작농(소자작 및 자소작 포함) 비율은 11.9%에서 26.4%로 증가했고, 순소작농 비율은 4.2%에서 6.7%로 증가했다(박진도, 1994: 177). 미국 원조가 결과시킨 저곡가 체제는 농가경영을 악화시키고 농민층 분해를 가속화하여 과잉인구의 저수지를 팽창시켜 농민을 도시로 몰아내는 압력으로 작용했으며, 이들 일부는 미국 원조를 기반으로 성장한 '삼백산업' 재벌에게 저임금 노동자로 취업하여 착취당했다. 요컨대 1950년대 미국의 원조는 농공간 부등가교환과 농민 수탈, 농공간 불균등발전을 심화시키는 메커니즘으로서 원축이었다.[63]

5. 맺음말

이 장은 1876-960년 한국 근현대사를 '원축의 역사'로 독해한 것으로서 마르크스의 원축론의 관점에서 원축의 주요 계기들을 식별하고 그 의미를 재해석했다. 마르크스의 원축론에 대한 최근 해석들에 따르면, 마르크스에서 원축은 초기 자본 축적과 같은 자본주의의 前史의 일회적 사건으로 한정되는 것이 아니라, 자본주의 역사 전체에 항구적이고 현재적

---

[63] 1950년대 미국 원조가 원조 수혜국의 공업화에 미친 효과는 나라별로 상이했다. 한국의 경우, 원조로 제공된 미국의 잉여농산물 중 상당 부분이 삼백산업의 원재로 배정·공급되었기 때문에 수입대체공업화가 촉진되는 동시에, 농업경영의 악화로 인해 팽창한 농업 부문의 과잉노동력을 흡수하는 프롤레타리아트화, 즉 원축의 계기가 되었다. 반면, 인도에서는 1954-71년 중 도입된 미국 PL 480 잉여농산물 중 87.7%가 식량이었고, 원면, 면사는 8.7%에 불과했으며, 잉여농산물 판매 대금은 한국처럼 대충자금으로 적립되었지만, 그 대부분이 경제개발 5개년계획에 따라 자본집약적인 중화학공업 부문으로 투입된 결과, 경제안정화 효과가 상쇄되었을 뿐만 아니라 농업 부문의 과잉노동력을 공업 부문에서 흡수 효과도 미약했다(윤명헌, 1988: 376, 395).

이며 국가폭력적이고 글로벌한 자본관계의 창출 및 재생산 과정이다. 이 장에서 우리는 마르크스의 원축 개념의 주요 요소들을, (1)프롤레타리아트화, (2)초기 자본 축적, (3)자본관계의 창출, (4)국가 폭력, (5)글로벌 맥락 등 5개로 검출하고, 이를 기준으로 하여 1876-1960년 한국 근현대사에서 원축의 주요 계기들을 (1)'19세기 자본주의 맹아: 글로벌 맥락에서 '자생적' 원시 축적', (2)'토지조사사업: '식민지·반봉건적' 원시 축적', (3)'일본의 자본수출: 글로벌 원시 축적의 개시', (4)'귀속재산 접수 및 불하: 국가자본의 강제 창출과 사유화', (5)'농지개혁: 토지 소유의 자본으로의 강제 전환', (6)'한국전쟁: 자본우위 계급 힘관계의 창출, (7)'미국 원조: 글로벌 원시 축적의 재개' 등 7개로 식별했다. 이를 위해 '식민지 근대화론'과 '내재적 발전론' 혹은 '수탈론' 간의 논쟁을 비롯한 최근 한국 경제사 분야의 주요 성과들을 마르크스적 관점에서 비판적으로 활용했다. 지난 세기 한국 진보 진영의 주요한 이론적 자원의 하나였던 마르크스의 원축론은 지난 세기말 이후 한국에서는 진보 학계에서조차 거의 폐기되고 망각되었는데, 한국사회 연구에서 마르크스의 원축론의 부재는 오늘날 한국 사회의 위기의 원인 구명과 대안 모색에 심각한 장애가 되고 있다. 이 장이 지난 세기말 이후 한국 진보 학계에서 잊혀진 마르크스의 원축의 문제설정을 21세기 조건에서 새롭게 부활시키는 계기가 되기를 기대한다. 이 장의 분석 대상 시기는 1876-1960년이지만, 그렇다고 해서 한국에서 원축이 1960년에 종료된 것은 물론 아니다. 2절에서 강조한 것처럼 원축은 자본주의에서 항상적·현재적 과정이며, 이는 한국자본주의의 경우에도 마찬가지이다. 1997년 경제위기 이후 IMF에 의해 강제된 신자유주의 구조조정을 비롯한 위기 국면의 한국자본주의에서 원축의 역할과 모순, 한계를 분석하고, 인도처럼 동시대 한국과 같은 식민지화를 경험한 나라들의 원축과 비교하는 작업은 다음 연구과제이다.

참고문헌

강만길 엮음. 2000. 『한국 자본주의의 역사: 빼앗긴 들에 서다』. 역사비평사.
高橋誠. 1998. 『世界資本主義システムの歷史理論』. 世界書院.
공제욱. 1993. 『1950년대 한국의 자본가 연구』. 백산서당.
宮嶋博史. 1984. "조선사연구와 소유론: 시대 구분에 관한 제언." 『인문학보』 167.
堀和生. 1986. "日本帝國主義の植民地支配試論: 朝鮮における本源的蓄積の一側面." 『日本史硏究』 281.
堀和生·木越義則. 2020. 『東アジア經濟史』. 日本評論社
權寧旭. 1966. "朝鮮における資本主義萌芽論爭: 北朝鮮歷史學會の動向を中心に." 『思想』 510: 71-83.
權寧旭. 1984. "구식민지 경제연구노트: 일본제국주의하의 한국을 중심으로." 장시원 편역. 『식민지반봉건사회론』. 한울.
김광진·정영술·손전후. 1988. 『조선에서 자본주의적 관계의 발전』. 열사람.
김경수. 1957. "자본의 본원적 축적과정으로서의 한국경제의 전개에 대하여: 1948-1957년도를 중심으로". 서울대학교 대학원 경제학석사논문.
김기원. 1990. 『미군정기의 경제구조』. 푸른산.
김낙년. 2003. 『일제하 한국경제』. 해남.
김낙년. 2004. "식민지기 조선의 '국제수지' 추계." 『經濟史學』 37.
김낙년. 2023. 『한국경제성장사』. 해남.
김낙년 편. 2006. 『한국의 경제성장 1910-1945』. 서울대학교출판부.
김낙년 편. 2012. 『한국의 장기통계: 국민계정 1911-2010』. 서울대학교출판문화원.
김두얼. 2017. 『한국경제사의 재해석: 식민지기·1950년대·고도성장기』. 해남.
김성호·전경식·장상환·박석두. 1989. 『농지개혁사연구』. 한국농촌경제연구원.
김영배. 1987. "한국에 있어서 본원적 축적에 관한 사적 고찰." 경희대학교 대학원 경제학석사논문.
김윤환. 1971. "한국 임금노동의 원시축적과정." 고려대학교 민족문화연구소. 『民族文化硏究』 5.
김정주. 2004. "1950-60년대 한국의 자본축적과 국가기구의 전면화 과정." 『동향과 전망』 60.

네그리. 안토니오·마이클 하트. 2014. 『공통체』. 정남영·윤영광 옮김. 사월의책.

네그리. 안토니오·마이클 하트. 2020. 『어셈블리』. 이승준·정유진 옮김. 알렙.

레닌. 블라디미르 일치치. 2017. 『제국주의: 자본주의의 최고 단계. 대중적 개설』. 황정규 옮김. 두번째테제.

룩셈부르크. 로자. 2013. 『자본의 축적』 I, II. 황선길 옮김. 지식을 만드는 지식.

마르크스. 카를. 1993. "임금. 가격. 이윤." 김세균 감수. 『칼 맑스 프리드리히 엥겔스 저작선집 3』. 박종철출판사.

마르크스. 카를. 2000. 『정치경제학비판 요강 II』. 김호균 옮김. 백의.

마르크스. 카를. 2015a. 『자본론 I』. 김수행 옮김. 비봉출판사.

마르크스. 카를. 2015b. 『자본론 III』. 김수행 옮김. 비봉출판사.

望月淸司. 1981. "第3世界硏究と本源的蓄積論: マルクス原蓄論活性化の試み." 『經濟評論』 30(12).

文八龍·潘性執·D. H. Perkins. 1981. 『韓國의 農村開發』. 한국개발연구원.

미즈. 마리아. 2014. 『가부장제와 자본주의: 여성. 자연. 식민지와 세계적 규모의 자본축적』. 최재인 옮김. 갈무리.

박성훈. 1990. "日帝下 韓國에서의 資本의 本源的 蓄積과 小作制의 性格 變化에 관한 연구." 서울대학교 대학원 경제학석사논문.

박승호. 2020. 『한국자본주의 역사 바로 알기』. 한울.

박영구. 1988. "식민지하 노동자 계급의 형성과 재생산연구: 본원적 축적과 관련하여." 『勞動經濟論集』 11.

박이택. 2023. "식민지 조선에 본점을 둔 회사의 납입자본금의 자본계열별·업종별 추이와 구성." 『대동문화연구』 121.

박진도. 1994. 『한국자본주의와 농업구조』. 한울.

박현채. 1986. 『한국경제구조론』. 일월서각.

박현채. 1987. "4.19와 5.16의 민족사적. 경제사적 조명." 『한국경제론』. 까치.

박현채. 1988. 『민족경제와 민족운동』. 일월서각.

배규성. 1990. "식민지 조선의 본원적 축적: 이론과 시기." 고려대학교 대학원 경제학석사논문.

山本有造. 1986. "일본의 식민지 투자: 조선·대만에 관한 통계적 고찰." 金泳鎬 編. 『日帝下 韓國社會構成體 序說』. 청아출판사.

森田芳夫 編. 1964. 『朝鮮終戰の記錄 資料編』 1. 巖南堂書店.

서동만. 2005. 『북조선 사회주의체제 성립사, 1945-1961』. 선인.

서울사회과학연구소 경제분과. 1991. 『한국에서의 자본주의 발전』. 새길.

션즈화. 2014. 『조선전쟁의 재탐구: 중국 소련 조선의 협력과 갈등』. 김동길 옮김. 선인.

小谷汪之. 1984. "半봉건적 토지소유성립의 논리: 아시아적 후진성이란 무엇인가." 장시원 편역. 『식민지반반봉건사회론』. 한울.

小林英夫. 1992. "東アジアの經濟圈 戰前と戰後." 大江志乃夫 外 編. 『岩波講座 近代日本と植民地』 1. 岩波書店.

송성준. 1988. "韓國의 本源的 蓄積의 特殊性에 관한 一考察." 부산대학교 대학원 경제학석사논문.

신용옥. 2000. "1950년대 원조의존 경제체제와 종속적 산업화." 강만길 엮음. 『한국자본주의의 역사: 빼앗긴 들에 서다』. 역사비평사.

안병직 편저. 2024. 『한국경제사』. 율곡출판사.

알튀세르. 루이. 1996. 『철학과 맑스주의: 우발성의 유물론을 위하여』. 서관모·백승욱 옮김. 새길.

오쓰카 히사오. 1981. 『자본주의 사회의 형성』. 송주인 옮김. 한벗.

원톄쥔. 2016. 『여덟 번의 위기』. 김진공 옮김. 돌베개.

윤명헌. 1988. "미국잉여농산물원조의 경제적 영향: 한국과 인도의 비교." 『한국자본주의 성격논쟁』. 대왕사.

이강복. 2000. "한국의 자본축적 구조변화에 관한 연구: 해방 이후를 중심으로." 조선대학교 대학원 경제학박사논문.

이대근. 1985. "한국자본주의의 성격에 관하여." 『創作과 批評』 57.

이대근. 2002. 『해방후·1950년대의 경제』. 삼성경제연구소.

이대근. 2015. 『歸屬財産 硏究: 植民地 遺産과 韓國經濟의 進路』. 이숲.

이명휘. 1992. "1950년대 농가경제 분석." 『經濟史學』 16.

이병천. 1987. "'식민지반봉건구성체'의 이론적 제문제 - 小谷汪之·梶村秀樹의 이론을 중심으로." 『산업사회연구』 2.

이영훈. 2016. 『한국경제사 Ⅱ: 근대의 이식과 전통의 탈바꿈』. 일조각.

이진경. 1986. 『사회구성체론과 사회과학방법론: 한국사회성격논쟁에 부쳐』. 아침.

이헌창. 2008. "조선 후기 資本主義萌芽論과 그 代案." 『한국사학사학보』 7: 77-128.

이헌창. 2021. 『韓國經濟通史』 제9판. 해남.

장상환. 1994. "한국의 농지문제와 농업정책에 관한 연구." 연세대학교 대학원 경제학박사논문.

장시원. 1984. "식민지반봉건사회론." 이대근 정운영 편. 『韓國資本主義論』. 까치.

장시원. 1989. "일제하 대지주의 존재형태에 관한 연구." 서울대학교 대학원 경제학 박사논문.

정만식. 1987. "韓國의 原始資本蓄積에 관한 硏究 Ⅰ: 1950年代를 中心으로." 『牧園大學 論文集』 13.

정성진. 1985. "미군정기의 노동운동." 송건호 외. 『해방 40년의 재인식 I』. 돌베개.

정성진. 1986. "민족경제론의 제문제." 『산업사회연구』 1.

정성진. 2021. "후기 마르크스와 마르크스주의의 혁신." 『마르크스주의 연구』 18(4).

정성진. 2025. "마르크스의 원시 축적론의 재해석과 21세기 자본주의 비판." 『후기산업사회연구』 7.

정윤형. 1981. "경제성장과 독점자본." 김윤환 외. 『한국경제의 전개과정: 해방이후에서 70년대까지』. 돌베개.

정태헌. 1995. "일제하 자금유출 구조와 조세정책." 『역사와 현실』 18.

정태헌. 2000. "8.15와 한국 자본주의의 종속적 재편." 강만길 엮음. 『한국자본주의의 역사: 빼앗긴 들에 서다』. 역사비평사.

조석곤. 2006. "식민지 근대화론 연구성과의 비판적 수용을 위한 제언." 『역사비평』 75.

朝鮮銀行調査部. 1948. 『朝鮮經濟年報』.

朝鮮總督府. 『朝鮮總督府統計年報』. 각년도.

조용범. 1975. 『後進國經濟論』. 증보판. 박영사.

조태형·김민정. 2020. "북한의 장기 경제성장률 추정: 1956-1989년." 『BOK 경제연구』 17.

中村哲. 1987. "近代東아시아像의 재검토: 1910-30년대의 中國·朝鮮을 중심으로." 『經濟史學』11.

中村哲. 2024. 『동아시아자본주의 형성사론』. 박섭 옮김. 해남.

中村哲 編著. 2001. 『『經濟學批判要綱』における歷史と論理』. 靑木書店.

차명수. 2023. 『주사파도 친일파도 아닌 한국 현대사』. 해남.

채만수. 1989. "한국 자본제적 사회구성체의 성립시기 논쟁에 부쳐." 『漢陽』19.

최호진. 1970. 『한국경제사』. 박영사.

커밍스. 브루스. 2001. 『브루스 커밍스의 한국 현대사』. 창작과 비평사.

커밍스. 브루스. 2023. 『한국전쟁의 기원 1: 해방과 분단체제의 출현 1945-1947』. 김범 옮김. 글항아리.

페데리치. 실비아. 2011. 『캘리번과 마녀: 여성. 신체 그리고 시초축적』. 황성원·김민철 옮김. 갈무리.

하비. 데이비드. 2005. 『신제국주의』. 최병두 옮김. 한울.

허수열. 1981. "일제하 실질임금(변동) 추계." 『經濟史學』5.

허수열. 2005. 『개발 없는 개발: 일제하. 조선경제 개발의 현상과 본질』. 은행나무.

호리 가즈오. 2003. 『한국 근대의 공업화: 일본 자본주의와의 관계』. 전통과 현대.

홍성유. 1965. 『韓國經濟의 資本蓄積過程』. 고려대학교 출판부.

Amin, Samir. 1974. *Accumulation on a World Scale: A Critique of the Theory of Underdevelopment*. Monthly Review Press.

Amsden, Alice. 1989. *Asia's Next Giant: South Korea and Late Industrialization*. Oxford University Press.

Anderson, Kevin B. 2019. "Five explicit and implicit notions of revolution in *Capital*. Volume 1, as seen from a multilinear, peripheral angle." Marcello Musto ed., *Marx's Capital after 150 Years: Critique and Alternative to Capitalism*, Routledge.

Angus, Ian. 2023. "The Meaning of 'So-Called Primitive Accumulation'." *Monthly Review* 74(11).

Appleyard, Dennis R. 2006. "The Terms of Trade between the United Kingdom and British India, 1858–1947." *Economic Development and Cultur-*

al Change 54(3).

Balibar, Étienne. 2009. "Reflections on Gewalt." *Historical Materialism* 17(1).

Banaji, Jairus. 2024. *A Marxist Mosaic: Selected Writings 1968-2022.* Brill.

Banaji, Jairus. 2025. "Retotalising Capitalism: A Very Short Introduction to its History." https://www.historicalmaterialism.org/article/retotalising-capitalism-a-very-short-introduction-to-its-history/

Barbalet, Jack, 2019. "Primitive accumulation and Chinese mirrors." *Journal of Classical Sociology* 19(1).

Bonefeld, Werner. 2011. "Primitive Accumulation and Capitalist Accumulation: Notes on Social Constitution and Expropriation." *Science and Society* 75(3).

Cha, Myung Soo and Nak Nyeon Kim. 2012. "Korea's first industrial revolution, 1911–1940." *Explorations in Economic History* 49(1).

Cha, Myung Soo, Nak Nyeon Kim, Ki-Joo Park, and Yitaek Park eds. 2022. *Historical Statistics of Korea.* Springer.

Chakrabarti, Anjan and Anup Dhar. 2010. *Dislocation and resettlement in development: From third world to the world of the third.* Routledge.

Chakrabarti, Anjan and Anup Dhar. 2023. *World of the Third and Hegemonic Capital.* Springer.

Chakrabarti, Anjan, Stephen Cullenberg, and Anup Dhar. 2017. "Primitive accumulation and historical inevitability: A postcolonial critique." Theodore Burczak, Robert Garnett Jr., Richard McIntyre eds., *Knowledge, Class, and Economics: Marxism without Guarantees*, Routledge.

Cheng, Sam-Kee. 2020. "Primitive Socialist Accumulation in China: An Alternative View on the Anomalies of Chinese 'Capitalism'." *Review of Radical Political Economics* 52(4).

Coulthard, Glenn Sean. 2014. *Red Skin, White Masks: Rejecting the Colonial Politics of Recognition.* University of Minnesota Press.

Ferguson, Susan. 2016. "Intersectionality and Social-Reproduction Feminisms:

    Toward an Integrative Ontology." *Historical Materialism* 24(2).

Frank, Andre Gunder. 1978. *World accumulation, 1492-1789*. Macmillan.

Glassman, Jim. 2018. *Drums of War, Drums of Development: The Formation of a Pacific Ruling Class and Industrial Transformation in East and Southeast Asia, 1945-1980*. Brill.

Goldman, Wendy Z. 2022, "Introduction: Primitive Accumulation and Socialism", *International Review of Social History* 67(2).

Groningen Growth and Development Centre. 2023. Maddison Project Database 2023 https://www.rug.nl/ggdc/historicaldevelopment/maddison/releases/maddison-project-database-2023.

Hori, Kazuo. 2011. "Colonial Economy under Japanese Imperialism: Comparison with the Case of India." *International Journal of South Asian Studies* 4.

Ince, Onur Ulas. 2014. "Primitive accumulation, New Enclosures, and Global Land Grabs: A Theoretical Intervention." *Rural Sociology* 79(1).

Jeong, Seongjin. 2023. "State Capitalism and the Permanent War Economy in South Korea, 1950-72." Owen Miller ed., *State Capitalism and Development in East Asia since 1945*. Brill.

Kim, Ha-young. 2023. "The Trajectory of North Korean State Capitalism: from Formation to Crisis, 1945-90." Owen Miller ed., *State Capitalism and Development in East Asia since 1945*. Brill.

Kimura, Mitsuhiko. 1993. "Standards of Living in Colonial Korea: Did the Masses Become Worse Off or Better Off Under Japanese Rule?" *The Journal of Economic History* 53(3).

Kuznets, Simon. 1973. "Modern Economic Growth: Findings and Reflections." *American Economic Review* 63(3).

Lebowitz, Michael A. 2022. "'Primitive Socialist Accumulation': Then and Now." *Socialism and Democracy* 36(3).

Marx, Karl. 1983. *Das Kapital: Kritik der Politischen Okonomie*(1867). MEGA

Ⅱ/5.

Marx, Karl. 1985a. "À la Rédaction de l'*Otechestvenniye Zapiski*"(1877). *MEGA* Ⅰ/25.

Marx, Karl. 1985b. "Lettre à Vera Ivanovna Zassoulitch"(1881). *MEGA* Ⅰ/25.

Marx, Karl. 1987. *Das Kapital: Kritik der Politischen Okonomie*(1872). *MEGA* Ⅱ/6.

Marx, Karl. 1989a. *Economic Manuscript of 1861-63. MECW 32*.

Marx, Karl. 1989b. *Le Capital*(1875). *MEGA* Ⅱ/7.

McNally, David. 2024. "Marx on Colonization and Bonded Labor: The End of Capital and the Beginning of a Journey." *Review of Radical Political Economics* 56(4).

Mies, Maria. 2007. "Patriarchy and accumulation on a world scale: revisited(Keynote lecture at the Green Economics Institute, Reading, 29 October 2005)." *International Journal of Green Economics* 1(3/4).

Nichols, Robert. 2015. "Disaggregating primitive accumulation." *Radical Philosophy* 194.

Piterberg, Gabriel and Lorenzo Veracini. 2015. "Wakefield, Marx and the world turned inside out." *Journal of Global History* 10.

Pradella, Lucia. 2015. *Globalisation and the Critique of Political Economy: New insights from Marx's writings*. Routledge.

Preobrazhensky, E. 1965. *The New Economics*. Clarendon Press.

Roberts, William Clare. 2020. "What was primitive accumulation? Reconstructing the origin of a critical concept." *European Journal of Political Theory* 19(4).

Saito, Kohei. 2021. "Primitive Accumulation as the Cause of Economic and Ecological Disaster." Marcello Musto ed., *Rethinking Alternatives with Marx*. Palgrave.

Song, H. Y. 2020. *The State, Class and Developmentalism in South Korea: Development as Fetish*. Routledge.

Song, H. Y. 2021. "The "Peculiarities" Of Modernisation In Korea: Revisiting The

Debate On "Colonial Modernisation" Vs. "Colonial Plunder."." *Journal of Contemporary Asia* 52(4) 2.

Sonn, Jung Won and Shin Hyun Bang. 2019. "Contextualizing Accumulation by Dispossession: The State and High-Rise Apartment Clusters in Gangnam, Seoul." *Annals of American Association of Geographers* 110(3).

Taccola, Sebastiano. 2024. "Primitive accumulation." Riccardo Bellofiore and Tommaso Redolfi Riva eds, *Marx: Key Concepts*. Edward Elgar.

von Werlhof, Claudia. 2000. "'Globalization' and the 'Permanent' Process of 'Primitive Accumulation': The Example of MAI, the Multilateral Agreement on Investment." *Journal of World-Systems Research* 6(3).

Webber, Michael. 2012. "The dynamics of primitive accumulation: With application to rural China." *Environment and Planning A: Economy and Space* 44(3).